江苏省教育厅高校哲学社会科学基金指导项目
项目编号：08SJD8800014

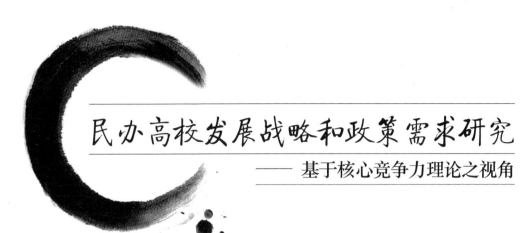

民办高校发展战略和政策需求研究

——基于核心竞争力理论之视角

杨树兵　著

江苏大学出版社

图书在版编目(CIP)数据

民办高校发展战略和政策需求研究:基于核心竞争力理论之视角/杨树兵著.—镇江:江苏大学出版社,2009.3
ISBN 978-7-81130-065-9

Ⅰ.民… Ⅱ.杨… Ⅲ.①民办学校:高等学校—发展战略—研究—中国②民办学校:高等学校—教育政策—研究—中国 Ⅳ.G648.7

中国版本图书馆 CIP 数据核字(2009)第 023655 号

民办高校发展战略和政策需求研究
——基于核心竞争力理论之视角

著　　者/杨树兵
责任编辑/汪再非　张　平
出版发行/江苏大学出版社
地　　址/江苏省镇江市梦溪园巷 30 号(邮编:212003)
电　　话/0511-84446464
排　　版/镇江文苑制版印刷有限责任公司
印　　刷/扬中市印刷有限公司
经　　销/江苏省新华书店
开　　本/652 mm×960 mm　1/16
印　　张/18.5
字　　数/280 千字
版　　次/2009 年 3 月第 1 版　2009 年 3 月第 1 次印刷
书　　号/ISBN 978-7-81130-065-9
定　　价/35.00 元

序

树兵的新著《民办高校发展战略和政策需求研究——基于核心竞争力理论之视角》就要出版了，他希望我能够写点文字。作为他的老师，我非常乐意借这个机会介绍一下树兵和他的著作。

我与树兵是非常有缘分的，他不仅同时是我的硕士生和博士生，而且我们的生日还是同一天。记得当时挑选学生的时候，树兵最初并没有进入我的视野，因为他不是教育专业的学生，他学的是思想政治教育，与我的学科背景比较接近。然而，当我收到他的自荐信的时候，我被感动了。树兵说，他出生于农村，小时候甚至都没有上高中的奢望，有机会进入大学深造后，他才有了放飞梦想的可能。他表示，愿意付出比别人多几倍的努力，做一个优秀的学生。

于是，树兵成为了我的硕士研究生。在读书期间，他勤奋学习，成了我得力的研究助手。他不仅负责我的研究室管理工作，而且协助我完成了《创新教育论纲》、《教育与中华民族凝聚力》等多项课题的研究。在硕士学习期间，他就在《教育研究》上发表了三篇论文，在其他刊物上发表了二三十篇学术论文，被评为苏州大学优秀研究生。

毕业以后，他去了江苏省教育厅，先后在办公室和发展规划处工作。工作之余，他不忘学习，为了使自己工作更具理性，他选择了结合工作攻读博士。于是，树兵再次进入苏州大学，在职攻读高等教育学专业的博士。而他的选题，就是他以前具体从事民办高等教育管理工作时思考的问题，他选择了民办高校核心竞争力的提升作为研究课题。现在的这部著作，就是在他博士论文的基础上修改而成的。

我们知道，自改革开放以来尤其是20世纪90年代以来，我国民办高校不仅在规模、数量方面实现了跨越式发展，而且在办学水平和质量方面实现了质的飞跃。正因为如此，关于民办高校发展的研究越来越受到学术界的高度关注，民办高等教育研究取得了累累硕果。但在众多的研究著述中，关于民办高校核心竞争力问题的研究却不多。面对中国教育市场主体间竞争日益激烈的状况，民办高校要在激烈的市场竞争中求生存、谋发展，就必须塑造自身的核心竞争力，以便在较长的时期内保持持续的竞争优势，这不仅需要民办高校自身实施科学的发展战略，还需要政府通过政策的调控与扶持为民办高校核心竞争力的培育和提升创造良好的外部环境。树兵所著的《民办高校发展战略和政策需求研究——基于核心竞争力理论之视角》一书，从分析民办高校核心竞争力形成的影响要素及构成要件入手，从民办高校发展战略和政府政策扶持的角度，提出了诸多有意义的见解和观点，不仅有助于民办高校在众多的资源与能力之中清楚地了解自己的核心竞争力所在，而且有助于民办高校在发展过程中不断检测核心竞争力的发展状况，以便调整和修订其竞争战略。此外，本书对民办高校核心竞争力提升对政策需求的深入、全面分析，也有助于为政府有关部门制定民办高校的方针政策提供决策参考。

本书的第一个特点是，既有一定的理论创新性又有较强的实践参考价值。本书立足于教育学、经济学、管理学等相关学科的理论基础，分析提出了民办高校核心竞争力的内涵、影响要素及构成要件，探讨了民办高校核心竞争力提升所需实施的战略和政策需求，从而建立起关于民办高校核心竞争力提升战略和政策问题的新的理论框架体系，具有一定的理论创新性。尤其是作者依据企业和高校核心竞争力理论的解释，提出民办体制是民办高校形成核心竞争力的核心影响要素，坚实的资源保障机制、科学的管理运行机制、效益至上的经营机制、敏捷的市场反应机制、严格的质量保障机制、优质的服务供给机制和持续的创新机制则是民办高校形成核心竞争力的构成要件，是民办机制在核心竞争力形成过程中的具体表现，对探索建立民办高校核心竞争力理论体系具有一定的意义。本书在撰写过程中，运用实证研究方法，通过问卷调查和现场访谈等方式，对 20 多所知名民办高校的办学条件、师资力量、管理体制、投入机制、运行机制、招生就业等方面进行了深入细致的剖析，归纳总结了这些民办高校在提升其核心竞争力方面所取得的经验，在客观分析这些民办高校在提升核心竞争力方面所面临的机遇和挑战以及优劣势的基础上，有针对性地提出了民办高校为提升核心竞争力所应实施的发展战略，以及政府为促进民办高校核心竞争力的提升所应实施的政策。这些对民办高校和政府有关部门应有一定的实践参考价值。

本书的第二个特点是，既关注了问题的全面性又把握了问题的重点性。本书阐述了民办高校的范畴和性质、发展历程和模式，以及发展的基本动因、地位和作用，分析了民办高校发展面临的竞争形势，探讨了民办高校核心竞争力的内涵与特征以及核心竞争力提升的影响要素，并在以上问题的基础上提出了提升民办高校核心竞争力的十大发展战略和政策需求，论述严密，内容全面。同时本书在写作中对重点问题也予以了重点研究，包括民办高校核心竞争力提升的影响要素和构成要件分析以及发展战略和政策需求分析，即使在发展战略分析和政策需求分析中，也各有侧重，特别是对民办高校的品牌战略、特色战略、规模效益战略、引资战略以及产权政策、合理回报政策、资助政策等难点和热点问题，作了比较深入的研究和分析。

本书的第三个特点是，不仅比较研究了我国古代以及近代私立学校发展的经验，如政府对私学的重视和扶持政策，私立大学为谋求发展在引进大师、经营创收以及民主管理等方面作出的努力和探索等，而且注重对国外私立高等教育发达国家的横向比较性研究，积极借鉴国外私立大学发展的相关研究成果，重点比较研究了美国、日本以及部分发展中国家在私立大学产权、经营收益、资助、评估、收费以及税收等方面的政策，比较研究了发达国家私立大学在打造品牌、塑造特色、发展规模、引进资金、培养师资以及科学管理等方面的成功做法，这些经验对当今我国民办高校提升核心竞争力的研究亦有重要的借鉴和参考价值。

由于工学矛盾比较突出，树兵的论文还有一些不尽如人意的地方。这次出版时，他根据论文评阅专家和答辩组老师们的意见，对论文进行了相应的修改完善，书稿整体质量有了很大的进步。

研究没有止境，学习没有止境。希望树兵能够继续用心关注民办教育的问题，继续研究民办高等学校的核心竞争力问题，把工作与研究结合起来，为促进民办高等教育的发展作出不懈的努力。

朱永新*

2008 年 11 月

---

* 朱永新，全国人大常委会委员，民进中央副主席，中国教育学会副会长，苏州大学教授、博士生导师。

第一章

导　论

当前，中国教育市场主体间的竞争日益激烈，民办高校要在激烈的市场竞争中求生存、谋发展，就必须塑造自身的核心竞争力，以此在较长的时期内保持持续的竞争优势。这不仅需要民办高校自身实施科学的发展战略，还需要政府通过政策的调控和扶持为民办高校核心竞争力的培育和提升创造良好的外部环境。

一　民办高校步入快速发展轨道

私立高等教育的大发展已成为世界性的潮流和趋势。从世界范围来看，几乎没有一个国家能单纯依靠国家投资来支持整个高等教育系统。20 世纪 80 年代初期以来，世界各国为满足国民对高等教育的需求，大力扩大高等教育发展规模，从而使私立高等教育呈现空前的发展态势，不仅原来私立高等教育发达的国家私立高校数量有明显增长，而且原来私立高等教育不发达的国家甚至不存在私立高校的国家，私立高等教育也获得了巨大的发展（详见附录 1）。美国 1996 年私立高等教育机构总数为 2 084 所，占全国高等教育机构总数的 57%。在四年制大学和学院类的 2 162 所高校中，私立高校有 1 560 所，占 72%。日本 1997 年私立高校数占全国高校数的 78.5%，私立高校在校生人数占全国高校在校生总数的 82.5%。菲律宾 1994 年私立高校数占全国高校数的 80.2%，私立高校在校生人数占全国高校在校生总数的78.4%。韩国 1994 年私立高校数占全国高校数的 82.2%，私立高校在校生人数占全国高校在校生总数的 85.35%。印度 1998 年私立高校数占全国高校数的 73%，私立高校在校生人数占全国高校在校生总数的 57%（其他国家情况详见附录 1）。[①] 当前，许多国家的私立高校不仅在数量上多于公立高校，而且其质量也享誉世界。如美国的哈佛大学、斯坦福大学、麻省理工学院、耶鲁大学，日本的早稻田大学，英国的剑桥大学、牛津大学等世界

① 王培英，张世全. 我国民办高等教育的历史使命——创建世界一流大学[J]. 现代教育科学，2004，9(6)：24-27.

著名大学均是私立大学。1994 年至 1996 年美国高校排行榜的前 16 名都是私立大学。迄今为止,美国哈佛大学已培养了 7 位总统和 37 位诺贝尔奖获得者。

纵观世界发达国家高等教育的历史不难发现,高等教育私立以后对整个高等教育结构的调整和优化,对资源的优化配置,对教育公平等,都起到了不可替代的作用。发达国家高等教育的兴旺发达与其私立高等教育有着直接或间接的关系。美国波士顿学院国际高等教育中心主任菲利普·G·阿尔特巴赫指出,20 世纪末 21 世纪初,世界各国中学后教育中最有活力、发展最快的部分是私立高等教育。私立高等教育长期以来在日本、韩国、菲律宾、中国台湾等国家和地区的高等教育体系中一直占据主导地位,而在一些拉美国家,如巴西、墨西哥、哥伦比亚、秘鲁和委内瑞拉等国至少有一半学生在私立大学就读。在中东欧的许多国家和前苏联的加盟共和国,私立高等教育也是发展最快的一个部分。他还认为,私立高等教育正处于爆炸型扩张时期,但扩张大都发生在高等教育体系的底层,其原因在于,私立高等教育能够迅速适应不断变化的市场状况、学生兴趣和经济需要,也因为如此,其作用会越来越大。国外私立高等教育发展中的成功经验,如高等教育私立后国家在宏观上所采取的对策、私立高校内部的管理机制和运行机制等,不仅直接影响我国政府发展民办高校的政策倾向,而且对民办高校的举办者以及求学者都将产生良好的正面效应。

我国是历史悠久的文明古国,在文明发展的过程,教育特别是私立教育自然发挥着不可替代的作用。早在 2 000 多年前的春秋时期,孔子等人就开始兴办私学,到战国时期,形成了以儒、墨、道、法为代表的私学"百家争鸣"的局面。自此以后,私立学校在传承中华文明方面发挥了重要作用,它把只属于贵族的教育延伸到民间,在教育普及的过程中作出了特殊的贡献。在世界私立高等教育迅速发展的 20 世纪三四十年代,我国的私立大学也有了长足的发展,出现了诸如复旦、南开等一大批著名私立大学,其数量远多于当时的国立大学,对我国近代的高等教育制度产生了相当大的影响。新中国成立后,1950 年中国内地有高等院校 227 所,其中公立高校 138 所,私立高校89所。从20世纪50年代起，通过改造、转办、接办和调整，国家取消了私立学校，从而一度中断了民办高校在我国的历史。十一届三中全会以后，我国民办高等教育重新起步，自1982年第一所民办大学“中华社会大学”诞生以来，民办大学如雨后春笋般涌现，尤其是20世纪90年代中后期以来，我国民办高校实现了跨越式发展（详见附录2）。到2007年底，我国民办普通高校已达297所，民办普通高校数已经占到全国普通高校总数的15.57%。从民办普通高校在校生人数看，“九五”末期我国民办普通高校的在校生仅为6.83万人，而至2007年已达163.06万人（其中本科生21.12万人，专科生141.94万人；此数据不包括318所独立学院186.62万人的在校生人数），7年时间增长了近23倍，民办普通高校的在校生人数已占全国普通高校在校生总数（1 884.9万人）的8.7%。从单个民办高校的办学规模来看，“九五”末期民办普通高校校均在校生仅1 800人左右，大大低于当时公办高校4 000多人的校均在校生人数。而据2007年的统计，民办普通高校的校均在校生人数为5 490人，这表明民办普通高校已经初具规模。除民办普通高校外，我国还有其他类型民办高等教育机构906所（本书亦称之为民办高校），各类注册在学学生87.33万人。①

二　民办高校面临严峻竞争形势

竞争是教育发展的共性特征和普遍现象。竞争的实质是人作为社会主体特性的外延，是人与人之间或组织与组织之间在优劣、胜负上的较量。教育竞争的客观性可以从两个角度来认识：一是把竞争视为广泛存在的社会现象，于是教育竞争自然是其中的一种，由于前者是客观存在的，后者也必然是客观存在的；二是在教育活动的过程中，竞争本身是普遍存在的，是教育自身固有的特征，从事教育活动

① 参见教育部公布的《2000年全国教育事业发展统计公报》和《2007年全国教育事业发展统计公报》。

的社会组织之间为争取教育资源，而在生源、升学率、就业率、师资、经费等领域展开竞争。

高等教育的非义务性质，决定了它与义务教育之间存在着根本性的差异——竞争性。由于生存状况和相关资源的稀缺性，高校为了实现各自的目标而在某个点、某个层次或某个范围内进行角逐和博弈的行为、现象、过程或状态是客观存在的，竞争是高校生存、发展的手段和高等教育发展过程中不可或缺的组成部分。高校之间竞争的目的在于：在改变自身地位的同时，也避免面临衰落或倒闭的危险。一定意义上，生存、发展和享受资源的稀缺性，是中国高校之间竞争的根本原因。由于高等教育活动具有特殊的社会地位，从事有关活动的社会组织间的竞争也是客观存在的，只是高等教育竞争的目的、形式、内容、过程和模式与商业竞争不同。在许多私立高等教育发达的国家，竞争已成为私立高校谋取发展的唯一途径。在合法的范围内，私立高校一切活动的决策都紧紧围绕竞争这一核心，这种竞争意识深深扎根于私立高校教职工的意识中。私立高校的竞争是一种全面竞争，其竞争目标不是单一的。

20 世纪七八十年代以来，国外如英国、美国、澳大利亚、日本等国将竞争机制不同程度地引入高等教育领域，甚至前苏联及东欧一些国家如匈牙利、波兰、捷克、罗马尼亚等国也“静悄悄”地开始了行动。① 在美国众多的教育改革措施中，把竞争机制引入教育领域越来越成为人们关注的焦点。比如，有的学校为求生存，应对的策略是提供合适的教育以防止学校关门；有的学校的策略是向特殊类型的学生提供与众不同的教育；有的研究型大学的策略则指向更高的荣誉。所以，竞争在美国私立高校中无时不在、无处不有。② 其主要形式有：供学生择校的“教育券”；改革公立学校办学模式以推动私立学校发展的“特许学校”；给学校更多的办学自主权等。尽管市场竞

① 何雪莲. 前苏东国家私立高等教育研究——以俄罗斯、匈牙利、波兰、捷克、罗马尼亚为个案[D]. 厦门：厦门大学博士论文. 2006：240.

② 马学斌. 美国私立高等教育的特征及其启示[J]. 怀化学院学报，2004，23(3)：131-134.

争在美国教育改革中的表现形式多样，但都体现了这样的本质：把竞争机制引入教育领域，让市场作为教育资源与要素配置的“主角”，最大限度地减少政府对教育资源配置的垄断权，激发由于垄断所造成的具有很大惰性的现行教育体制的活力。在已持续20多年的改革中，特别是最近几年，教育领域能清晰地感受到美国教育改革的另一方面的力量，即市场的力量。表面上看，这是与政府干预完全不同甚至对立的力量，但是在美国的教育改革中它们却相辅相成，构成了平衡的支点，形成了教育改革大合唱的不可缺少的不同声部。① 美国公立学校之间、公立学校和私立学校之间、私立学校之间的竞争程度非常高，这一直是美国私立大学和公立大学保持良好运转的压力（动力）。正因为如此，在美国，质量顶尖的大学中既有公立大学也有私立大学。美国学者亨利·汉斯曼也认为：“在高等教育中最重要的因素不是所有制，而是竞争。”② 经济学家弗雷德曼说，从20世纪中叶建立起来的公共教育制度意味着教育的失败，由于它缺乏竞争，使得学校对学生不负责任，学生对自己的学习不负责任。这几年来，美国的教育经费已经不成问题，为什么还要发展私立教育？这是为了通过发展私立教育，促进教育竞争，提高教育的质量和效益。③ 从这个角度而言，我国民办高校的存在和发展壮大有利于在教育市场中营造竞争的环境，有利于培育公办、民办高校在教育市场上的良性竞争规则，有利于中国高校竞争生态环境的形成和健康发展。

我国民办高校面临着前所未有的严峻竞争形势。根据现代战略管理理论，处在竞争环境中的民办高校面临着“现有竞争对手”、“进入威胁”、“替代品威胁”等多方面的竞争。在多种竞争的压力下，伴随着经济、社会、科技以及高等教育自身的发展，民办高校面临的竞争呈现出多种态势。

一是竞争对手增多。近年来，教育对科技进步、经济繁荣、社会

---

① 史静寰. 当代美国教育[M]. 北京：社会科学文献出版社，2001：191.

② [美]亨利·汉斯曼. 高等教育中国家与市场的关系[J]. 北京大学教育评论，2005，3(3)：32-40.

③ 胡卫. 民办教育立法：一个有研究价值的课题——全国民办教育发展研讨会总结发言[C]//教育研究新视野：1995—2005. 上海：上海人民出版社，2005.

发展发挥的先导性、基础性作用越来越得到各国政府的重视,企业及家庭对高等教育提供的教育和科研产品(服务)的需求不断增长,高等教育发展和高等教育体制改革不断深化,高等教育结构越来越多样化,特别是高校的层次、类型和形式由单一走向多样,高等教育办学主体也日趋多元化,不仅包括传统的非营利性高校,而且还包括营利性高校。高校生存与发展环境变得更加复杂和不确定。可以说,民办高校的生存不可避免地受到了来自其他高校的挑战。与此同时,经济全球化也推动了高等教育的国际化,大学正在跨越国界以求得更大发展。尤其是我国加入 WTO 以后,我国高等教育的国际化趋势已非常明显。一些国家的高校采取与国内高校合作办学、在中国开办分校、开设跨国网上课程等方式争夺中国教育市场,中国高校之间竞争的国际化气息越来越浓。我国民办高校在与国内公办高校竞争的同时,还要和国外教育机构争夺生源和教育资源。教育部统计资料显示,从 1978 年到 2003 年,我国各类出国留学人员总数达 70.02 万人,留学回国人员总数达 17.28 万人,而以留学身份出国,目前在外的留学人员有 52.74 万人。① 按每年人均 1.5 万美元低标准留学费用计算,我国每年都有巨额教育经费外流。此外,随着科学技术特别是信息技术的高速发展,在传统的"围墙大学"或住宿学校之外,又开始出现"点击大学或通常所说的商业虚拟大学,如 UNEXT. COM和 Jones 国际大学"等②,这些学校正成为民办高校(包括公办高校)不可小觑的竞争对手。

二是竞争强度加大。民办高校面临的竞争强度加大主要表现为竞争对手实力的增强。从国内情况看,中央和地方政府普遍重视高等教育并着手推行政府扶强战略,在教育经费短缺的情况下,先后启动了"985 工程"、"211 工程"及高校大合并。近年来一些公办优质高校走上了"资源集中"的发展捷径。无疑,合并后的高校"航母"对民办高校(包括一些公办地方高校)构成了巨大威胁,使得民办高校

---

① 王连森. 基于核心竞争力的大学特色战略方向的选择[J]. 山西财经大学学报:高教版,2004,7(4):8-11.

② E·莱文. 未来大学的九大变化[J]. 中国高等教育,2001(9).

与其差距呈现不断扩大的趋势，民办高校面临的竞争愈加激烈。竞争强度的加大，还表现在"顾客需求"的挑剔性上。随着经济和社会的发展，社会公众、企业等对高校提供的教育和科研产品（服务）的要求越来越多，越来越高。"高等教育正在变得更加个性化"，并呈现出多样化的发展趋势。①

三是竞争领域扩展。竞争领域是指竞争参与各方的共同着力点或范围，具体如资金、教师、学生、学生就业等。民办高校之间的竞争以及民办高校与公办高校之间的竞争是多方面的，既有物力、财力资源的竞争，又有人力资源的竞争；既有有形资产的竞争，又有无形资产的竞争；既有资源的竞争，又有能力的竞争；既有教学科研方面的竞争，又有社会服务方面的竞争。从总体上看，当前我国民办高校间的竞争基本是低水平的外延式竞争，主要停留在专业学科数量以及教师待遇、办学经费以及就业率等"量化性"的比照上，而并非高校的整体办学效益的竞争与比试。低水平的竞争使很多民办高校的办学者失去观察中国民办高校发展的世界性和前瞻性视角，过分注重规模扩张、眼前利益和短期发展，忽视民办高校发展不能抛弃内涵式发展的理念，这必将制约我国民办高校未来发展的竞争力。

四是出现"过度竞争"趋势。过度竞争是一个经济学概念，主要是指退出壁垒较高的纯粹产业中的企业数目过多、产业过度供给和过剩生产能力现象严重，产业内的企业为维持生存不得不竭尽一切竞争手段将产品价格降低到接近或低于平均成本的水平，使整个产业中的企业和劳动力等潜在可流动资源陷于只能获得低于社会平均回报和工资水平的境地，而又不能顺利从该产业退出的非均衡状况。民办高校是个特殊的产业部门，其公益性特征要求民办高校的竞争尽可能地在规范的市场秩序中进行。事实上，我国民办高校已开始显露出过度竞争的迹象，主要表现为民办高校为获取资源的过度竞争。（1）生源及广告大战。地毯式轰炸（宣传）和传销式招生现象已经出现。部分民办高校为争夺有限的生源常常夸大其词，甚至诋

① 王连森. 特色战略——大学竞争的基本战略[J]. 扬州大学学报：高教研究版，2004，8（6）：3-5.

毁其他民办高校。一些极端的民办高校甚至采用“传销”的方式进行招生，而这无异于“饮鸩止渴”。还有一些民办高校通过操纵极端商业化的“高校排行榜”等手段来炒作自己。虽然民办高校在一定范围内通过广告等手段进行自我推销是必要的，但是过度的宣传总会给人留下“华而不实”和“炒作”的感觉。实际上，大学更应该保留必要的含蓄，这种含蓄代表了象牙塔的纯洁和高尚。一些民办高校每年花在广告上的费用高达千万元，然而当每个高校都将广告宣传置于如此之高的地位时，民办高校之间必然会陷入恶性竞争的深渊。遗憾的是，目前很多民办高校都陷入这一恶性循环而不能自拔。① (2) 专业的重复设置过多。许多民办高校没有长期合理的规划，专业设置和招生集中安排在市场短期需要的热门专业，如财经、政法、计算机等，造成重复设置现象严重，最终导致民办高校相关专业学生就业困难。(3) 定位的竞争。不少民办高校不安于现状，不切实际地希望脱离高职的角色，把自己的学校办成本科院校、全国一流甚至世界一流的民办大学。(4) 规模的竞争。为了追求片面的规模效益，一些民办高校不断扩大招生规模和校园面积，增添教学仪器设备，然而随着大学生源增长极限的逐步来临，办学的风险也会悄然产生。(5) 学费价格战初见端倪。为招揽生源，维持学校运转，部分民办高校不得不在规定的学费价格浮动范围内选择下限，通过降低学费来吸引学生。这对本身筹集经费就很困难、经费渠道较为单一的民办高校来说，无疑是沉重的打击。②

民办高校过度竞争的危害是显而易见的，其最突出的表现是民办高校办学成本增加、供给过剩、资源闲置浪费、学校对市场的适应性降低、退学率较高、教学质量受到冲击、社会声誉受损，这些都会影响民办高等教育正常的市场秩序，使其形不成强有力的行业力量，从而使民办高校自身的权益得不到保障，整体竞争力减弱。

---

① 王一涛，董圣足. 民办高校倒闭的现状、原因及对策分析[J]. 浙江树人大学学报，2008，8(3)：6-11.

② 柯佑祥. 力戒过度竞争，创建有利于民办高教发展的制度环境[J]. 中国高等教育，2004(5)：44-45.

由于民办高校竞争力的缺乏，尤其是核心竞争力没有形成，不少民办高校已“领教”到竞争的残酷性，2004 年民办高等教育的“倒春寒”现象更为民办高校敲响了警钟。2004 年全国民办高校平均报到率不到 80%，个别学校甚至不到 50%，学生流失率上升，不少民办高校面临着倒闭的命运（详见附录 3）。2004 年北京市民办高校计划招生 16 476 人，实际报到仅 14 401 人。尽管教育行政部门出台了特殊倾斜政策，为民办高校留出了足够的补录时间，但民办高校仍有 12.6% 的招生计划没有完成。即使在民办高等教育发展状况较好的陕西省，情况也不容乐观。2004 年陕西省民办高校总招生数约 7 万人，与 2003 年持平，相比前几年每年 20% 的增幅而言，招生困难明显加剧。① 其他一些省区的民办高校也存在不同程度的生源萎缩，不少学校破产倒闭，相当一部分民办高校在生源锐减后处于风雨飘摇的危境。我国民办高校在 1996 年达到 1 219 所，但在校生人数多在数百人之间，上千人的并不多。

20 世纪 90 年代后期以来，尽管从总体上看我国民办高校总数仍呈平稳上升的态势，但民办教育网和全国民办高等教育委员会 2001 年发布的一份总数为 1 134 家的全国民办教育机构名单的跟踪调查表明，已有超过半数的学校停办或无法查询，有超过一成的学校被其他机构兼并，能够基本正常运行的学校居然不足总数的四成。这种现象近年来似有愈演愈烈之势。据报道，中国民办院校的数量 2003 年比 2002 年减少了 100 多所，这当中尤以南洋教育集团的倒闭最为引人关注。② 2004 年，江苏培尔学院因亏损严重无力为继，学院所在的江阴市政府将此校资产交由江阴职业技术学院使用。江苏培尔学院投资逾 8 000 万元，其办学曾经过专家精心论证，著名教育家、科学家杨福家院士曾担任该校校长，因此该校倒闭导致舆论一片哗然。2006 年 3 月，海南三亚卓达旅游职业学院被广东潮汕职业技

---

① 别敦荣，陈艺波. 我国独立设置的民办高等学校的现实困境与前景展望[J]. 浙江树人大学学报，2006，6(4)：9–14.

② 周国平，谢作栩. 我国民办高校倒闭问题之思考[J]. 高等教育研究，2006，27(5)：46–53.

术学院兼并，也引起了舆论界的普遍关注。此类案例还包括四川天一学院被西安欧亚学院兼并。① 2006 年 4 月，陕西省教育厅取消了 15 所不具备办学条件的民办学校及教育机构的办学资格。②

三 民办高校迫切需要培育核心竞争力

民办高校核心竞争力问题只有放在竞争性环境中研究才有意义，如果不存在竞争性的生存发展环境，民办高校间不存在公平公正的相互竞争，就不会产生竞争力和核心竞争力。换言之，竞争性环境是探讨民办高校核心竞争力的前提条件。

"实际上没有一个参与者欣赏纯竞争的严酷性，参与者总是尽其所能通过力图确保自己的某些垄断性优势来逃避它——今天所用的术语是'竞争优势'；它听起来不那么具有侵略性，但事实上保留了同样的意思。"③ 竞争的残酷性决定了高等学校都力图在激烈的市场竞争中倾力追求一种竞争优势，而高等学校竞争优势的获取在很大程度上依赖于高等学校拥有什么样的核心竞争力。民办高校既然不能回避竞争，就只有积极适应竞争并通过核心竞争力的培育促使自身在竞争中获胜，才能获得生存发展的空间。

从核心竞争力理论的视角研究民办高校发展战略和政策需求，应着重考察以下两个问题。一是"什么是民办高校核心竞争力及其制约因素"。界定民办高校核心竞争力的内涵是这一研究的前提和基础。目前关于企业核心竞争力和高校核心竞争力的研究比较多，但是关于民办高校核心竞争力的研究十分缺乏，甚至没有一个学者深入探讨过民办高校核心竞争力的内涵和构成要素，这也导致对民办高校核心竞争力的整体理论研究十分缺乏。本书力图在分析民办

① 三亚卓达旅游职业学院重组，广东潮汕职业技术学院全面接管该校[EB/OL]. http://news.sohu.com/20060526/n243419078.shtml.

② 卢彩晨，李士伟. 中国民办高校倒闭的背后[J]. 教育与职业，2007(3):30-34.

③ 崔波. 论民办高校的核心竞争力战略[J]. 民办教育研究，2004,3(6):34-39.

高校的概念、范畴、本质属性以及特征的基础上，积极借鉴企业核心竞争力和高校核心竞争力已有的研究成果，概括关于民办高校核心竞争力的内涵，并分析民办高校核心竞争力的影响要素。二是“如何提升民办高校核心竞争力”。在分析民办高校核心竞争力的内涵和影响要素的基础上，民办高校发展战略和政策需求研究的终极目标就是探讨如何通过发展战略的实施和国家政策的扶持与规范，来促进民办高校核心竞争力的形成和提升。本书将从时间的维度，借鉴中国古代和近代私立大学的成功经验，结合当代民办高校的发展特点，探讨当代中国民办高校的发展战略和政府应实施的政策。此外，本书还将从空间的维度总结分析其他国家私立大学发展的成功经验，尤其对私立高等教育发达国家政府在提升私立高校核心竞争力方面所施行的政策进行深入细致的比较分析，在借鉴和吸收的基础上，提出当代中国民办高校核心竞争力提升的战略路径和政策建议。

第二章

民办高校发展概述

我国民办高校在20世纪80年代初期开始恢复发展，是市场经济发展和高等教育体制改革的产物。市场经济的发展为民办高等教育的复兴提供了经济基础和现实需要，而高等教育体制改革则打破了政府单独投资办学的格局，我国逐步建立起政府办学为主与社会各界参与办学相结合的新体制。随着政府政策的逐步放宽，社会力量举办高等教育的积极性不断高涨，我国民办高校从少到多，逐步成为我国高等教育事业不可缺少的一支重要力量，为推进高等教育大众化作出了重要的贡献。

一　民办高校的范畴和性质

民办教育是我国改革开放后对非国家举办的教育或非政府财政性拨款教育的新提法。从国际范围来看，这类教育被称为“私立教育”，在我国的古代被称为“私学”，近现代我国也有“私立教育”、“私立学校”的提法。20世纪80年代以来，我国民办高等教育得到了前所未有的发展，实现了从复苏崛起到发展壮大的巨大转变，现已形成公办高等教育与民办高等教育、政府办学与社会力量办学共同发展的格局。尽管这一过程经常被人们视为我国民办高等教育事业的延续与复兴，但必须承认，今天的民办高等教育已远远超出过去私立高等教育的概念范畴，它是新的经济体制与社会环境催生的产物，有着全新的制度根基和环境基础，有着多样的高等教育形式以及完全不同的办学理念和经营模式，具有典型的时代特征和独特的办学性质。

（一）民办高校的范畴

在日本，私立学校是指在国家设立的国立学校和地方共同体（地方政府）设立的公立学校之外，由学校法人设立的学校。学校法人包括依照法律规定、经主管当局批准的社团和自然人。私立学校的经费来源主要有捐赠、学费、学校经营收益、国家或地方政府的资助等，但是私立学校的创办应基于创办者的捐资行为。菲律宾《私人教育法》规定,私立学校是指由民间个人或团体建立并管理的教育机构。墨西哥《联邦教育法》规定,私立学校是指经官方批准或承认的私人办学机构。俄罗斯《关于在俄罗斯联邦私立教育机构的组建与发挥职能的原则》规定,私立教育机构是由社会团体、企业、机关及公民个人包括外国法人和公民创办的教育机构。英国 1944 年《教育法》给独立学校(私立学校)下的定义是:凡不属地方教育当局维持或不由大臣给学校负责人贷款的学校即是独立学校。

近年来,在国家的大力支持下,我国的各种社会力量纷纷举办高等教育事业。其办学形式多种多样,既有私人办学、中外合作办学、企业办学,也有党派、团体及其他组织办学。由于情况复杂、类型繁多,因此对"民办高校"概念及范畴的理解也有所不同。概括来看,当前我国教育理论界较为流行的界定有以下 4 种。

第一种观点主张,以教育经费的来源界定民办高校。这种观点认为,凡是用国有资金(包括国家财政资金和全民所有制企事业单位的资金)举办的高校,都称为公办高校,其他学校则为民办高校。需要指出的是,这种按照教育经费的来源界定民办教育的观点无法反映目前教育组织制度变迁的现实。例如,在一些西方发达国家,政府对私立学校的资助额度已经达到学校办学成本的 80%,而大多数国家的公立学校也通过教育成本的分担与补偿、接受捐赠、校企产学研合作等多种途径筹集办学经费,以减轻日益紧张的财政压力。正如教育部教育发展研究中心主任张力所言,我国的公立高校与民办高校之间越来越呈现一个"光谱",在完全由政府和私人投资举办(或直接管理)的学校教育之间,已经出现一系列的模式。

第二种观点主张,以"办"字的具体含义来界定民办高校。这里,"办"字有两层含义。一是指创办、举办,指的是学校的起始、设立。举办者一般对学校有资金投入,只要没有声明捐赠,举办者对投入的校产就应享有所有权。二是承办、经办,指的是承办者、经办者一般对学校没有资金投入,所以对校产一般没有所有权,但对学校产权有管理、使用权。这样,就可以从"办"字的两种含义来划分民办高校与公办高校。南京师范大学冯建军教授曾根据学校所有权和管理权的分割,把由政府设立、管理的学校称为国立学校;把由全民或集体企事业组织经营的学校称为公立学校；把所有权属于国家，而经营权属于社会团体或公民个人的学校称为民办高校；把由私营企业、社会团体和公民个人设立并管理的学校称为私立民办高校。

第三种观点主张，以财产所有权的归属来界定民办高校。这种观点认为公立学校的财产所有权属于（或基本属于）政府举办者，而民办高校的财产所有权可以归属于某一个体或团体，也可以归属于若干个个体或团体，并把民办高校区分为非营利学校和营利学校，以便于政府对民办高校的产权安排及管理。

第四种观点主张，从办学主体和经费来源两方面来界定民办高校。这种观点认为凡是办学主体为非政府的社团组织或个人，办学经费主要由学校自筹的教育组织机构，通称为“民办高校”或“私立学校”，这是国际上大多数国家普遍认同的观点。

本书认为，准确、科学地界定民办高校概念，不能摆脱两个最基本的标准，即举办者的性质和创办资金的来源，并且两个标准具有统一不可分离性。就举办者而言，应当是：非公有制经济组织或非政府机构；非政府性派出机构或直属机构；能够独立承担民事责任的法人或公民个人。就经费来源而言，应当是：创办资金出自举办者或社会捐赠、投资；经常性经费可以由政府资助，但主要应靠学校自己解决。基于以上观点，凡是由非公有制经济组织或非政府机构（含派出机构或直属机构）举办且创办资金由举办者自筹或社会捐赠、投资，实施正规学校教育的高等教育机构，即是民办高校。根据这一定义，民办高校从范畴上包括实施普通高等学历教育的民办高校、实施成人高等学历教育的民办高校、实施学历文凭教育试点的民办高校（目前已被取消）以及实施自学考试辅导或其他职业技能培训的非学历高等教育机构。需要说明的是，由公办普通高等学校举办、由企业投资的民办二级学院（独立学院）未纳入本书的研究范畴，目前独立学院也没有被教育部列入高校序列。

（二）民办高校的本质属性与特征

一所学校的社会性质并不取决于办学经费的来源，而是取决于办学方针、教育宗旨以及体现方针和宗旨的教育内容、教育方法和管理制度。民办高校是超越历史和社会制度的普遍存在，同社会主义或资本主义没有本质性联系。资本主义国家有私立大学，社会主义国家同样可以有民办高校。各国关于私立教育的法规，都要求私立学校必须遵守国家的教育宗旨和教育法令。同样，我国的公私立学校也都被纳入国家的教育体系之中，均受国家的方针政策制约，均是社会主义教育事业的组成部分，民办高校并不因为是"私立"而可以独自为政、自行其是。此外，教育作为公共服务，它既可以由公立学校来提供，也可以由接受政府资助的私立学校来提供。教育的公益性并不表现为政府充当唯一的办学主体，由社会团体及个人出资创办的学校并不影响公共教育的属性。教育的本质是一种培养人的社会活动，培养人的同时便产生公益性。从教育产生时起，教育便具有了公益性，即为公众或团体提供服务，实现个体或群体的社会化，实现教育的政治、经济以及文化功能。不论哪个国家、哪个时代的教育，首先都是符合全社会公共利益的，即无论是在教育方针、教育目的上，还是在办学方式、办学内容上，都必须以不损害国家利益和全社会民众的利益为前提。从这个意义上说，教育的公益性是教育本身与生俱来的。民办高校作为教育系统的一部分，与公办高校在人才培养的道德目标、政治目标及相关教育内容、教育方法方面，并没有实质性的区别。① 我国于2003年9月开始施行的《民办教育促进法》明确规定，民办教育是公益性事业，是社会主义教育事业的重要组成部分。这是对当前我国民办高校本质属性最科学的定位。

从教育的终极目标上看，民办高校与公办高校并无本质差别，或者说完全趋同，但在实现这个终极目标的过程中，由于投资、经营的主体不同，二者就产生了差异。② 概括来说，私立性、自主性、灵活性和非稳定性是民办高校路径选择的特征所在。

（1）私立性。民办高校办学主体的私立特征主要体现在两个方

① 彭安臣．公益性视野下的民办高等教育经费筹措［J］．现代教育科学，2004（6）：28-31．

② 黄藤．关于我国民办教育基本理论的思考［C］//中国民办教育研究 2004—2005．上海：上海人民出版社，2005．

面。一是办学创意的私立性。民办高校是基于办学者的意愿和教育理想，依照一定的法律程序，经主管当局批准而创立的非官方旨意及其支配下的办学实体。二是办学经费的私有性。民办高校的办学经费来源主要有办学者的私人投资、社会捐资、学生的学费等，国家一般不予拨款。鉴于民办高校的私立性特征，其利益主体、产权关系一般较为清晰，经营管理权主要集中在由董事会、校长、监事会等构成的实际管理体系中。与学校的生存压力及资产保值增值压力相对应，学校投资者（办学者）和管理者权力集中，职责分明。

（2）自主性。目前，公办高校的运作基本上依照上级党委和政府行政部门的指令来操作。民办高校从它诞生之日起，就已经把高校从以往以单纯完成政府规定的教育培养任务为目标的纯办学单位，转化为了通过培养学生而实现自身经营的办学实体，成为根据效益最大化原则自主运作的独立法人经营主体。民办高校在教育市场中进行有效运作必须依靠现代企业制度，必须将高校由过去的行政关系、行为方式等制度规范，转变到按独立法人经营主体的规范上来。民办高校也必须考虑到效率效益，以尽可能的简单和高效、尽可能少的开支来完成办学任务。民办高校在不违背国家法律与政策的前提下，在教育主管部门的宏观管理下，有权要求根据求学者的需求自主安排日常的教育和管理活动，包括自我筹措经费、自主安排经费的使用和经费的管理、确定负责人选、自主决定人员选聘、自主招生、自主制订教学大纲、自主设定课程和选用教材、独立发放学历和文凭证书等。

（3）灵活性。民办教育办学的灵活性主要缘于其办学的自主权，主要表现为：与市场关系紧密，根据社会需要及时调整办学方向和办学思路；经费筹措形式灵活多样；招生标准不拘一格，灵活有弹性；与社会各界更容易建立起良好的信息沟通和反馈网络；与公办高校相比，其人事政策更为灵活，更容易建立一个开放性的人员流动机制。此外，在具体的教学活动中，民办高校由于拥有较大的办学自主权，因而可以为教学改革提供足够充分的空间。

（4）非稳定性。非稳定性是相对于稳定不变而言的。以往，学校是一个稳固的社会载体，有着很好的稳定性，学校机构、专业设置及教职工(自从教到退休)都几十年不变。但是,随着民办高校成为独立的经营主体,伴随着教育市场竞争的日趋激烈,学校的非稳定性凸现出来:投资的风险变化使学校的发展起伏变得频繁,竞争的失败将可能导致学校随时被淘汰出局;人才市场的需求变化使专业设置经常处在变动之中;市场机制下人员的流动(不要人事关系的兼职、特聘等流动人员出现)加快等。这些因素使学校原有的那种几十年不变的稳定性不复存在,学校也经常处在发展与收缩、开办和重组的变化之中。

二　民办高校的发展历程

从民办高校发展的政策环境、速度和规模方面看,自改革开放以来,我国民办高校的发展大致经历了萌芽、认可、迅速发展和依法规范 4 个阶段。

(一) 萌芽阶段(1978 年—1981 年)

1978 年,党的十一届三中全会作出了把全党的工作重心转移到经济建设上来的决策,在正本清源的基础上开始了大规模的四个现代化建设。改革开放和四个现代化建设都亟须提高劳动者素质和培养各种专门人才,因而迫切要求大力发展高等教育。由于财力有限,尽管政府年年增加投入发展公办高校,但仍不能满足社会对高等教育的需求。在这个阶段,全国有不少地方出现了民办教育的萌芽,但是国家政策的态度是“静观其变”,既没有采取强制手段限制甚至扼杀民办教育的发展以维护公办教育的正统地位,也没有肯定或提倡其发展,只是不置可否。在这种氛围之下,民办教育得到了一定程度的发展。

(二) 认可阶段(1982 年—1991 年)

在这个阶段,国家的政策法规赋予了民办教育合法地位,对民办高等教育的发展方向、民办高校的外部宏观管理和内部教育教学活动等都作了指导性的规定。到 1982 年，我国出现了北京自修大学、中华社会大学、中国逻辑与语言函授大学、广东业余大学等 8 所民办大学（含高职），其他类型的民办教育也都有了不同程度的发展。1982 年通过的《中华人民共和国宪法》第十九条明确规定：国家鼓励集体经济组织、国家企业组织和其他社会力量依照法律规定举办各种教育事业。我国宪法第一次将社会力量办学作为国家教育事业的组成部分，并明确表明了国家鼓励社会力量办学的态度。至此，我国民办教育的发展才具有了合法性。1984 年 10 月至 1985 年 5 月，中共中央相继作出了《关于经济体制改革的决定》、《关于科学技术体制改革的决定》和《关于教育体制改革的决定》，重申了我国发展教育必须坚持公办和民办“两条腿走路”的办学方针，鼓励社会力量办学，支持民办教育发展。1987 年 7 月，原国家教委针对民办教育在恢复起步过程中出现的管理和办学方面的问题，颁布了《关于社会力量办学的若干暂行规定》，要求各地进一步加强对社会力量办学的领导和管理，以达到肯定成绩、总结经验、理顺关系、促进社会力量办学健康发展的目的。这是国家教委针对民办教育制定的第一个基本规章，也是我国改革开放后第一个较全面的有关社会力量办学的法规性文件。从此，我国民办教育走上了依法办学的轨道，而且随后国家教委和相关部委出台了一系列管理文件，有效遏制了民办教育发展中的违规现象。民办高等教育的发展进入平缓期，这种发展状态一直维持到 1991 年。

（三）迅速发展阶段（1992 年—1997 年）

1992 年春，邓小平同志南巡讲话，澄清并解决了社会主义若干理论问题，强调“发展才是硬道理”①，提倡敢于试验、“看准了的，就大胆地试，大胆地闯”②的精神。这对教育体制改革起到了极大的推

① 邓小平. 在武昌、深圳、珠海、上海等地的谈话要点[M]//邓小平文选. 第 3 卷. 北京：人民出版社，1993：377.

② 邓小平. 在武昌、深圳、珠海、上海等地的谈话要点[M]//邓小平文选. 第 3 卷. 北京：人民出版社，1993：372.

动作用，为民办高校的发展创造了良好的环境。党的十四大提出“要改变国家包办教育的局面，支持和鼓励民间办学”。1993 年 2 月，中共中央颁发的《中国教育改革和发展纲要》指出：“改变政府包揽办学的格局，逐步建立以政府办学为主体、社会各界共同办学的体制”①，首次提出了“国家对社会团体和公民个人依法办学，采取积极鼓励、大力支持、正确引导、加强管理的方针”。在这种形势下，各级政府、教育行政部门和民办教育工作者进一步解放思想，积极贯彻执行“十六字”方针，社会力量办学迅猛发展起来。据不完全统计，各地民办高校从 1991 年的 450 所增至 1995 年的 1 209 所。至此，我国高等教育办学体制改革已迈开了较大的步伐，取得了突破性的进展，民办高校从公办高校的“拾遗补缺”发展成为了社会主义教育事业不可缺少的组成部分。

（四）依法规范阶段（1997 年至今）

1997 年 7 月 31 日，国务院发布《社会力量办学条例》，这是我国第一部专门规范民办教育的行政法规。这部法规的颁布，标志着民办教育进入了依法治教、依法管理和依法办学的阶段，为今后国家制定民办教育法奠定了基础。但该条例明确规定“国家严格控制社会力量举办高等教育机构”，这在某种程度上对民办高等教育的发展产生了一定的消极影响，也表明 20 世纪 90 年代以来我国民办高等教育在快速发展过程中确实存在诸多令政府不满意的地方。但无论如何，在此之前，我国针对民办高等教育的法律规范多散见于宪法等法律规范之中，基本上是零星的，其间虽然也算得上有法可依，但仍未进入全面依法办学的阶段。②

1998 年 12 月 24 日，教育部颁布《面向 21 世纪教育振兴行动计划》，其中涉及民办教育问题的主要条款有：“要认真贯彻国务院对社会力量办学实行积极鼓励，大力支持，正确引导，加强管理的方针，

① 国家教育委员会. 新的里程碑[M]. 北京：教育科学出版社，1994：72.

② 李枭鹰. 中国民办高等教育政策法规发展历程及意义[J]. 教育发展研究，2007(12)：63-68.

今后3至5年,基本形成以政府办学为主体、社会各界共同参与、公办高校和民办高校共同发展的办学体制”、“要制定有利于吸纳社会资金办教育和民办高校共同发展的优惠政策”、“社会力量办学要纳入依法办学、依法管理的轨道。社会力量办学不以营利为目的,鼓励滚动发展”、“要保障社会力量举办的教育机构资助办学的法人地位”。1999年6月13日,中共中央、国务院发布《关于深化教育改革全面推进素质教育的决定》,鼓励社会力量以各种方式举办高中阶段教育和高等职业教育,经国家教育行政部门批准,可以举办民办普通高校;要因地制宜地制定优惠政策(如土地优惠使用、免征配套费等),支持社会力量办学。其中的许多提法解除了过去众多的禁令,如“严格控制社会力量举办高等教育机构”与“民办高等学校只能举办非学历教育”等规定,预示着国家对民办高等教育进行控制与压制的态度和看法正在从“鼓励”、“加强领导和管理”向“积极鼓励、大力支持、正确引导、加强管理”转变。为确保1999年高等教育扩招工作顺利进行,教育部提出以现有教育资源为基础,加快组建、审批一批职业技术学院和具有发放学历文凭资格的民办高校。① 2001年1月,国务院授权省、自治区、直辖市人民政府自行审批设立高等职业学校(专科层次普通高校)。审批高等职业学校权力的下放,使民办高等职业学校的数量快速增加,2001年一年时间里实施学历教育的民办高等学校就猛增了81所。

2002年12月28日,九届全国人大常委会第三十一次会议审议通过了《中华人民共和国民办教育促进法》(简称《民办教育促进法》),这是中国民办教育史上的又一个里程碑,标志着国家对民办教育的管理已从人治走向法治,有效地保证了民办教育的持续发展。《民办教育促进法》的颁布不仅大大促进了科教兴国的战略,促进了民办教育事业的发展,而且树立了民办教育在社会主义教育事业中的地位,更好地约束了民办教育事业的正确发展方向,为民办教育事业提供了有力的法律保障。2004年2月25日,国务院第四十一次常务会议通过了《中华人民共和国民办教育促进法实施条例》(简称

① 金忠明.中国民办教育史[M].北京:中国社会科学出版社,2003:260.

《实施条例》),《实施条例》的出台使《民办教育促进法》更加具体化,更具可操作性。此后,《民办高等学校办学管理若干规定》(中华人民共和国教育部令第25号,见附录4),国务院办公厅《关于加强民办高校规范管理、引导民办高校健康发展的通知》(国办发[2006]101号,见附录5),国务院《关于大力发展职业教育的决定》(国发[2005]30号),中共中央组织部、中共教育部党组《关于加强民办高校党的组织建设工作的若干意见》(教党[2006]31号),国家发展和改革委员会、教育部、劳动和社会保障部《关于印发<民办教育收费管理暂行规定>的通知》以及财政部、国家税务总局《关于教育税收政策的通知》(见附录6)等文件进一步对民办高校发展进行规范,有力地促进了民办高校的健康稳步发展。

三　民办高校的发展模式

尽管我国民办高校发展的时间比较短,但由于我国区域性差异比较大,各地在经济水平、经济体制和教育体制等方面存在一定的差异,因而我国民办高校在发展模式方面也呈现出多样化的特征。概括来说,民办高校大致有5种模式,划分依据主要是发展基础和资金来源的差异,既有起点早、无启动资金的民办高校,又有起点迟、有大规模投入的民办高校;既有个人投资举办的民办高校,又有企业独资或合资举办的民办高校;既有资金全部自筹的民办高校,又有依靠政府资助的民办高校。但无论是哪种模式的民办高校,都符合民办高校的概念和范畴,即举办者都是非公有制经济组织或非政府机构,经费来源主要依靠自筹资金。

(一) 以学养学的早期民办高校

这部分民办高校主要是20世纪80年代初期兴办的,办学者在无校舍场所、无教学设备、无教师队伍的情况下,靠租赁校舍、聘请兼职教师来组织教学活动。这类民办高校起点低、规模小、条件差,但以精细的管理、较高的教学质量吸引了不少学生,闯出了以学养学、略有节余、逐步发展的模式。三江学院、黄河科技学院等一大批改革开放初期创办的民办高校，走的就是这样一条白手起家、艰苦创业的办学道路。从租赁校舍到自建校园，从外聘兼职教师到建立自己的教师队伍，从教学条件简陋到逐步实现教学设施现代化，从非学历教育到学历教育，从专科教育到本科教育……这些民办高校不断扩大办学规模，提高教学质量。这不仅是对办学者毅力和能力的考验，更是对学校定位、质量和信誉的考验。

（二）民办教育家与社会资本（资源）结合的民办高校

这类高校走的是高投入、高起点、规范化的办学道路。其主要特点是：敏感地抓住市场经济和社会发展对人才需求的信息，突出专业设置与人才培养的特色。这一特色立即受到社会广泛欢迎，学校规模也迅速扩大，从而获得了良好的社会效益和经济效益，如西安外事学院、江西蓝天学院、湖南涉外经济学院等民办院校。

（三）教育集团所属的民办高校

教育集团以教育的产业属性为建立前提，借鉴经济发展的经验和成果，引入企业集团的组织形式，创办不同教育层次（往往是从幼儿园到高等教育）的多所学校。集团化办学的主要优点是：按产业发展规律实现教育的规模经营，使资源焕发新的活力，发挥更大作用。除了品牌效应之外，教育资源还包括教育理念、管理架构、制度模式、运行机制、科研成果、教育信息等，这些资源的共享可以减少办学过程中的许多重复劳动，大大提高办学效率。这一模式是现有办学环境下一种非常有效的选择。近代中国许多著名的私立大学，往往就是以大学为"龙头"的教育学团，如岭南大学、光华大学、中华大学等。岭南大学涵盖了从学前教育到研究生教育的所有层次，"岭南"实际上成了近代广东教育界的一个著名品牌，因而直到 20 世纪八九十年代，健在的"岭南"校友依然人数众多，遍布海内外。再如"金陵"、"协和"等，更是享誉海内外的知名教育品牌。光华中学、中华中学等中、小学与同名大学共同成长，皆成为其所在城市的知名教育集团。[1] 目前，我国已出现了浙江万里教育集团、宁波华茂（教育）集团、卡伦湖教育集团、上海中锐教育集团、黑龙江东亚教育集团、江苏翔宇教育集团等知名教育集团。这些教育集团积极引入市场运作机制，逐步实现教育规模的集团化。以东亚集团为例，东亚大学是东亚教育集团的龙头，是在齐齐哈尔第一机床厂职工大学的基础上改制而成的一所民办高校。当齐齐哈尔第一机床厂作为国有特大型企业步入低谷难以复苏的时候，东亚大学却经过近 7 年的运作显示出勃勃生机，第一机床厂所属的从幼儿园到高中的 11 所学校全部并入了教育集团。[2]

（四）股份制民办高校

股份制学校是指借鉴股份制企业筹资方式举办的学校。投资参股者是公民个人、企业、社会团体、民主党派等。出资方式可以是资金、土地、房屋等有形资产，也可以是教育品牌、高层管理者的管理等无形资产。股份制民办高校一般由出资人组成董事会，实行董事会领导下的校长负责制。采用股份制办学有利于吸收社会资金、盘活闲置资产用于民办高等教育。《民办教育促进法》中规定，投资者可以获得合理回报，这一法律的实施有利于此种办学模式扬长避短，迸发出新的活力。

（五）政府资助的民办高校

随着我国经济的快速发展，政府财政资助民办高校发展的能力日益增强，特别是一些经济实力强大的地区，已经具备了资助民办高等教育的能力。如浙江省人民政府对浙江树人大学的资助就是一个典型。浙江树人大学从 1993 年开始得到省政府的拨款资助，最初是每年 20 万元，1995 年起增至每年 80 万元，1998 年增至 120 万元，到

---

① 秦国柱．私立大学之梦——中国民办高教的过去、现状、未来[M]．厦门：鹭江出版社，2000：89．

② 邬大光．中国民办高等教育的市场化特征与政策走向分析[J]．中国高等教育，2001(11)：35-38．

2000 年猛增至 1 170 余万元,2001 年达到 2 048 万元,2002 年再增至 2 232 万元,约占学校总收入的 15%,有力地支持了学校的各项建设。当前,能得到政府资助的民办高校一般是名人举办的起点较高的学校,或名气较大、影响面较广的民办高校。

四　民办高校发展的基本动因

让社会资源进入教育领域,是一个国家弥补教育资源不足、实现教育供求平衡、增加教育多样性和选择性、促进教育竞争的理性诉求。中国是一个人口大国,高等教育需求量大,但教育资源却严重不足,因而,大力发展民办高等教育,吸收民间资金办学弥补教育经费之不足,扩大高等教育整体规模以满足人民群众对不同层次高等教育的需求,是一种重要的战略举措。新中国成立以来,民办高校经历了一个从有到无,又从无到有,直到一派繁荣的过程,其兴起和不断发展壮大也反映了民办高校存在的合理性与必要性。

(一) 民间悠久的办学传统是民办高校蓬勃发展的历史渊源

我国自古以来就有办私学的良好民风和社会基础。“天子失官,学在四夷”正是先秦私学勃兴的典型概括。从历史上看,私学从力主“学在四夷”的孔子起,就没有断绝过,这与时兴时废的官学有所不同。从春秋战国时邓析、少正卯、孔子兴办私学到汉朝私学中兴,其间虽然秦采取过“以法代教”、“焚书坑儒”等禁私学的政策,但仍有一些人在家著书立说、教授弟子。

自 19 世纪中叶起,中国社会的门户逐渐开放,私立学校在中国也逐渐兴起与发展。从清末开始,随着兴办学堂事业的发展,中国出现了一批有代表性的新式私立学校。近代私立学校在中国教育近代化的历程中发挥了积极的作用,特别是在保存和弘扬传统教育的优秀遗产,学习吸收外国教育的先进思想、内容、方法,开展教育实验等方面,都大多先于或优于官办学校。据统计,到 1947 年,全国有专科以上学校 207 所，其中私立学校 79 所，占总数的 38.16%，有些地方的私立高校比公立高校还多。

纵观我国民办教育的发展史可以发现，在官学时兴时废、有名无实的时期或政府无暇顾及文教事业时，私学的发展便会超过官学，甚至文教事业全赖私学维持和延续。古代私学与官学相比，不仅扩大了教育对象的范围，更加接近社会中下阶层，而且在普及文化知识、铸造民族心理、延续民族优良传统方面作出了突出的贡献。这一跨越两千多年的民间教育史说明，中华民族有着爱教、重教、兴教和从教的悠久历史传统，我国民间蕴藏着极为丰富的、可供借鉴的教育资源，这些可贵的传统为今天民办教育的复兴提供了宝贵的经验，为民办教育的发展提供了重要的文化遗产。

（二）经济体制改革的不断深化为民办高校发展提供了新的契机

改革开放以来，尤其是 1992 年党的十四大确立社会主义市场经济改革目标以来，经济主体呈现多元化趋势，资源的配置方式发生了变化，由原来的计划配置逐渐变为在政府宏观调控下由市场发挥基础性调节作用。

党的十六届三中全会作出的《中共中央关于完善社会主义市场经济体制若干问题的决定》指出，要适应经济市场化不断发展的趋势，进一步增强公有制经济的活力，大力发展国有资本、集体资本和非公有资本等参股的混合所有制经济，实现投资主体的多元化，使股份制成为公有制经济的主要实现形式。2004 年 3 月 14 日通过的《宪法修正案》明确规定："国家保护个体经济、私营经济等非公有制经济的合理权益。国家鼓励、支持和引导非公有制经济发展"，"公民的合法的私有财产不可侵犯"。这说明，我国已经成型的多元化经济格局是不可逆转的大趋势。经济体制改革在教育领域中的重要表现就是办学主体的多元化，不同经济主体都可以利用自己的资源发展教育事业。无疑，这将有利于吸引更多的社会经营资金进入民办高等教育领域，为民办高校发展提供新的契机。

（三）民间资本实力的不断增强为民办高校的发展奠定了经济基础

随着经济体制改革的不断深化，我国非公有制经济占国民经济总量的比例不断上升，并逐渐成为社会主义市场经济的重要组成部分。1996 年—2001 年 5 年间，我国私营企业从 44 万户增加到 132 万户，增长了两倍；私营企业单位数占全部企业数的比重由 16.9% 上升到 43.7%，提高了 26.8 个百分点；私营企业营业收入总额由 4 109 亿元增加到近 32 000 亿元，增长了 6.8 倍，年均增长 50.6%；私营企业营业收入占全部企业营业收入的比重由 2% 上升到 13.2%，提高了 11.2 个百分点。另据国家统计局第一次全国经济普查结果显示，到 2004 年末，全国共有私营企业 198.2 万个，与 2001 年第二次全国基本单位普查的同口径数据比较，增加了 65.8 万个，增长了 49.7%；其他内资企业 6.2 万个，增加 2.5 万个，增长 66.5%；港澳台商投资企业和外商投资企业 15.2 万个，增加了 1.3 万个，增长9.6%。非公有制企业数量已占全部企业数量的近 70%。

在国家大力提倡经济多元化发展的宏观环境下，非公有制经济呈现出良好的发展态势，这为民间力量投资办学提供了可能的、有力的经济基础。

（四）居民教育支付能力的提高为民办高校发展提供了机遇

国民生产总值与居民储蓄额是衡量居民教育支付能力的两项重要指标。改革开放以来，我国经济实现了持续、快速增长，国民生产总值以每年 7% 的速度递增，居民储蓄额也不断增长（见表 2-1）。另有数据表明，从 1979 年至 2005 年，我国城镇居民人均可支配收入年增长速度为 6.9%，农村居民人均纯收入增速为 7%；1978 年至 2004 年，城乡居民的人均纯收入分别从 343.4 元和 133.6 元增至 9 105 元和 2 625 元。从居民国内储蓄来看，1995 年国内储蓄率为 42%，1997 年为 45%，到 2005 年达到 51%。中国的储蓄率在全球排在第一位。2006 年 3 月 15 日，央行公布的金融统计数据显示，我国

表 2-1　我国历年居民储蓄额与国民生产总值一览表①

年份	居民储蓄额(亿元人民币)	GDP(亿元人民币)
1989	5 000.0	16 909.2
1990	7 119.8	18 547.9
1991	9 241.6	21 617.8
1992	11 759.4	26 638.1
1993	15 203.5	34 634.4
1994	21 518.8	46 759.4
1995	29 662.3	58 478.1
1996	38 520.8	67 884.6
1997	46 279.8	74 772.4
1998	53 407.5	79 555.0
1999	59 621.8	82 054.0
2000	64 332.4	89 404.0
2001	73 762.4	95 933.0
2002	86 910.7	102 398.0
2003	116 300.0	116 694.0
2004	125 000.0	136 515.0
2005	140 000.0	182 300.0

居民储蓄存款余额达到15.12万亿元。从城乡居民家庭消费支出的恩格尔系数来看,1978年我国城乡居民家庭的恩格尔系数分别为57.5%和67.7%。到2004年,城乡居民的恩格尔系数分别是37.7%

① 别敦荣,陈艺波.我国独立设置的民办高校的现实困境与前景展望[J].浙江树人大学学报,2006,6(4):9-14.

和47.2%。① 在居民储蓄额持续增长的同时，居民的高等教育支付能力也在增强。一部分先富起来的人们的消费观念已发生转变，为使子女接受更好的高等教育，他们能够而且愿意承担民办高校更高一些的费用。

因此，无论从社会经济发展来看，还是从人民群众的愿望来看，都需要适度超前发展高等教育，而这个发展仅仅靠公办高校是满足不了的。而且，我国经济的发展使商品短缺状况基本结束，出现了买方市场，而高等教育还属于卖方市场，供不应求，这些都为民办高等教育的快速发展创造了历史性条件和机遇。

（五）高等教育需求的高涨是民办高校发展的直接推动力

为适应我国经济社会发展的需要和人民群众求学的需求，从1999年起，我国政府决定大幅度扩大高等学校招生规模。1999年6月，朱镕基总理主持召开国务院总理办公会议，决定大幅度扩大高等学校招生规模。同月，中共中央、国务院召开全国教育工作会议宣布了这一决定。为什么作出这样的决定？有4个主要原因：一是我国持续快速发展的经济需要更多的高素质人才；二是广大群众普遍渴望子女都能受到高等教育，政府有责任尽量满足人们的这种愿望；三是扩招可以推迟学生就业，增加教育消费，是拉动内需、带动相关产业发展的重要举措；四是由于过去招生比例低，录取人数少，考大学难，迫使基础教育集中力量应付高难度的考试，因此影响了素质教育的全面推行。②

根据国务院的高校扩展战略，1999年教育部将该年初公布的普通高校招生130万人的计划修改为招生153万人，实际招生167.8万人，而实际上1999年各类高等教育共招生285万人，比1998年增长32%。2000年继续扩招，各类高等教育共招生389.61万人，比

① 卢彩晨，邬大光. 中国民办高等教育回顾与前瞻[J]. 教育发展研究，2007(3)：1-9.

② 岳昌君. 中国高等教育与劳动力市场研究综述[J]. 北大教育经济研究(电子季刊)，2004(12).

1999 年增长 35.5%。2001 年全国各类高等教育招生 480.91 万人，比 2000 年增长 23%。这样，经过短短 4 年，到 2002 年我国高等教育突破了 15% 的毛入学率水平，进入高等教育大众化阶段。2007 年全国研究生和普通本专科招生已经达到 608 万人，高等教育毛入学率达到 23%。如此大规模的高等教育规模扩张，不可能仅仅依靠公办高校来完成，这为民办高等教育的发展创造了一个历史机遇和拓展空间。

（六）民办高校是高等教育体制改革的必然选择

中国民办高校的兴起是中国教育体制改革的一个必然结果，是中国教育制度创新的一个重要内容。传统的教育观念认为，私立教育带有封建主义、殖民主义、资本主义的特征和色彩，简单地把公办教育与民办教育的关系等同于姓"社"与姓"资"的问题，简单地把教育主权理解为国家办教育。正是在这些传统观念的误导下，在一段时期内形成了社会主义国家只能办公办高校、学校必须由政府来举办的传统教育模式。这种集中统一的教育体制，由于缺乏必要的竞争，使得公办高校的专业设置、人才培养规格等许多方面表现出不适应的一面，严重地阻碍了教育事业的发展，这在客观上要求改变单一的高等教育体制。

为改变这种局面，调整和优化教育结构，中共中央、国家教育部颁布了《关于教育体制改革的决定》等一系列相关的政策、法规，从政策上保证教育体制从单一的国家办学向政府办学为主体、社会各界共同参与、公办高校和民办高校共同发展的办学体制转变。从一元走向多元，这是高等教育体制改革的必然选择和现实要求。

此外，高等教育自身的适应与调整是民办高校复兴的内在动力。在内部管理体制上，通过引入市场竞争机制，民办高校充满了生机与活力。同时，民办高校通过高薪聘用高水平的管理者和教师，大力提高教育设施的现代化水平，把提高办学层次和教学质量作为学校的最高追求，以质量求生存，以特色求发展。更为重要的是，民办高校能较好地根据市场经济需求，培养市场上急需的、职业型的、应用型的复合型人才。这些都是民办教育复兴的根本原因，也是民办高校不断壮大的可能性之所在。

五 民办高校的地位和作用

改革开放30年来,民办高校不仅在增加教育供给、促进教育公平、提高教育效率、增加教育选择机会、减缓就业压力等方面为中国高等教育的发展作出了重要贡献,而且推进了高等教育投资体制、管理体制和分配体制改革,在提高高等学校人才培养效率、探索大众化条件下高等学校人才培养模式等方面起到了排头兵的作用。事实说明,民办高校已成长为影响中国教育进程的重要推动力量,大力发展民办高校既是中国特色社会主义教育事业的必然选择,也是世界高等教育发展的共同道路。

(一)民办高校在我国高等教育体系中的地位

从世界范围来看,各国私立高等教育在学校数量、学生规模、学术水平、办学经费和办学层次等方面都存在很大的差异,在国家高等教育体系中的角色与定位也不相同,大致可概括为以下三种。

1. 私立主体型

私立主体型的特点是私立高校在整个高等教育体系中所占的比例很高(有的招生人数比例高达70%左右)。日本、菲律宾、印度、韩国、巴西、哥伦比亚、印尼等国家都属于这一类型,它们初期的发展主要依靠吸收私人资源,且都经历了一个自由放任的发展阶段。政府采取大力支持而不加控制的政策,助长了其发展。如日本在二战后接受了美国教育考察团的建议,承认私立高等教育的“公共性质”,改变了过去那种帝国大学压制私立大学发展的做法。菲律宾、印尼等国都是在公共资金无法满足公众的高等教育需求的时候,放任私立高校发展的。印度政府在超前发展高等教育的同时,使私立高等教育同步发展。20世纪60年代末,巴西政府不想让自己国家的公立大学像拉美国家的公立大学那样处于垄断地位,积极扩大私立大学的招生规模，至1977年，其私立高校招生比例高达67%。私立主体型国家的私立高校作为独立的社会权利主体和教育实体，在教育和社会生活中扮演着重要角色，享有高度的办学自主权。私立高校的办学具有极强的社会性，接受社会监督和评估。它通常实行高度的教育分权制，崇尚多元主义教育，尊重教育的多样化。政府通常通过财政资助的手段，并在学校接受的基础上对私立高校施加影响，使其为国家和社会服务。

2. 私立从属型

有些国家发展教育实行国家本位，注重建立和扩张公立高等教育，私立高校只被视为国家办学的补充，服务和服从于国家既定的教育方针与教育发展目标，这类国家的私立高等教育属私立从属型。在这一类型中，国家教育主管部门对私立高校的行政控制和干预较多，私立高校的办学自主权有较大的局限性，其经营和发展须时刻关注国家的政策变化以及教育行政部门的意向，其发展规模和速度通常由国家根据自身的需要限定，或鼓励大发展，或严格限制。国家对私立高校很少有财政资助，即使有也往往带有明确的附加条件。法国私立高等教育是私立教育从属型的典型代表，法国中央集权的高等教育管理体制自拿破仑执政时期一直延续至今。政府认为国家要充分体现其对公民所应承担的责任和义务，不能把教育委托给国家部门之外的任何社会组织。在法国，国家尽管承认私立高校的合法地位，但要通过签订契约的形式实施行政干预，私立高等教育受到国家强有力的控制。对私立高校，国家并非无条件资助，其资助的根本意图是造成私立学校对国家的依附，促使其向公立高校靠拢。此外，泰国、瑞典等国家的私立高校也属于这一类型。

3. 公私平衡型

有些国家在发展教育时把国家的责任和社会的积极性结合起来，有目的地通过建构国家、地方、社会三位一体的教育体制推进教育发展。这类国家对高等教育实行公私平衡政策，对国立、公立和私立高校均平等看待。国家承认和尊重私立高校的办学自主权，强调以法律手段规范政府与私立学校的关系，避免在法律之外干涉高校办学。国家拥有对私立高等教育的立法权和行政管理权，但不强加给私立高校，同时还给私立高校提供一定的经费赞助，且通常是稳定和制度化的。

这种模式多存在于“福利”国家和地区，如比利时、荷兰、中国香港地区等。公私平衡型私立高等教育起源于培养多元文化的非等级制度，要求各类大学提供相同价值的高等教育，因此私立大学的地位自创办时起与公立大学就是“平等”的。以比利时为例，早在19世纪三四十年代，比利时各主要城市就建有以提高不同民族教育水平为目的的私立大学，自由教会大学、自由布鲁塞尔大学分别为宗教和非宗教性私立大学的典范。早在1835年，政府就颁发了高等教育法，政府只是通过授予学位的办法来对各大学进行管理，通过国家统一考试的合格者才能获得国家统一授予的学位。随着高等教育的发展，1960年，比利时政府对私立高校的补贴达到高等教育总预算的44%，1971年7月27日通过的法案又明确规定，比利时的私立大学与公立大学可以获得完全相同的来自政府的公共资金，政府的财政拨款按同一标准（如招生人数、学科专业类型等）发放。

我国研究者普遍认为，我国民办高校在当今及未来的高等教育体系中的存在不仅是现实的，而且是合理的，并且鉴于民办高校的比重太低，研究者普遍期望民办高校有适当的发展。至于民办高校与公办高校的关系，有“拾遗补缺说”、“并重说”等，阐述其关系的理论基础是社会需求论和产权结构多元化理论。《民办教育促进法》第三条和第五条分别规定：“民办教育是社会主义教育事业的组成部分”、“民办高校和公办高校具有相同的法律地位”。

本书认为，从当前我国民办高校在国家高等教育体系中的地位和作用看应属于私立从属型，因为无论从民办高校的规模、数量还是国家对民办高校的资助等方面看，民办高校都与公办高校有较大的差距，民办高校在经济社会发展中的作用还远远没有得到充分发挥。当前，我国民办高校发展面临的主要问题还不是数量上增多的问题，而是观念和机制问题，国家应当为多元办学体制的形成创造政策条件和环境，民办高校则应当在提高办学质量、拓展办学类型和层次上多作考虑。在我国经济社会日益发展成熟的环境下，在民办高校发展规模日益扩大、质量日益提高、管理日益规范的条件下，民办高校在未来国家高等教育体系中的地位必将日益提高。

（二）民办高校在我国高等教育大众化进程中的作用

1. 以民间资金举办高等学校缓解了政府教育经费投入严重不足的压力

由于我国仍处于社会主义初级阶段，国家经济发展水平还不高，教育经费投入虽逐年增加，但教育供给严重不足的局面仍然存在。目前，我国财政性公共教育经费占国民生产总值（GDP）的比例仍然没有达到《中国教育改革和发展纲要》规定的4%的水平。一方面财政性教育经费供给不足，另一方面高等教育的规模又亟待扩大，只有鼓励社会各界或公民个人积极办学，多渠道筹措教育经费，才能适应穷国办大教育的国情。可以说，民办高校的出现和发展顺应了我国人口众多、教育欠发达的国情，有效地缓解了政府包揽办学的压力。到2004年，我国226所民办普通高校校舍面积达到4 735万平方米，专职任教教师增加到8万余人，这是一笔可观的高等教育资源。按照在校生每人每年学费和住宿费1万元计，2004年通过举办民办高校吸纳家庭高等教育投入达到140亿元，有效地补充了教育经费的不足，相当于国家没有增加财政经费而增加了140所万人大学。①

2. 民办高校不仅满足了市场经济对人才的需求，而且满足了人们选择教育的需要

市场经济的快速发展影响产业结构，产业结构决定人才结构，人才结构决定高等教育结构。改革开放以来，我国第三产业和乡镇企业发展迅速，三资企业、外商独资企业大量增加，这些巨大变化使得专业人才总量不足，而且在人才结构和综合素质方面不能很好地满足社会需求。因此，仅仅依靠公办高校难以满足经济社会发展对人

① 平一. 民办高等教育：坚持走持续健康发展之路[N]. 中国教育报，2005-04-29.

才的需求。民办高校及时抓住机遇,利用机制灵活、贴近市场的特有优势,培养出大批受社会欢迎的实用型人才,证实了自身的存在价值,成为全国高校中一支充满生命活力的新军。市场经济的发展不仅承认了利益驱动机制,而且在更深的层次唤醒了人们的主体意识,也为人们的选择自由提供了条件。从这个意义上说,民办教育是一种选择性教育。人们可以从各自需要出发,或者选择民办学校的条件,或者选择就读形式,或者选择教育的特色。① 根据在湖南民办高校学生中进行的一项调查,在2 984名被调查者中,72.8%的调查者所学的专业是社会急需而公办高校又不能满足的。②

3. 民办高校的发展促进和体现了教育机会平等

实践证明,技术与知识这种软资源随着人接受教育年限的增加和受教育层次的提高而为社会经济发展带来更大的效益,受教育程度高的个体在劳动力市场的竞争力因此显得较强。同时,数据收集与实证分析结果表明,教育程度对居民收入有较大的影响,居民受教育程度越高,相应的收入也越高。③ 在绝大多数年龄段上,受过高等教育者普遍具有较高的收入;在所有年龄段上,高等教育毕业生的平均年收入都高于高中毕业生。④ 高等教育不仅在很大程度上可以为其接受者带来高于其他类型教育接受者的经济收益率,如工资水平,而且在很大程度上可以为其接受者带来更多高质量的非经济效益(非货币收益或消费收益)。

据国家公布的统计数字,1996年以前,高中毕业生升入大学的比例一直徘徊在20%左右;1998年高考报名人数为320.32万人,当年实际录取进入普通高校学习的学生为115.6万人,这意味着仍有214.7万人未能如愿得到进入普通高校学习的机会。在具备了合适的教育消费能力以及学习能力的前提下,这些人群因为一次考试的

---

① 房剑森.中国民办教育发展报告[M].北京:中国社会科学出版社,2003:16.

② 胡卫.关于民办教育发展与规范的思考[J].教育发展研究,2000(3):8-15.

③ 魏新,邱黎强.中国城镇居民家庭收入及教育支出负担率研究[J].教育与经济,1998(4):1-10.

④ 陈晓宇.我国高等教育个人收益率研究[J].高等教育研究,1998(6):33-37.

失败而被公办高校拒绝，这是高等教育机会不均等的体现。民办高校的大量举办使得高等教育资源和形式大大增加，居民根据自身实际情况自由选择学校及教育内容的机会和权利也得到极大的增加。排除这些人群是否愿意入学的意向因素以及民办高等教育所提供高等教育层次和质量的因素，民办高等教育本身所体现的个体高等教育机会均等的精神，是民办高等教育在区域个人高等教育需求满足过程中最重要的贡献。

4. 民办高校促进了教育竞争，推动高等教育改革不断深化

在计划经济条件下形成的大一统的办学模式，曾经为中国计划经济的发展作出了重要的贡献。但这种集中统一的办学模式，哪怕是最好的，如果没有竞争的压力，都不可避免地日益退化和僵化。办学模式的多元化则是促进教育事业发展和进步的内在机制，是防止退化和僵化，淘汰落后的根本条件。① 民办高校的举办打破了国家统一办学的格局，为高等教育发展创造了更具竞争性的环境。民办高校在校内管理体制和运行机制上进行了多样化的改革探索，需求和效率约束特征明显，相对公办高校更具效率。许多民办高校采用扁平化的管理方式改革教职工人事管理制度，按照精简高效的原则设置校内机构，改变了人浮于事的状况。此外，不少民办高校在加快形成办学特色和提高教育质量上下了很多工夫，部分民办高校开始探索并已开发了校本课程，成为注重能力培养的课程开发和探究性学习的实验基地，部分民办高校已形成一些有发展潜力和较高社会声誉的办学特色以及具有学校特色的学科与专业。

民办高校在办学体制、内部管理、用人制度等方面的改革创新机制，给传统的高教体制以强烈的冲击和震撼，促使公办高校不得不挖掘资源潜力，提高办学效率，从而形成了公办高校和民办高校共同竞争、共同发展的新局面。因此，民办教育的存在促进了教育的竞争，对公办学校的改革提出了挑战，从而促进了公办学校乃至整个教育系统的变革和发展，近年来西方国家的教育改革经验已经证明了这

① 房剑森. 中国民办教育发展报告[M]. 北京：中国社会科学出版社，2003：16.

一点。美国前任总统小布什不仅在竞选中而且在当选后向国会提交的第一次立法动议《绝不让一个孩子落伍》中明确提出:“如果公立学校表现不佳,政府就应该追回投资,将追回的资金交给学生父母,作为孩子们上私立学校的费用。”

第三章

民办高校 SWOT 分析

民办高校的改革与发展受多种因素的影响,这些因素可归结为两股相反的力量,即动力与阻力。它们相互作用、相互影响,形成一个错综复杂的力场,并不断地保持着动态平衡。美国社会心理学家库尔特·勒温提出运用"力—场分析"的方法研究变革中的动力和阻力,其要点是将组织中支持变革与反对变革的所有因素,采用图示法进行排队,比较其强弱,然后采取措施,增强支持因素,削弱反对因素,推动变革前进。① 对于教育改革的设计者来说,重要的是要认识这些促进改革的力量,调整自己的努力方向以便创造性地利用它们。同时,还必须认识改革的各种抵制因素,拟订出有效的应付方案。SWOT 分析法是目前比较流行的一种确定组织发展战略的有效方法,它在全面分析组织所处的内外部环境的基础上,明确自身的优势(Strengths)和劣势(Weaknesses),发现面临的机会(Opportunities)和威胁(Threats),从而确定独特的战略和策略。运用 SWOT 分析法明确民办高校面临的竞争形势,是制定民办高校发展战略的前提和基础。

一 民办高校面临的外在机会(Opportunities)

随着教育市场的逐步开放,高等教育的垄断局面已经被打破,新时期民办高等教育的兴起是经济体制转轨条件下私有空间释放的结果,昔日"拾遗补缺"的民办高等教育已获得更大、更自由和更广阔的发展空间,诸多的外部有利条件将促进我国民办高校的大发展,形成高等教育新的发展格局。

(一)国家大力扶持民办高校的政策将有利于其大发展

近年来我国政府出台的一系列政策法规,既是民办高校诞生的

① [美]罗伯特·G·欧文斯. 教育组织行为学[M]. 上海:华东师范大学出版社,2001:274.

催生剂,又是民办高校发展的保护伞,还是引航民办高校前进的指南针。可以说,我国民办高校复兴的过程也是我国有关民办教育的政策逐渐放开的过程。2003 年 9 月 1 日起施行的《民办教育促进法》明确提出民办教育事业属于公益性事业,是社会主义教育事业的组成部分。《民办教育促进法》规定民办高校的自主权,允许其面向社会,面向市场,自主办学,自主经营,并明确规定民办高校的教师、受教育者与公办高校的教师、受教育者具有同等的法律地位,民办高校的受教育者在升学、就业、社会优待以及参加先进评选等方面享有与同级同类公办高校受教育者同等的权利。此外,《民办教育促进法》还在经费资助、税收优惠、鼓励贷款、捐赠以及学校用地等方面为民办学校提供了诸多政策支持。这种政策、法律上的支持,给举步维艰的民办高校注入了新的动力,为其发展指明了方向,为民办教育事业创造了一个更加宽松有利的政策环境。2005 年 2 月 24 日国务院颁布的《关于鼓励支持和引导个体私营经济等非公有制经济发展的若干意见》(简称《意见》)明确提出,“允许非公有资本进入法律法规未禁入的一切行业和领域”,“支持、引导和规范非公有资本投资教育、科研、卫生、文化、体育等社会事业的非营利性和营利性领域”,并允许非公有制经济参与公有制社会事业单位的改组改制,“鼓励非公有制企业参与市政公用企业、事业单位的产权制度和经营方式改革”。《意见》从国家的层面肯定了私人资源进入教育领域的发展方向,为民办高校的进一步扩大发展提供了良好的外部政策和体制环境。2005 年 10 月,国务院颁布《关于大力发展职业教育的决定》(国发[2005]35 号),明确提出在“十一五”期间,要继续完善“政府主导、依靠企业、充分发挥行业作用、社会力量积极参与、公办与民办共同发展”的多元办学格局,要大力发展民办职业教育,贯彻落实《民办教育促进法》及其实施条例,把民办职业教育纳入职业教育发展的总体规划;要加大对民办职业教育的支持力度,制定与完善民办学校建设用地、资金筹集的相关政策和措施;在师资队伍建设、招生和学生待遇等方面对民办职业院校与公办学校要一视同仁;依法加强对民办职业院校的管理,规范其办学行为。

（二）经济社会的快速发展需要民办高校的大发展

现代经济增长规律和国际发展经验证明，教育已经成为经济增长不可或缺的要素，处在先于经济增长的地位。世界银行在《1990年世界发展报告》中指出，对1960—1985年58个国家经济增长因素的研究表明，劳动者受教育平均每增加一年，可能会使GDP增长3%。《1991年世界发展报告》又指出，1960—1985年发展中国家产出与资本的弹性指数为0.4，即资本每增加1，产出提高0.4，而美国这一指数为0.6～0.75，其原因就在于其教育水平比较高。① 此外，按照人力资源发展水平的国际标准，人力资源欠发达国家的指标为：人力资源发展水平指标的主要特征为25～64岁在业人口人均受教育年限在10年以下、人文发展指数在0.800以下、综合生产率在2.5万美元（按购买力平价计算）以下、每百万人口科学家和工程师人数在1500人以下者均属人力资源欠发达国家。2000年，高收入国家的人文发展指数平均水平在0.93以上，其中美国、加拿大、日本分别为0.939，0.940，0.933。我国仅为0.726，在统计的160个国家中，排名第96位。2000年我国25～64岁在业人员平均受教育年限为7.97年，仅相当于美国20世纪初的水平，在这一指标上，我们落后美国整整一百年。1990—2000年，我国每百万人口中科学家与工程师的人数为459人，仅相当于美国的1/9，日本的1/10，韩国的1/4。实证分析表明，我国人力资源开发的各项指标均处于世界欠发达国家水平，远不能满足全面实现小康社会、基本实现现代化宏伟目标对人力资源水平的要求。有关专家在分析和预测了2001—2020年我国国民经济增长的来源后指出，中国经济增长模式正在经历一个重大转变，即由同时依赖劳动力数量和质量型转向主要依靠劳动力质量型。我国有世界上最多的人口和最大的人力资源潜在优势，要使劳动力受教育年限达到OECD（经济合作与发展组织）国家20世纪末和美国20世纪60年代末10.5年左右的水平，意味着我国将要在

① 王培英，张世全．我国民办高等教育的历史使命——创建世界一流大学[J]．现代教育科学，2004(6)：24-27.

20 年内走完美国大约 50 年时间人力资源开发的历程。根据《国民经济和社会发展第十一个五年规划纲要》,到 2010 年我国国内生产总值和人均国内生产总值分别要达到 26.1 万亿元(比 2005 年的 18.2 万亿元多 7.9 万亿元)和 19 270 元(比 2005 年的 13 985 元多 5 285 元)的发展目标,必须实现教育的超前发展。这就要求高等教育要有一个超常规发展,大力发展民办高校便是适应这一要求的必然选择。

(三)教育大众化时代高等教育的扩张需要民办高校的大发展

未来 20 年尤其是未来 10 年,我国高等教育发展的任务十分艰巨(见表 3-1)。尽管我国从 20 世纪末开始实施高等教育大扩招,但每年仍然有大量的高中毕业生无法进入普通高校的大门。以 2006 年为例,全国参加普通高等学校招生考试的学生有 950 万人,但全国普通高等教育的招生计划只有 530 万人,录取率只有 55.79%,有 420 万考生没有接受普通高等教育的机会。倘若从我国适龄人口接受高等教育的现实看,渴望接受高等教育的人还远远不止这些。根据《中国教育与人力资源问题报告》预测,2020 年中国高等教育发展将达到 3 300 万人的总规模,即在 2004 年 2 000 万人的基础上再增加 1 300 万人。由于大部分公办高校的潜力已经充分发挥,容量已接近饱和,部分高校甚至早已处于超负荷运转状态,因此,民办高校作为一种更加开放、更加灵活的办学形式,已成为我国高等教育适应新形势、满足新要求的重要选择,已成为我国高等教育继续扩大办学规模、积极提高办学层次与办学质量的迫切要求和必由之路。我国高等教育从精英化向大众化的转变靠的是公办高校,后大众化时代高等教育的规模增幅将主要依靠民办高校。因此,大力发展民办高校、满足人民群众不断增长的高等教育需求,是大众化时代我国高等教育发展的必然选择。①

---

① 别敦荣,陈艺波.我国独立设置的民办高校的现实困境与前景展望[J].浙江树人大学学报,2006,6(4):9-14.

表 3-1　2007—2020 年我国 18～22 岁学龄人口预测①

年份	18～22 岁人口数(万人)	年份	18～22 岁人口数(万人)
2007	11 961. 58	2014	8 529. 53
2008	12 539. 65	2015	8 099. 75
2009	12 228. 84	2016	7 709. 34
2010	11 475. 79	2017	7 211. 85
2011	10 809. 66	2018	6 897. 87
2012	9 942. 9	2019	6 888. 41
2013	9 015. 3	2020	7 049. 35

(四)政府对公办高校的投入不足需要民办高校的大发展

教育经费紧缺一直是我国教育发展面临的难题。随着高等教育规模的不断扩张,我国教育经费不足问题日显突出。从 20 世纪 70 年代末至今,中国每年教育经费占当年 GDP 的比重都在 2% 左右。发达国家公共教育经费占 GDP 的百分比 1975 年是 6. 4% ,1980 年是 5. 4% ,1990 年是 5. 2% 。其中美国 1980 年为 6. 7% ,1990 年为 5. 2% ,1994 年略有回升达到 5. 4% 。而在与中国经济水平相当的发展中国家,教育经费一般占 GDP 的 4% 左右,如 1999 年印度是 4. 1% ,泰国是 5. 1% ,阿根廷是 4. 6% ,墨西哥是 4. 5% ,多哥是 4. 8% ,古巴是 7. 7% 。而中国 1999 年教育经费占 GDP 的比重仅为 2. 84% 。② 随着"十一五"时期我国高等教育规模的进一步扩大,公共教育经费的缺口将会越来越大。按照 2010 年高等教育毛入学率 25% 计算,在 5 年内高等教育在校生人数要增加近 1 000 万,按每所大学平均规模为 1 万人计算,则需新建 1 000 所大学;按每个学生人

① 叶欣茹. 未来中国高等教育在校生总规模预测[J]. 高教探索,2005(4):17-19.

② 卢彩晨,邬大光. 中国民办高等教育回顾与前瞻[J]. 教育发展研究,2007(3):1-9.

均(简称生均)成本 1 万元计算,则需要增加投入 1 000 亿元。而政府财政投入中,每年的新增投资额据合理预期估算也只有 38 亿元。[①] 即使政府对高等教育的投入能再有增加,但与需求相比,仍然是杯水车薪,更何况不同省区的发展程度也不一样。因此,如此巨大的资金投入,单纯依靠政府财政投入是远远无法满足后大众化时代高等教育发展需要的。要满足社会对高等教育的巨大需求,必须广开投资渠道。2005 年我国高等教育培养的总经费是 3 494.15 亿元,其中非财政性经费是 1 812.71 亿元。根据推算,到 2020 年,高等教育的培养总经费将达到 13 178.2 亿元,其中非财政性经费将达到 7 906.92 亿元。在今后一段时期,大力发展民办高校必将成为一种应然选择。

(五) 当代教育发展新趋势为民办高校提供了更多的发展平台和机会

近年来,教育出现了国际化、产业化、信息化、个性化、大众化、终身化等发展趋势,顺应这些趋势,将使高校拥有更多的发展平台和机会。而且,在这样的平台上实践和创新,民办高校与公办高校可以基本上处于同一起跑线。如果民办高校能够充分利用自主权大、灵活性强的办学机制,多渠道筹措资金,合理地配置与利用自身和社会的资源,在学校的经营和管理上下工夫,那么,以某些方面作为突破口,赶超公办高校是完全有可能的。此外,当今世界多元文化取向也有利于民办高校的大发展。多元文化教育是以教育中存在的文化多样性为出发点,依据受教育者不同的文化背景、文化特征所实施的教育。[②] 美国教育人类学家班克斯认为,多元文化教育是一种概念、一个过程及一种教育改革。一种概念,是指所有学生都能得到平等的教育机会;一种过程,是指持续的教育过程;一种改革,是指改革教育体系,满足所有学生的学习需要。教育要满足多元文化发展的要求,

---

① 冯军.民办高等教育发展动因探析[J].浙江科技学院学报,2003,15(2):128-132.

② 郑金洲.教育文化学[M].北京:人民教育出版社,2000:224.

必须不断进行改革,只是依靠公办教育独善其身则孤掌难鸣,民办教育能够适应不同宗教信仰或不同民族文化的需要,扮演宗教、文化和语言等多元化的传播角色。① 可以说,民办高校是适应多元文化的取向而出现和发展的,而且这种多元的文化取向将为民办高校的大发展创造良好的社会文化环境。

二 民办高校的自身优势(Strengths)

与公办高校相比,民办高校有着自身良好的内生机制。概括来说,民办高校自身优势主要表现在以下 4 个方面。

(一) 灵活的办学机制

我国民办高校是在市场经济条件下产生并发展的,与市场有着天然的联系,因此有着敏锐的市场反应能力和应变能力,能及时根据市场信号的引导真正面向社会和教育需求提供适合求学者需要的教育服务,满足社会多样化的教育需求,丰富教育供给的多样性和选择性,这是其具有强大生命力的基础。

从民办高校内部管理机制方面看,民办高校的管理体制涉及民办高校内部的领导分工、机构设置、管理权限及相互关系等。民办高校可以根据各自的实际情况,自主选择适合本校发展的内部管理体制,包括董事会领导下的校长负责制、董事会指导下的校长负责制、校长负责制、主办单位领导下的校长负责制、党委领导下的校长负责制和职工代表大会民主基础上的校长负责制,这样有利于建立和健全科学、高效的内部管理体制,提高学校的决策水平和管理效率。

从民办高校的用人和分配机制方面看,其主要体现为聘用机制、激励机制的灵活性。如民办高校为吸引优秀教师,往往在薪水

① 胡东芳,蒋纯焦."民办"咋办? ——中国民办教育忧思录[M].厦门:福建教育出版社,2001:162.

和职务职称聘任上不拘传统约束,具有较强的吸引力。以西安某民办高校为例,该校 2006 年招聘的教师(硕士研究生)的收入第一年为 2.5 万~4.6 万,第二年可达 2.6 万~5.6 万。不仅如此,应届毕业研究生到该校服务,还享有科研启动经费 5 000 元、安家费 5 000 元、单间公寓(已婚者为双间公寓)一套的待遇。可以看出,民办高校有灵活的用人机制,可以避开公办高校那种千校一律的用人机制和模式,能够使民办高校充分发挥办学资源的作用,合理调配办学资源。

在融资机制上,民办高校可利用其灵活的办学机制通过各种渠道来融资办学。由于机制灵活,学校能在充满变化的环境中适时做出重大战略调整,实现及时应变,能在最快的时限内规避办学风险。当然,民办高校这种体制上的优越性并不一定在每一所高校身上都能够得到体现,但就长期而言,民办高校的体制优势却可以保证民办高校在总体上与公办高校并驾齐驱甚至有所超越,为社会提供更多、更好、更有效率也更公平的教育服务。①

(二)较大的办学自主权

办学自主权是指高等学校针对其面临的任务和特点,为保障办学活动能够依据其自身特点和内部客观规律的要求充分发挥其功能所必需的自主决策权。民办高校投资主体的特殊性使民办高校更多地受到市场的影响,因此具有更多的办学自主权利。世界各国私立高校立法的宗旨可能不尽相同,但保护私立高校的自主性是较为普遍的目的。在美国,私立高校可以自主决定学费标准,而公立高校只有部分自主权,其他主要由州里决定;私立高校可以自主决定招生标准和数额、经费的使用和分配;同时可和公立高校一样自行决定专业设置、教学计划、课程安排和学位标准,可自行颁发学历证书或专业证书。一些经州政府批准授权的私立高校还可以授予学位。几乎所有的美国私立大学都是通过建立董事会制度来实现自治管理的,董

---

① 甘金球,王芳. 试析民办高校复兴的必要性与可能性[J]. 当代教育论坛,2004(5):121-122.

事会有完全独立经办学校的最高权力，甚至有权解散学校，在决策方面较少受到政府的影响。[①]《日本私立学校法》第一条规定："鉴于私立学校的特性，通过尊重其自主性，提高其公共性，而谋求其健康发展。"《韩国私立学校法》也开宗明义指出："本法根据私立学校的特点，以确保其自主性，发挥其公益性，保障私立学校的健康发展为目的。"由此不难看出，国外私立学校立法明确提出了保护私立学校的自主性，是因为自主性私立学校异于公立学校的独特属性，是私立学校得以实现其价值的前提。[②] 我国《民办教育促进法》第五条明确规定，国家保障民办高校的办学自主权。

从法理学的角度讲，民办高校的办学自主权是由学校举办者产权所派生的一种权利，包括所有权、占用权、管理权、收益权和处分权等。根据民办高等教育发展的规律，民办高校的办学自主权主要体现在以下几个方面：(1) 对学校内部管理体制的选择权；(2) 对教师和其他教育工作者的聘任权；(3) 面向社会自主招生、自主设置专业权；(4) 校产管理使用权；(5) 办学经费使用权；(6) 重大事项议事权和行使校内监督权。此外，由于民办高校具有充分的教育管理自主权，因此可以尝试对传统工业社会的教学体系进行大刀阔斧的改革，以适应信息社会对劳动市场的需求，培养出具有创新能力的高素质应用型、复合型人才，并可以带动整个教育体制的改革。再者，由于民办高校具有较大的办学自主权，因此可以积极加强与市场和社会的联系，利用一切可以利用的社会教育资源，在与社会全方位的互动中发展壮大。

（三）较强的发展主动性和驱动力

由于民办高校资源有限，面对公办高校强大的竞争压力，举办者必须强化危机意识和忧患意识，所以，民办高校发展的主动性和积极

---

① 马学斌. 美国私立高等教育的特征及其启示[J]. 怀化学院学报，2004，23(3)：131-134.

② 何金辉，谢锡美. 上海市民办教育立法咨询报告[C]//教育研究新视野：1995—2005. 上海：上海人民出版社，2005.

性是公办高校所不能及的。此外，由于民办高校的发展同办学者及教职工的物质利益和社会地位密切相关，因此，民办高校在求生存、促发展上比公办高校有更大的积极性、主动性，具有强烈的提高教学科研质量、建立名牌学校的愿望和为学生成才服务、为市场服务的意识，这就使民办高校的发展具备较强的驱动力。

“不论学校管理者有着多大的权力，但权力本身并不能掩盖学校管理者只是学校经营者，而非学校所有者的事实。尽管学校管理者往往对学校发展倾注所有的精力，但这并不能因此忽视从制度上寻找到激励与督导学校管理者工作的方法和策略，毕竟制度往往比情感更加令人信任，也更容易引导学校管理者更加理性地开展学校管理工作。”① 对于公办高校校长的监督、考核，也确实有许多的制度和办法，但这些制度的执行者和这些办法的实施者不是学校的所有者，这就使得他们难以不折不扣地执行制度和忠实地履行监督职责。相反，民办高校的校长始终受到股东大会、董事会的关注和监事会的监督，往往具有很强的责任心和忧患意识，从而也就有了更高的工作绩效。在民办高校中，股东是学校的所有者，拿的是剩余收入并拥有对学校的最终控制权，其他成员拿的是合同收入，一般不拥有对学校的控制权。在这样的制度安排下，对于学校经营，其他人承担的是过失责任，学校股东承担的是剩余责任（或者说是严格责任）。就股东而言，意味着如果没有发现其他人有过失，责任都是自己的。因此，股东往往会对校长提出较高的管理、经营要求；校长也会尽心尽责以确保股东的利益。但在公办体系中，学校的主管部门享有管理、控制学校的权力却不需承担剩余责任，自然也会降低对学校校长的要求，没有过失就算称职。②

（四）较好的办学效益

由于民办高校能树立“经营”理念，运用市场运作原理经营学

---

① 周彬. 追问现代学校教育制度设计的核心问题[J]. 民办教育研究，2004(12).

② 贾少华. 民办高校的优势及其发挥——基于公民办高校比较的分析[J]. 高等工程教育研究，2008(2)：104-107.

校，真正引入竞争机制、约束机制、动力机制，注重和实行成本核算，按需要合理配置和利用一切教育资源，控制不必要的开支，剔除学校办社会的陋习，因此，绝大多数民办高校的直接成本几乎完全是个人直接成本，社会直接成本所占比重非常低①，甚至可以忽略不计。华中科技大学柯佑祥博士曾对中国部分民办、公办高校的年均高等教育成本作了比较（见表3-2），比较的结果表明，民办高校的办学效益要明显高于公办高校。根据上海市教育科学研究院占盛丽、沈百福对2004年全国民办教育经费分析的研究成果，2004年全国民办普通高校生均人员经费比公办普通高校少3 300元，生均公用经费比公办普通高校约少2 000元。②

表3-2　部分民办、公办高校的年均高等教育成本对比表③

单位：万元

<table>
<tr><th colspan="2" rowspan="3">分　类</th><th colspan="5">直接成本</th><th>间接成本</th><th rowspan="3">总成本</th></tr>
<tr><th colspan="3">社会直接成本</th><th colspan="2">个人直接成本</th><th rowspan="2">放弃的收　入</th></tr>
<tr><th>政府拨款</th><th>固定资产折旧</th><th>私人集资赠与产业</th><th>学杂费</th><th>学生追加的生活费</th></tr>
<tr><td rowspan="4">民办高校</td><td>D大学</td><td>/</td><td>/</td><td>/</td><td>1 850</td><td>3 157</td><td>4 889</td><td>9 896</td></tr>
<tr><td>黄山医大</td><td>/</td><td>/</td><td>1 366</td><td>3 400</td><td>3 157</td><td>5 492</td><td>13 415</td></tr>
<tr><td>L大学</td><td>/</td><td>/</td><td>106</td><td>8 638</td><td>3 157</td><td>9 698</td><td>21 599</td></tr>
<tr><td>平均</td><td>/</td><td>/</td><td>491</td><td>4 629</td><td>3 157</td><td>6 693</td><td>14 970</td></tr>
</table>

① 教育的个人直接成本是指学生为了就学由个人或家庭直接支付的各种费用。社会直接成本包括社会直接以货币形式支付的成本，主要部分是国家财政预算内支出的教育事业费和教育基本建设投资，还包括数量相当可观的预算外资金收入。

② 占盛丽，沈百福.2004年全国民办教育经费分析[J].教育发展研究，2007(3)：80-86.

③ D大学1997年财务报表；L大学1997年财务报表；朱敖荣.论民办大学也是科教兴国主战场[C].1999年民办大学校长学术研讨会（厦门）交流论文；教育部财务司，国家统计局社会与科技统计司.中国教育经费统计年鉴[M].北京：中国统计出版社，1998；王善迈.教育投入与产出研究[M].石家庄：河北教育出版社，1996：184.

续表

分类		直接成本					间接成本	总成本
		社会直接成本			个人直接成本			
		政府拨款	固定资产折旧	私人集资赠与产业	学杂费	学生追加的生活费	放弃的收入	
公办高校	哈尔滨金专	7 493	1 268	/	1 332	2 808	4 889	17 790
	安徽医学院	8 109	1 268	/	1 719	2 808	5 492	19 396
	宁波大学	2 465	1 268	/	3 639	2 808	8 386	18 566
	广东财专	6 014	1 268	/	2 873	2 808	9 698	22 661
	平均	6 020	1 268	/	2 391	2 808	7 116	19 603

说明：1. 学生追加生活费为学生上学后的生活费与上大学前的生活费之差，不同地区的高等学校学生追加生活费，根据各地区当年职工平均货币工资进行加权计量；2. 大学生上学所放弃的收入小于或等于职工年平均货币工资；3. 民办高校实行金额成本收费，设施设备折旧已全部计入学费成本。

三　民办高校面临的威胁（Threats）

相对于公办高校来说，民办高校所面临的困难和挑战要大得多，因为公办高校主要考虑的不是生存问题，而是发展问题，而民办高校首先遇到的是生存问题，其次才是发展问题。高等教育适龄人口的变化、其他高等教育机构对民办高校发展的冲击以及民办高校自身的竞争，都对民办高校的持续健康发展提出了挑战。

（一）“十一五”后高等教育适龄人口数将趋减

鉴于我国高等教育资源的稀缺性，当前绝大多数高校都还没有遇到生源危机问题。但根据人口预测，“十一五”后我国高等教育适龄人口将不断减少，届时不仅民办高校将遭遇生源危机，公办高校也可能面临生源问题。根据蒋正华主编的《全国和分地区人口预测》中有关统计数据：2005 年、2006 年、2007 年、2008 年、2009 年、2010

年高等教育学龄人口数分别是 10 593 万人、11 008 万人、11 367 万人、11 647 万人、11 547 万人和 11 143 万人，而 2005 年、2006 年、2007 年、2008 年、2009 年、2010 年高中学龄人口数分别是 7 557 万人、7 143 万人、6 529 万人、5 815 万人、5 675 万人和 5 619 万人。由此可见，我国高等教育适龄人口在 2008 年达到一个历史最高峰后将逐步减少，到“十二五”时期将大幅减少。到 2020 年，全国高等教育学龄人口数只有 9 413 万人，高中学龄人口数只有 4 915 万人，初中学龄人口数只有 5 109 万人。在生源日益减少的情况下，高校间的生源竞争将更加激烈，对民办高校来说，生源的危机可能将那些没有形成核心竞争力的民办高校淘汰出局。

（二）民办高校面临公办高校规模扩张的挑战

从纵向比较看，近年来民办高校确实发展很快，但与公办高校的发展速度相比，仍然差距较大。很多公办高校千方百计增加高校资源，扩大学校招生规模，使得不少民办高校遭遇了严重的生源危机。从 1998 年到 2005 年，我国高等教育毛入学率从 9.8% 提高到了 21.5%，但这主要归功于公办高校的扩张，包括高校数量的增长（普通高校由 1 022 所增加到 1 792 所，其中民办高校由 25 所增长到 252 所）与各高校的扩招（普通高校本专科在校生人数由 340.88 万增加到 1 561.78 万，其中民办高校在校生人数由 2.4 万增加到 105.17 万；民办高校在校生人数所占比例由 0.7% 增长到 5.32%，而在校生人数的增量仅占普通高校在校生人数增量的 6.91%）。我国高等教育的发展，特别是公办普通高校的加速发展，对民办高校的影响将是持续的。此外，从生源质量上来看，在我国基础教育尤其是高中教育质量没有明显提升的状况下，公办高校的扩张使近年来民办高校所招收的学生质量逐年下降。不少省份的高考录取分数由 2005 年的 400 多分下降到 2006 年的 200 多分（高考总分大多在 750 分左右），这极大地影响了民办高校的招生声誉。[①]

---

① 吴根洲. 民办高校招生制约因素分析[J]. 黑龙江高教研究，2006(10)：12-15.

（三）民办高校面临其他办学形式的挑战

民办高校除面临来自公办普通高校的竞争和挑战外，还将面临中外合作办学机构、境外教育机构等多种办学形式的竞争和挑战，其他形式的高等教育机构将进一步瓜分中国高等教育市场的生源。根据我国加入 WTO 关于教育服务协议中的条款，我国允许外商在中国投资开办教育机构，同时允许外商对中外合作开办的教育机构控股。因此，先期步入高等教育大众化的西方国家，在本国高等教育资源相对过剩的情况下，纷纷瞄准中国招收学生。2003 年 3 月 1 日，国务院公布了《中华人民共和国中外合作办学条例》，更是进一步促进了国际资本和国外办学机构大范围进入我国教育市场。国外的办学者凭借他们先进的教学设施和教学手段等优势，同国内的学校特别是民办高校展开强有力的竞争。国外的跨国公司和咨询机构也凭借自身经验与优势，开始占领我国的职业培训和咨询市场；一些跨国公司还利用我国高校廉价的科研人员和现有的科研设备，为其开发高科技产品等服务，这些都对民办高校构成了一定的压力和威胁。此外，随着计算机网络技术的发展，除了原先的函授教育、广播电视大学、党校的学历教育外，又出现了远程高等教育。高校教育资源的有限性和高等教育形式的多样化，必然加剧高等教育机构为追求自身利益而进行的竞争，给民办高校的发展带来更大的压力。

（四）民办高校面临独立学院带来的挑战

2003 年 4 月，教育部颁发了《关于规范并加强普通高校以新的机制和模式试办独立学院管理的若干意见》（教发[2003]8 号），规定普通本科高校可以与企业单位、事业单位、社会团体和个人以及其他有合作能力的机构试办独立学院。根据教育部的这一规定，原先很多由公办高校举办的民办二级学院纷纷转为独立学院。与独立设置的民办普通高校相比，由于独立学院可以借助母体高校的品牌优势以及良好的教学管理资源，因而具有办学起点高、见效快、易上规模和档次等特点。同时，独立学院的"民办机制”又可以使独立学院寻找到实力强大的企业或上市公司合作，为独立学院提供雄厚的资金保障。因此，独立学院集中了公办高校和民办高校的双重优势。自 2003 年国家同意试办独立学院以来，短短三年多时间教育部已批准建立独立学院 295 所，独立学院在校生人数达 90.09 万，而独立设置的民办高校经过 20 多年的发展，至今也只有 252 所，其中本科层次的民办高校只有 26 所，本科在校生只有 10.41 万人。① 有很多学者提出，独立学院的大批产生对民办高校构成了一种不公平的竞争，将直接冲击民办高校的生存和发展。此外，根据教育部《关于“十一五”期间普通高等学校设置工作的意见》(教发[2006]17 号)，今后独立学院可以根据需要和条件，按照普通高校设置程序逐步转设为独立建制的民办普通高校。这些可能转制为民办高校的独立学院由于依然有母体公办高校的资源资助，而且又可以享有民办高校的一切优惠政策，将可能对现有民办高校产生更大的挑战和冲击。

(五) 民办高校面临经济和社会发展的变革冲击

随着经济和社会的变革，人才供求的矛盾越来越突出。一方面，社会和用人单位需要大量的适应变革的人才，对人才的要求越来越高；另一方面，由于现行的高等学历教育还处在相对封闭的体制和陈旧的模式下，高校培养的人才远不能满足社会和用人单位的需要，人才供求的差距越来越大。这一矛盾冲突的结果，必然对民办高校办学理念、学校体制、专业和课程设置、教育手段、教学方法等方面产生强烈的冲击，使民办高校面临巨大的教育改革的挑战。由于一些民办高校不能及时改革，培养的学生不能适应社会需要，从而又引发了学生的就业压力。就业压力虽然是一个社会性问题，但民办高校与公办高校相比，其毕业生的就业状况更为严峻。而毕业生就业状况的好坏，实际上是一所学校知名度、教育质量、学生素质等方面的综合体现，在一定程度上又会影响学校的招生工作。因此，民办高校如何适应未来经济和社会变革，如何进一步提升人才的质量与适应性，

① 参见教育部《2005 年全国教育事业发展统计公报》。

是民办高校必须考虑的重要问题之一。

（六）民办高校之间竞争激烈，最终将实现优胜劣汰

《民办教育促进法》明确规定，民办高校的投资者可以依法取得合理回报。伴随国家对民办高校产权政策、合理回报政策、税收政策以及其他扶持政策的进一步明确，国内部分有条件的企业将介入民办高等教育市场，掀起新一轮兴办民办高校的浪潮，这又将对现有民办高校提出挑战。特别是部分资金雄厚的公司和企业将以其高起点、高水平、高速度的态势进入民办高等教育领域。在此背景下，民办高校之间将展开激烈的竞争，那些办学条件差、管理体制乱、教学质量低的民办高校可能会被淘汰出局。

四　民办高校的竞争劣势（Weaknesses）

从总体上看，在市场的作用和政府的宏观调控下，我国民办高等教育在具有中国特色的多元办学格局的形成过程中正日益显示着积极的作用。然而又不可否认，民办高校仍然面临着许多棘手的、难以解决的问题，这些问题成为民办高校发展的直接制约因素，使其在激烈的市场竞争中处于不利位置。

（一）社会地位不高，生源基础较差

由于多方面的原因，民办高校在生源方面受到较大影响，民办高校不仅生源数量不足，而且生源质量不高。

（1）受传统观念的影响。尽管国家通过立法的方式确认民办高校是国家教育的重要组成部分，并积极鼓励其发展，然而，民办高校毕竟是新生事物，与公办高校相比，社会民众对其仍然存有诸多的疑虑和偏见，民办高校在社会地位上还处于明显的劣势。当前，对民办高校的错误认识主要表现为 4 类："多余论"认为民办高校存在的必要性不大，只要国家把公办高校办好即可；"冲击论"认为民办高校

冲击了公办高校的发展，导致公办高校学生就业难；“营利论”认为民办高校举办者是以办学之名而行营利之实；“怀疑论”认为民办高校没有发展前景，最终可能自生自灭。“四论”盛行于民间，便会影响人们的求学观念。在一些公众的观念中，民办高校是“非正宗”、不可信任和营利的。所以，尽管“千军万马过独木桥”的局面在连续10年扩招后仍未得到根本改观，一些家长还是只到万不得已时才把子女送到民办高校去上学。一方面每年有不少民办高校完不成招生计划，另一方面高考复读（包括高分复读）现象却愈演愈烈。据统计，有些省份近几年每年都有数万甚至十几万的考生选择复读。如甘肃省2006年的24.8万高考报考者中，复读生近9万人，占甘肃报考总人数的36.2%，是近年来复读生报考最多的一年。① 在高考大省山东，考生的普遍观念是：普通高考就是上本科，上名牌高校，否则就择校复读。因此，该省每年高考报考者中有近四分之一的往届生，2004年高考中往届生达15.4万人。②

（2）受普通高校扩招的影响。随着我国经济的进一步发展，社会对高等教育的需求进一步扩大。在这种大环境下，国家在鼓励民办高校大力发展的同时，从1999年开始，对公办高校进行了大面积的扩招。这使得民办高校的生源竞争从扩招之前民办高校内部之间的竞争，转变为同时与公办高校争抢生源的竞争。

（3）受民办二级学院的影响。根据教育部《关于规范并加强普通高校以新的机制和模式试办独立学院管理的若干意见》，不少公办普通高校举办了独立学院。普通高校下属的二级学院（独立学院）依靠筹集社会资金和母体资源，只需与母体学校签订内部协议，就能获得招收本科学生的资格。它们按民办机制运行，以较高的收费标准为学校营利。公办教育资源的介入对纯民办学校而言是一种极具杀伤力的竞争，使许多民办高校生源锐减。这种不公平竞争，导致普通民办院校生源空间缩小、生源质量降低。

---

① 吴正楠，殷振龙. 甘肃："复读生"给2006年高考带来巨大压力[EB/OL]. [2006-03-02]. 中国高中生网.

② 参见山东省招生办编印的《山东2004年招生情况》。

（4）一些地方政府在民办高校创办报批上管理不严，致使有的民办高校在师资和办学设施上达不到要求、教学质量不能保证的情况下招生，结果纠纷不断，影响了民办高校在社会上的声誉，给民办高校招生带来很大困难。

（5）高等职业技术学院也对民办高校的生源产生了较大的影响。公办职业技术学院基本上由原有中专学校升级而来，在办学经费方面，政府按学校的办学性质、层次、规模等情况进一步加大了经费投入，因此这些公办高职的招生数量很大，收费又比民办院校低很多。政府对职业技术学校和职高的升格过快，也加重了民办高校招生的困难。[①] 据北京教育咨询与投诉中心主任魏红林透露："2004年，100 多所民办大学招生总数量不足 4 万人，平均每所学校不满 400 人，比 2003 年减少了 1 万多人。"[②] 为解决生源不足的问题，绝大多数民办高校采取了来者不拒的政策，导致生源质量下降。这些都使许多教学活动难以开展，教学质量很难得到保证。可以说，这种社会公众求学观念的偏差导致的生源不足的危机，时时威胁着民办高校的生存与发展，一些民办高校由此而越来越被边缘化甚至倒闭。

（二）办学经费不充裕，办学条件较薄弱，规模效益不明显

由于国家对民办高校的经费资助体制尚未建立，并由于银行贷款审批严格、捐赠收入不稳定、股份制化难施行、辅助设施盈利小等原因，民办高校普遍存在经费不足的问题。目前，民办高校的投资主要来源于两个渠道：民间投资和学生学费收入。就民间投资而言，民间资本的回报与盈利是影响投资信心的关键。国家至今没有制定出合理回报取得的办法，没有出台民办高校产权界定的法律法规，这直

---

① 张芹，孙冬梅. 对民办高校招生问题的若干思考[J]. 黄河科技大学学报，2008，10(3)：15-16.

② 毛建青. 制约我国民办高校发展的内部因素分析及建议[J]. 职业技术教育，2008，29(7)：68-71.

接影响到社会投资民办教育的积极性，从而使得不少民办高校出现投资不足的问题，只能依靠学费收入滚动发展。民办教育研究专家邬大光教授2000年对全国38所民办高校学费收入占学校总收入比例的调查显示，学费收入占学校总收入100%的学校有14所，占80%以上的学校有24所。另据2002年国家教育发展研究中心与教育部社会力量办学办公室开展的专题问卷调查样本显示，学杂费两项收入占民办高等教育机构办学经费收入的90.2%，捐赠、校办产业、贷款、财政资助以及其他收入分别占1.2%，0.8%，5.6%，5.4%和1.9%。

民办高校经费来源单一、严重不足的情况，对民办高校发展造成了许多不利影响。

(1)“以学养学”的经费获得和滚动模式，使得许多民办高校不得不通过收取较高学费的方式艰难维持。目前，中西部地区民办高校的年均学费基本在6 000～8 000元左右，东部地区民办高校的年均学费基本在1万元左右，普遍高于公办普通高校的收费标准。高学费无疑会制约招生。

(2)“捉襟见肘”的经费也使许多民办高校的办学条件一直得不到较大改善，尤其是教学仪器设备、图书资料等硬件极其匮乏。据2000年民办高教委对103所高校的调查，民办高校中有自建校舍的占71.8%，每校自建校舍面积一般都不超过9 000平方米，自建校舍面积小于1 000平方米的有9所，只有8所院校自建校舍面积超过3万平方米。而对教学实验设备的调查分析表明，43.3%的民办高校实验设备资产少于50万元，设备价值在400万元以上的只有6所院校。在被调查的103所民办高校中，46所学校没有实验室，9所院校只有1个或2个实验室，24所院校有3～4个实验室，24所院校有8～15个实验室。此外，在对学校图书馆建设的调查中，有82所高校填报了藏书情况，大多数民办高校只有很少藏书量，其中，藏书量在1万册以下的学校占29.3%，1万～2万册的占26%，2万～3万册的占18.3%，只有3所学校藏书在10万册以上。① 2001年7月，

① 王善迈. 2000年中国教育发展报告——教育体制的变革与创新[M]. 北京：北京师范大学出版社，2000：90-91.

黑龙江教育厅叫停不具备办学条件的19所民办高校。2002年3月,北京市教委在北京民办高校教育教学综合评估的基础上取消了5所不合格高校的办学资格。在这5所不合格民办高校中,4所是无教师、无学生、无校舍的"三无"学校,根本不具备开办学校的实力。由于办学条件较差,大部分民办高校的规模都比较小,规模效应不明显,竞争力缺乏。根据2003年对北京60所民办高校办学规模进行的统计分析,在校生规模在4 000人以上的民办高校只有9所,占总数的15%,其中73.3%的民办高校在校生规模在2 000人以下,还有7所民办高校在校生不足百人。民办高校融资途径的特殊性,使得若其规模太小就会直接影响到资金的运转和学校的发展,从而难以应对日益激烈的竞争和挑战。① 此外,从公平角度来说,这种经费获得模式对民办高校的学生而言也极其不公平。如果某一民办高校收取的学费是6 000元,那么这6 000元的学费除了用于学生教学之外,还要支付一些管理开支、教师和管理人员薪酬等,因此民办高校的学生相当于只享受到了低于6 000元的教育教学和管理服务。而对公办高校学生而言,同样缴纳了6 000元学费,但加上政府的各项拨款和补贴,却享受到了远远超过6 000元的教育教学和管理服务。②

(三)部分民办高校办学理念落后,内部管理模式陈旧

由于我国不少民办高校是在热情与市场刺激的作用下发展起来的,一些举办者没有处理好经济效益和社会效益的关系,存在急功近利的行为和短期办学现象,从而破坏了民办高校的整体形象。在民办高校内部管理机制中,家族式管理、企业式管理等运作方式比较普遍,其举办者和管理者对高等教育基本理论与高等教育发展的规律等重大理论问题缺乏储备,在办学实践中缺乏科学的理论指导,这不仅影响到民办高校的办学效益和办学质量,而且影响到民办高校的

---

① 王新风. WTO"后过渡期"北京民办高等教育发展战略初探[J]. 北京教育,2006(5):4-6.

② 毛建青. 制约我国民办高校发展的内部因素分析及建议[J]. 职业技术教育,2008,29(7):68-71.

可持续发展。

民办高校内部管理体制不健全主要表现为:(1)学校校产的管理权和所有权不分。(2)从领导体制来看,投资者和经营管理者职、责、权模糊不清。学校内部运作缺乏合理的规章制度来保证、约束各方的行为,尤其是民办高校内部往往采取“家族式”管理,难以形成科学的决策机制,权力失去制衡,从而导致管理混乱,阻碍民办高校的发展。(3)从机构设置来看,机构设置不规范,职、责、权分配不合理,未能实现有效结合。

(四)教师结构不合理,总体实力比较薄弱

高校教师结构包括显性结构和隐性结构。年龄、学历、职称等属于显性结构,思想、能力、水平、修养、性格等属于隐性结构。

当前民办高校教师结构的不合理突出表现在显性结构方面,如年龄结构可以用“两头大中间小”来概括,55 岁以上的退休老年教师和 30 岁以下的年轻教师所占比例较大,中年教师相对较少;从学历结构上看,民办高校教师的学历普遍偏低,本科及以下学历层次的占大多数,具有硕士及以上学位的少;从职称结构上看,具有副高及以上职称的少,中级及以下职称的多;从知识结构上看,部分民办高校的专职教师只具备专科生的知识结构,相当一部分的专职教师没有经过岗前培训,不具备教师资格。

由于民办高校尚未建立完善的教师保障机制和合理流动机制,很难引进高层次、高水平人才,因此大多数民办高校采取了以兼职教师为主的师资队伍建设模式。据民办高教委百所民办高校调查统计,专职教师少于 20 人的民办高校有 35 所,占 39%;专职教师为 20~40 人的有 24 所,占 27%;还有 12.6% 的院校根本没有专职教师队伍,这就是说,有近 80% 的民办高校没有专职教师或专职教师很少。① 兼职教师过多,导致民办高校调、停课频繁,往往会打乱学校正常的教学秩序,影响教学质量。而且,兼职教师由于受公办高校教

---

① 王善迈.2000 年中国教育发展报告——教育体制的变革与创新[M].北京:北京师范大学出版社,2000:90-91.

学的影响,很难适应和发展适合民办教育的特色教学。尽管不少退休教师职称高、学历高,但由于年龄偏大,因而会有开拓创新不足、知识老化、教学方法陈旧单一的问题。

表 3-3、表 3-4、表 3-5 是 1997—2001 年我国民办高校教师显性结构方面的有关数据。

表 3-3 1997—2001 年全国民办普通高校专任教师人数和学历结构①

年 份	合计(人)	博士(人)	硕士(人)	学士(人)
1997	988	8	137	557
1998	1 369	21	195	734
1999	3 354	46	396	2 231
2000	5 895	90	570	3 973
2001	12 172	267	1 317	7 895

表 3-4 1997—2001 年全国民办普通高校专任教师职称状况②

年份	教师数(人)	正高级(人)	副高级(人)	中级(人)	初级(人)	无职称(人)	高级职称比
1997	988	111	394	266	159	58	51.11%
1998	1 369	161	481	417	249	61	46.89%
1999	3 354	372	1 051	1 064	630	237	42.43%
2000	5 895	668	1 702	1 743	1 215	567	40.20%
2001	12 172	1 898	3 186	3 264	2 661	1 163	41.76%

① 教育部发展规划司. 2001 年教育统计年鉴[M]. 北京:人民教育出版社,2002.

② 教育部发展规划司. 2001 年教育统计年鉴[M]. 北京:人民教育出版社,2002.

表 3-5　1997—2001 年全国民办普通高校专任教师年龄结构①

年份	30 岁以下(人)	31 ~ 35 岁(人)	36 ~ 40 岁(人)	41 ~ 45 岁(人)	46 ~ 50 岁(人)	51 ~ 55 岁(人)	56 ~ 60 岁(人)	61 岁以上(人)
1997	227	105	82	65	62	91	150	206
1998	326	200	125	100	77	98	151	292
1999	942	572	372	247	192	222	333	474
2000	1 918	841	611	383	303	362	578	899
2001	3 721	1 507	1 359	1 019	835	783	1 086	1 862

① 教育部发展规划司.2001 年教育统计年鉴[M].北京:人民教育出版社,2002.

第四章

民办高校核心竞争力内涵及影响要素

在世界高等教育发展的历史上，高等教育资源总是流向最能发挥资源效益、提高资源利用率的高等教育机构，流向知识化程度较高的高等教育机构。因此，国际国内高校之间人力、物力、财力资源的竞争，优质资源的竞争，社会声誉的竞争已不可避免。民办高校与公办高校相比，市场化特征更加明显，成长发展过程中的竞争更加激烈。这种竞争既存在于民办高校之间，也存在于民办高校与公办高校之间。竞争的结果必然是优胜劣汰，因而有的民办高校昙花一现、自生自灭，有的饱经磨难、勉强维持，只有少数民办高校能够脱颖而出，在竞争中成长壮大，其根本原因就在于核心竞争力的有无和强弱。这充分说明，核心竞争力左右着民办高校的生死存亡、前途命运。民办高校欲在强手如林、国内外竞争异常激烈的高等教育市场中独领风骚，必须深入研究核心竞争力理论，用核心竞争力理论指引自身的发展，识别自身的竞争潜力，构建自己的竞争优势。

一　民办高校核心竞争力内涵与特征

无论是竞争力理论之研究还是核心竞争力理论之研究，都起源于对企业的研究，而后才被借鉴引用到其他领域。当前，关于企业核心竞争力、高校核心竞争力的理论研究日益增多并逐渐成熟。这些理论研究成果是研究民办高校核心竞争力问题的重要基础，对研究民办高校核心竞争力提升的路径和方式有着重要的借鉴作用。

（一）高校与企业组织性质的比较

自 20 世纪 80 年代以来，世界高等教育不断走向市场化和全球化。在这股改革浪潮的冲击下，高等学校组织的属性与职能在悄悄地发生变化，高等学校的企业性与技术创新职能日益凸现。高校与企业既存在着相似性的一面，同时也存在着非似性的一面。

1．高校与企业组织性质的相似性

从传统的观点看，高等学校被视为纯粹的教育组织，而企业被视为纯粹的经济组织，两者之间存在明显的差异。但人们也注意到，高等学校与企业又具有相似的一面，高等学校具有经济的属性，而企业也具有教育的属性。人力资本之父舒尔茨（T. W. Schultz）认为，学校可以视为专门生产学历的厂家，教育机构可以视为一种工业部门。同时贝克尔（G. S. Becker）也指出，学校与企业通常是特定技术人才的替代性来源。[①] 就功利性而言，高校与企业具有相似性，高校也具有功利性的一面。高等学校组织对于教师而言具有功利性，这是因为高等学校毕竟是教师获得经济来源的职业场所。教师是活生生的人，是靠劳动所得谋求生存的个体。教师在高等学校从事的教育工作是有偿劳动，而不是无偿劳动。教师将经济价值视为高等学校赋予自己的主要价值。高等学校可以通过增加或扣发工资、津贴、奖金及各种奖品等物质的刺激手段来显示组织的威力。企业是更为典型的功利性组织。人不是商品，然而，事实上人们确实按照一定的价格把自己的劳务租借出去。这个价格就是工资率，而且在一切价格中，它是最重要的。对绝大多数人来说，工资是收入的唯一来源。[②] 企业家从事经济活动也以追求个人收入为目标。但是，这两者在功利性的程度上是有所区别的。更切近的分析表明，企业是纯营利性组织，高等学校是准营利性组织。虽然有诸如马西（W. F. Massy）等将组织分为营利性组织和非营利性组织，认为前者追求最大的利润，后者追求最大的效用。但是，就高校与企业两者来看，企业是营利性组织无可厚非，而高校虽不追求利润的最大化，但依然追求一定的或适度的盈利。我国著名经济学家厉以宁指出："任何一个教育单位，不管它提供的是公共产品、准公共产品还是私人产品，都要计算收入与支出，都要实行经济核算，都要设法增加收入，减少支出。经营得当，

① 杨明. 从高校与企业的似与不似看高校组织的性质［J］. 浙江大学学报：人文社科版，2002，32（3）：117-124.

② 萨缪尔森. 经济学（中册）［M］. 北京：商务印书馆，1981：269.

教育单位不是不能带来利润的。”①

2. 高校与企业组织性质的非似性

（1）高等学校与企业都创造价值，形成国民收入，但两者在创造价值的过程与方式上有着非似性。企业创造价值是即时性的、速效的，只要产品销售出去即实现了价值增加。而高等学校创造价值从初始的生产过程角度看，要取决于高校学生就业后的劳动价值是否真正实现，即价值创造有时滞因素。假如学生增殖的人力资本并未导致促进经济增长的预期结果，那么，教师劳动的价值就难以得到确证。大量经验表明，高等教育对经济增长的贡献率是很高的，从连续不断的社会再生产角度看，此时滞因素并不构成否定价值创造的论据。

（2）高校与企业在投入上具有非似性。一方面，高等学校的投入特别是其质量是难以度量的。霍普金斯（David J. P. Hopkins）指出，有些高等学校的投入是有形的，如注册的学生人数、教师及建筑和设备的数量、图书馆藏书等；而有些高等学校的投入是无形的，难以计量和定价，如注册学生的质量、教师和学生努力的质量、建筑和设备的质量、图书馆藏书的质量。② 企业投入的数量和质量的计量与定价一般来说是清晰的。另一方面，在高等学校中，选择对一定的产出来说是最优的、独一无二的一组投入系数是困难的。高等学校投入量中的要素替代具有明显的非灵活性。因此，高等学校要素组合的优化较之企业更难以实现。企业的生产可能性曲线是凸现的，这意味着存在着一定的产出来说是最优的、独一无二的一组投入系数。

（3）高等学校与企业在产出上的非似性。一方面，企业主要生产物质产品，大多数企业隶属于物质生产部门，而高等学校主要提供服务，隶属于服务部门与第三产业。产出的物质形态上的差异是造

---

① 张铁明. 教育产业论[M]. 广州：广东高等教育出版社，1998：5-6.

② 杨明. 从高校与企业的似与不似看高校组织的性质[J]. 浙江大学学报：人文社科版，2002，32(3)：117-124.

成人们高扬企业的生产性、贬低高校的非生产性的主要依据之一（尽管此依据是不充分的）。另一方面，高等学校与企业产出的非似性突出地表现在高等学校产出的质量及价格上的计量较之企业难以做到，这给高校成本核算与定价提出了难题。高等学校显然是多产出的生产单位，这些产出包括为本科生提供的教育服务，为研究生提供的教育服务与科研服务，为住校生提供的食宿方面的生活服务、体育服务等。阿斯丁（Astin）认为，试图形成单一的、普遍的高等教育产出的度量指标是不现实的。取而代之的是一组度量指标，它足够宽泛，能包容高等教育过程的主要产出。[①]

（4）高等学校与企业生产过程的非似性。高等学校的主要生产活动是消费者输入型。就高等学校的主要生产活动——教学活动而言，生产活动需要教育者（主要是教师）与接受教育者（主要是学生）的协同或配合，两者缺一不可。学生是消费者，高等学校以一定的价格或学费向其消费者出售教育产品。但消费者付出价格后并没有交换到需要的产品，而是本身作为主要的生产资料输入并投入时间和精力参与到高等教育过程中。高校与消费者是一荣俱荣、一损俱损的共生关系。此外，高等学校从事的教育生产还有另一个效应，即群体效应，标准的经济企业并无此效应。

（二）民办高校具有鲜明的类企业性质

民办高校作为一种“自给自足”的经济组织，在很大程度上表现出与民营企业相类似的独立经营性和效率最大化特征，同时在慎重计算运营成本、最大可能积累发展基金等方面与民营企业类似。

（1）民办高校产生于特定的教育市场供求矛盾之中，依靠市场经济手段的运作获得生存与发展，很少有财政性教育经费保护。民办高校自主决策、独立运营，独立承担市场风险，同时也独立获取运营的收益。

（2）在学校制度的建设上，民办高校也采取了一系列类似于现

---

① 杨明．从高校与企业的似与不似看高校组织的性质[J]．浙江大学学报：人文社科版，2002，32(3)：117-124.

代企业制度的组织管理形式，以达到运营效率的最大化。比如，民办高校采取董事会领导下的校长负责制，使决策权与经营权相分离；对教职工全员招聘，通过签订合同确定用工关系；采取灵活多样的工资及福利待遇形式，等等。

（3）在学校经营运作的结果上，如果学校董事会能够科学民主决策，充分地占有生源市场份额，有效地降低营运成本，形成教育质量与生源市场、就业市场的良性互动关系，那么民办高校就有可能实现营利性的营运结果。民办高校作为自给自足、自我承担无限风险责任的经济组织，与民营企业之间必然存在相当大的共同性和相似性。即便如此，以企业的经营运作方式来经营运作民办高校并不意味着必然的盈余，而只是具备了盈余的可能性条件。

由于民办高校从属于高校范畴，因此民办高校的产业性与民营企业的产业性又有根本不同。如在学校产权方面，《民办教育促进法》中对民办高校"法人财产权"概念的提出，就明确规定了民办高校的法人财产权不同于举办者个人财产权，作为公益性的民办高校的资产属于非经营性资产，不同于企业的经营性资产，学校享有对全部校产的使用权和管理权。又如在学校的价值取向及实现方式方面，厉以宁先生曾经指出：教育法规定教育机构不以营利为目的。但我们必须区分两个概念：一个是教育的性质，教育应当是非营利的；另一个是办学结果，办学有了结余，并不意味着它就是营利性的。民办高校如果精打细算，创收开源，会有盈利的结果，但不能把它的性质和经营结果混为一谈。① 作为传承知识、培养人才、服务社会的文化组织，民办高校的公益属性是明显的。这是《民办教育促进法》保护、扶持民办教育的法理依据，也是规范民办高校办学行为的出发点。企业以追求利润为主要目的，作为公益性事业的民办高校以培养人为价值取向。企业遵循经济效益最大化原则，学校遵循社会效益最大化原则，学校收取费用的根本目的是为了补偿办学成本，而不是为了营利赚钱。从国际背景看，保障和强化私立学校的公益性，是各国私立教育立法的基础。广而

① 民办教育促进法草案将暂不提请表决[EB/OL].[2002-10-28].新华网.

言之，民办教育的公益性不仅指民办高校的非企业单位和非营利性质，而且包含着更深一层的含义，比如，社会公共利益事业经营管理的开放性（而不是封闭性）、民主化、合法性、社会普遍的价值观念、道德性和促进公共福利，等等。①《民办教育促进法》和《民办教育促进法实施条例》中对于民办教育的一系列扶持与奖励措施，均是出于对民办教育丰富的公益性内涵的保障和维护。

（三）关于企业核心竞争力问题的研究

核心竞争力（Core Competence）理论是当代管理学和经济学理论交叉融合的最新理论成果，它已在商业管理和企业运行中得到了广泛的应用，并被证明是确保企业持续竞争优势的卓有成效的理论贡献。核心竞争力一词最早来源于普拉哈拉德（Prahalad）和哈默尔（Hamel）于20世纪90年代初在著名的《哈佛商业评论》上发表的《公司的核心竞争力》一文。他们基于对商业运行和管理规律的系统的、科学的研究，提出核心竞争力是指以企业的技术能力为核心，通过对战略决策、生产制造、市场营销和组织管理等的整合而使企业获得持续竞争优势的能力，是企业在其成长过程中建立与发展起来的一种资产与知识的互补系统。他们认为，企业是由一系列的生产要素有机组合而成的，如果一个企业可以比其他企业更好地使用这些要素从事某项工作并获得更高的市场份额和经济利润，这个企业就具备了一定的竞争优势，这些要素也就成为了企业的竞争力所在，即企业竞争力的实质是企业高效运用与整合自身所拥有的生产要素的能力。一个企业的竞争力可以表现在许多方面，但只有具备了如下特征的竞争力才能称其为企业的核心竞争力：(1) 用户价值性，即要能够为用户需求提供最根本的利益，没有效用的竞争力是得不到用户拥护的，是无价值、无生命力的；(2) 独特性，即必须为企业所独有，并且难以为其他企业所复制或模仿；(3) 一定的延展性，即必须能为企业拓展产品提供有力

① 国家教育发展研究中心.2003年中国教育绿皮书[M].北京：教育科学出版社，2003：145.

的支持;(4) 可加性,即将多种具有相关性的核心竞争力有机组合,就可以得到更高层次的核心竞争力;(5) 可变性,即核心竞争力不是永恒不变,而是不断发展变化的。

归纳来看,当前学术界对核心竞争力的定义有以下几种代表性观点。

"消费者剩余论"认为,核心竞争力的本质内涵是消费者剩余。消费者剩余是顾客得到的高于竞争对手的产品或服务品质与价值。简言之,就是价廉、物美或兼而有之者,是实惠的产品或服务。如管益忻认为,核心竞争力是以企业核心价值观为主导的,旨在为顾客提供更大(更多、更好)的消费剩余的企业核心能力的体系。①

"体制与制度"学派从组织的体制和制度出发来考虑核心竞争力的基础。如左建军认为,企业体制与制度是最基础的核心竞争力。企业体制和制度是生产关系,现代企业体制与制度能保证企业具有永久的活力、决策的科学性、企业发展方向的正确性,是企业最基础的核心竞争力所在,是企业发展其他竞争力的原动力和支持平台,其他竞争力只是在此平台上的延伸,与核心竞争力共同组成了核心竞争力系统。②

"资产、机制融合论"则认识到,核心竞争力是组织核心资产的一个重要组成部分。如王秉安认为,企业核心竞争力是由核心产品、核心技术和核心能力构成的。核心竞争力指"使企业能在竞争中取得可持续生存与发展的核心性能力",它是硬核心竞争力(以核心产品形式和核心技术或核心技能为主要特征)和软核心竞争力(经营管理)的综合。③

"创新论"用组织不断创造新产品和提供新服务以适应市场的能力、不断创新管理的能力、不断创新营销手段的能力的方法来考量核心竞争力。Neef 和 Dale 根据经济合作与发展组织(OECD)的定

① 管益忻. 论企业核心竞争力:开创战略管理新纪元的第一选择[M]. 北京:中国经济出版社,2000:23.

② 左建军. 浅谈企业核心竞争力[J]. 长江论坛,2000(5):38-39.

③ 王秉安. 企业核心竞争力理论探讨[J]. 福建行政学院福建经济管理干部学院学报,2000(1):5-9.

义指出，知识经济是以知识及其产品的生产、流通和消费为主导的经济。知识经济最直观和最基本的特征是：知识作为生产要素地位的空前提高，知识需求成为人类实现其他一切期望的前提，知识生产本身成为社会经济生活的中心，知识经济成为继工业文明即以资本生产为中心的时代之后的又一次深刻的变革，其核心问题是如何最大限度地发挥人的创新能力。①

"能力论"从组织一系列能力的综合来探讨核心竞争力。以罗斯比和克里斯蒂森为代表的能力学派认为，能力是确定资源组合的生产力，资源是能力发挥的基础。高知识和高技能的个人集合体并不能自动形成有效的组织。团队和经验资本基础上的人力资本方可以看做企业的能力。无形资源与企业能力的区分应以是否可交易来确定。能力的差异是企业持续竞争优势的源泉。谭劲松、张阳认为，公司的内部资源和能力是开发价值创造战略的基础。资源和能力作为公司拉大和对手竞争优势距离的源泉，被称为核心竞争力。核心竞争力是公司获取价值创造战略的主要决定因素。②

上述几种代表性观点为企业核心竞争力的提升提供了启示，同时也为我们思考高校尤其是民办高校核心竞争力问题提供了全面的理论来源。

（四）关于高校核心竞争力问题的研究

核心竞争力理论的本质在于指导组织寻求适合自身的、独一无二的核心能力，并围绕核心能力来建构组织管理系统，以确保持续的竞争优势。高等学校作为一种具有第三部门性质的独特性的社会组织机构，要在激烈的社会系统中更好地生存与发展，势必需要具备不同于以政府为代表的第一部门和以企业为表征的第二部门的独特的核心竞争力。与此同时，在高等教育市场化和大众化的背景下，高等学校不仅作为一个整体面临着巨大的生存压力，各高等学校作为具

---

① Neef, Dale(ed). The Knowledge Economy. British: Butterworth-Heinemann. 知识经济[M]. 樊春良，冷民，等，译. 珠海：珠海出版社，1998：85.

② ［美］谭劲松，张阳. 战略管理[M]. 北京：中国水利水电出版社，1998：77.

有自身办学条件和发展特色的个体性存在，也面临着前所未有的挑战和压力，为了在愈加激烈的高等教育体系内更好地生存发展而不至于惨遭淘汰，个体高等学校也必须建立具有自身特色的“核心竞争力”体系，以确保自身的竞争优势。因而，核心竞争力理论作为一种理论指引，同样适用于高等学校。

1. 关于高校核心竞争力概念的研究

关于大学核心竞争力的内涵，目前学术界颇有代表性的观点可以概括为“技术观”、“知识观”、“资源观”三种。“技术观”认为大学核心竞争力是“以技术能力为核心，通过对战略决策、科学研究及其成果产业化、课程设置与讲授、人力资源开发、组织管理等的整合或通过其中某一要素效用凸现而使学校获得持续竞争优势的能力”。①“知识观”认为大学核心竞争力“是识别和提供优势的知识体系”，它“以大学基础设施为依托、以大学精神为共同愿景”，在“办学理念、组织管理、学术梯队、校园文化以及外部资源等竞争力诸要素协同作用”下形成，“是大学内部一系列互补的知识和技能的组合，具有使大学达到国内甚至世界一流水平的能力”。② “资源观”认为大学核心竞争力是大学的“优势资源”，是主体对大学资源有效运作而产生的，其表现为“深植于竞争主体的各种资源之中，以自身独有的核心能力为支撑点在履行教学、科研、社会服务三大职能中运作自身资源所形成的整体”。③ 这三种从产生的基础出发对大学核心竞争力内涵的认识，虽不尽然，或者也还有质的差别，但至少有一点是共同的，即认为核心竞争力是组织内部整合的、富有个性化的、复杂的能力体系。关于大学核心竞争力的特征，学界的观点比较一致，认为大学核心竞争力具有技能独特性、用户价值性、资产专用性、价值可变性、不易模仿性、动态发展性，只是在表述上、列举中略有不同而已。事物的内涵及特征是深入研究的向导。当前学术界的这些认识，尽管是

① 赖德胜，武向荣. 论大学的核心竞争力[J]. 新华文摘，2002(11).

② 林莉，刘元芳. 知识管理与大学核心竞争力[J]. 科技导报，2003(5)：51-53.

③ 夏仕武. 大学核心竞争力的内涵及其形成特征[J]. 江苏高教，2003(6)：131.

粗线条的，从理论上看还比较肤浅和不成熟，但对于人们在实践中识别和保护核心竞争力，具有启蒙作用。①

2. 关于提升高校核心竞争力路径的研究

关于核心竞争力的提升有许多代表性的观点。赖德胜、武向荣认为，最关键的是制度创新，即通过建立现代大学制度，提供有效的激励机制，构建现代大学管理方式，创建战略联盟，创造一个有利于形成核心竞争力的制度环境。② 罗红认为，核心竞争力的培养需要竞争教育，需要建立竞争教育平台。③ 陈传鸿从加强学科建设的角度提出以学科建设促进发展，加快学科结构调整，分类指导、分层次建设，以改革为动力推进学科建设，"重在建议、苦练内功"，着重内涵发展。张晓琪则注重培养目标和"因材施教"，加强学生动手能力培养，重视实践教学。聂秋华认为，要寻求内部的实力优势、体制优势和综合性优势，采取切实措施提高教学质量。马士斌从人的因素出发，提出制订提升高校核心竞争力的行动路线，其实质就是建立健全有效的内部管理体制和人力资源管理运行机制的过程。④ 李景渤提出，要树立高屋建瓴的可持续发展观，强化抓住机遇、主动出击的对外交流观，树立保证重点、点网结合、有为有舍的观念，树立力求所有、更求所用的引进智力观，引进外力构建西部高校的核心竞争力。⑤ 陕西省教育厅提出实施人才、专利和技术标准三大战略，推进管理体制、运行机制和分配制度三项创

---

① 杨昕，孙振球. 大学核心竞争力的研究进展[J]. 现代大学教育，2004(4)：67-69.

② Bill Warters. 2000. Collaboration and Conflict Resolution Skill: A Core Academic Competency? Conflict Management is Higher Education Report, Vol. 1, No. 4, Nov/Dec 2000. http://www. campas-adr org /CMHER/Report Articles/ Edition 1-4/Corecomp 1-4. html.

③ 罗红. 核心竞争力培养与竞争教育平台[EB/OL]. www. doule. net/homepage/ jiaoyuii/-llk.

④ 马士斌. "战国时代"高校核心竞争力的提升[J]. 学海，2000(5)：163-166.

⑤ 李景渤. 从核心竞争力的视角看我国西部地区高校如何发挥地域特色[J]. 贵州师范大学学报：社科版，2002(4)：111-114.

新，构建高校科技创新体系，全面提升陕西高校核心竞争力。①

（五）关于民办高校核心竞争力问题的研究

我国民办高校发展起步晚，有关民办高等教育的研究相对也比较迟、比较少，有关民办高校核心竞争力的研究更是少之又少。根据对“中国科技期刊全文数据库（维普科技期刊数据库）”的检索，从2001年至2007年，关于民办高校核心竞争力的专题研究不足20篇，且大都是有关民办高校核心竞争力的边缘性问题的探讨。关于民办高校核心竞争力问题的研究，仍然处于引入概念、嫁接模式、借用方法以及对核心竞争力的特征、结构、要素的初步设计阶段。从研究成果刊登的载体看，大都是一般性的学术刊物，在《教育研究》、《中国高教研究》、《高等教育研究》、《教育发展研究》等权威核心期刊上发表的论文为数不多。

1. 关于民办高校核心竞争力内涵的研究

崔波提出，民办高校核心竞争力归根结底是民办高校在长期的发展过程中以提供优质教育产品或服务为目标，以先进的教育理念和技术为核心，通过对资源、能力和知识等要素整合的基础上对学校内在所具有的一般竞争力提升而形成的对学校发展具有持续竞争优势的核心能力。民办高校的核心竞争力是一个复杂和多元的系统，包括多个层面，其形成既不是个别因素之间的简单组合，也不是影响大学竞争的所有要素的集合，而是一个大学的资源、能力和知识等构成要素中的核心要素整合而成的有机整体，其核心要素是大学的人力资源、经营管理能力、创新能力和知识体系。② 贾少华提出，根据核心竞争力理论的解释，要成为核心竞争力必须具备“有价值、异质、不可模仿、难以替代、可扩展”五大特征。参照这些特征，从目前绝大多数民办高校的具体实际来看，为民办高校独有、难以被公办高校等竞争对手模仿的东西还不多，学

① 柯昌万. 陕西提升高校核心竞争力[EB/OL]. [2002-12-06]中国江苏网.

② 崔波. 论民办高校的核心竞争力战略[J]. 民办教育研究，2004(6)：34-39.

科建设、人力资源、科研实力等方面民办高校总体上落后于公办高校，还难以形成自己的竞争优势，而唯有民办体制，以其高效、灵活的运行机制为公办高校所望尘莫及。① 陈洁提出，民办高校的核心竞争力可以理解为以提供优质教育产品为最终目标，以先进的教育理念和技术为核心，通过对战略决策、课程设置与讲授、人力资源开发、组织管理等的整合，使学校获得持续竞争优势的能力。这一观点与崔波的观点基本一致。②

邹长城提出，我国的民办高校要增强办学效益和市场吸引力，在外部条件相似的情况下，其核心竞争力的内涵和主要构成是自身良好的社会公信力。良好的社会公信力是民办高等教育和民办高校真正的、持久的核心竞争力，是能够让民办高校实现现阶段的生存与发展以及长久发展目标的唯一源泉。③ 何峻提出，民办高校核心竞争力的本质在于以知识为基础的大学能力诸要素实体性与过程性相统一的成长协调系统。因而从知识的角度考察，民办高校核心竞争力应定义为识别和提供竞争优势的知识体系，它由 4 个部分组成：大学的知识资源、财务与基础设施系统、管理系统和价值体系（民办大学精神和办学理念）。其中民办大学知识资源包括学科布局和人力资源。学科布局即民办大学拥有的各类学科的数量及学科的大类分布情况，民办大学应在理、工、文、管、法等方面建立动态平衡的状态；人力资源即民办大学拥有的教授、副教授、讲师的数量与比例，以及教师中拥有博士、硕士学位者的比例。财务与基础设施系统包括办学经费的来源和使用、科研经费的获得与数量、校园环境、研究环境、公共服务体系、图书馆、实验室建设等。在民办大学 4 种核心竞争力要素中，前两者构成了民办大学重要的知识储备系统，是作为实体的知识；后两者构成了民办大学管理和控制知识系统，可以看做是过程的

① 贾少华. 民办高校的核心竞争力及提升[J]. 西南民族大学学报：人文社科版，2004，25(10)：378-381.

② 陈洁. 民办高校构筑核心竞争力的若干措施[J]. 浙江树人大学学报，2004，4(3)：5-8.

③ 邹长城. 社会公信力——中国民办高校的核心竞争力[J]. 船山学刊，2005(2)：179-182.

知识。①

周国平、胡一波提出，民办高校的核心竞争力是指一所民办高校通过创新在竞争和发展过程中与其他高校相比较所具有的独特的不易被竞争对手所仿效的整合的优质教育资源，从而有利于自身良好的持续发展以及创造良好社会价值的综合能力的提高。② 罗华陶提出，民办高校的核心竞争力是指民办高校在灵活的办学体制下，以实现高等教育的社会职能为核心，在办学实践中形成的对社会优质办学资源的获得能力。这种能力支撑着民办高校的可持续发展，使民办高校在激烈的竞争中获得市场，树立形象，最终能在国内与公办高校展开公平竞争，并走向国际教育市场。民办高校核心竞争力具有充分体现高等教育社会功能、阶段性、公益与营利共存、包容性 4 个特征。③ 郭瑾莉提出，核心竞争力是学校相对于竞争对手的一种整体的竞争优势，它并不意味着学校的各个环节都必须优于竞争对手，因为这在很多情况下是难以做到的。民办高校核心竞争力的形成必须以独特的技术能力、管理能力为核心，以充沛的资源为基础，在优秀文化的影响下通过一系列管理活动整合而成。这一过程涉及学校工作的方方面面，是学校各个环节整体优化的结果，其根据是民办高校的办学现实。④

应该说，以上关于民办高校核心竞争力内涵的研究还存在较大的差异，其原因在于研究者思考的角度不一致，如有的研究者是从宏观的角度分析民办高校核心竞争力的内涵，有的研究者则是从微观的角度分析民办高校核心竞争力的内涵，还有的研究者将民办高校核心竞争力等同于学校发展的某一具体方面。

---

① 何峻. 基于核心竞争力的民办大学知识管理研究[J]. 杨凌职业技术学院学报, 2005,4(1):71-73.

② 周国平，胡一波. 民办高校核心竞争力初探[J]. 黑龙江高教研究，2006(9):15-17.

③ 罗华陶. 民办高校核心竞争力构成要素探析[J]. 长春工业大学学报：高教研究版，2007,28(2):77-80.

④ 郭瑾莉. 论核心竞争力视角下我国民办高校的发展战略[J]. 科教文汇，2007(1):10-11.

2．关于民办高校核心竞争力提升路径的研究

许项发提出，民办高校要想在日趋激烈的竞争中得以生存和发展，必须引入先进的管理思想和公关意识，实行科学决策：由以前的个人独裁决策变为民主决策、集团决策；由孤立的一事一定的决策变为系统的多目标的综合决策；由随机决策变为程序决策。① 姜文杰提出，在当今的时代环境下，有前途的民办普通高等学校核心竞争力不能基于以物为本，也不能基于以资为本，而必须以人为本。民办高校真正稀缺的是高水平的人才，而高质量的人才目前很难从社会上引进，必须着力于在目前拥有的师资水平提高上。② 陈洁提出，民办高校构筑核心竞争力要从 4 个方面采取措施。一是办学理念，包括树立以学生为本的理念，正确认识教育的全面功能；二是战略决策，包括上层次战略、差异化战略、合并经营战略和产品多元战略；三是人力资源，包括做好人力资源规划，建立专兼职教师队伍，开展集体学习；四是组织管理，包括建立质量体系，规范管理工作，控制运营成本。③ 贾少华提出，有竞争力的民办体制必须从高效人力资源管理机制、效益至上经营机制、敏捷市场反应机制、有效质量保障机制、优质服务供给机制以及持续创新机制等 6 个方面去构建。邹长城提出，在民办高等教育发展的整个过程中，社会公信力应该始终都是民办高校的核心竞争力，尤其在民办高等教育发展的初级阶段，社会公信力显得更为重要，它直接关系到民办高等教育能否生存和健康、有序、可持续发展。要形成民办高校与公办高校共同发展的格局，首要任务是尽快打造和提高民办高校的社会公信力，促使民办高校的举办者充分认识到要通过树立正确的义利观、诚信办学理念来自律提高自身社会公信力，增强核心竞争力。何峻提出，民办大学的核心竞

---

① 许项发. 做好内部公关提高民办高校竞争实力[J]. 中国高教研究，2001(3)：73-74.

② 姜文杰. 基于民办普通高校核心竞争力的战略探讨[J]. 浙江树人大学学报，2003，3(6)：12-15.

③ 陈洁. 民办高校构筑核心竞争力的若干措施[J]. 浙江树人大学学报，2004，4(3)：5-8.

争力取决于其知识创新与应用的能力。而要实现这一目标，主要通过营造学习型校园文化、加强对外联系、促进产学研结合、改进激励机制、提升人力资本价值、构建扁平化组织结构、激活知识价值，以及建立动态的、设计优良的内容基础设施等途径来实现。高伟云提出，社会主义市场经济使大学教育已经或正在失去原有的体制保护，日益被推入竞争漩涡与自我选择之中，民办高校要在国内外高等教育快速发展和激烈竞争的新形势下获得生存与发展，必须构建品牌战略，以形成高校核心竞争力。①

刘丽辉提出，提升我国民办高校竞争力的思路，一是通过民办高校教育产业化发展，改善办学条件；二是实施营销管理战略，创成功的教育品牌。② 曾小军提出，我国民办高校核心竞争力的培育和发展还存在诸多的“制度”壁垒，迫切需要从制度层面加以解决，消除民办体制上的“镣铐”：唯有充分发挥制度的有效性，推进制度创新，彰显民办体制的优势，民办高校的核心竞争力才能得以培育和提升。民办高校核心竞争力的培育途径包括：建立有效的管理制度；引导社会捐赠；政府给予民办高校资助；积极利用资本市场融资；营造公平竞争的氛围，在意识形态上给予民办高校“国民待遇”。许华春提出，打造民办高校核心竞争力必须牢牢抓住三个环节：一是坚持以育人为中心，全面提升学院的整体育人能力；二是以教育教学改革为切入点，全面提高学生的动手能力；三是以就业为出发点和落脚点，全面考核检验学院的育人水平。崔波提出，不同的民办高校自身情况差异很大，民办高校应该结合自身实际条件制定不同的战略目标。战略选择上，可供参考的有5种：一是差异化战略；二是合并经营策略；三是产品多元战略；四是战略联盟战略；五是聚焦战略。民办高校核心竞争力的构筑可从三个层面入手：基础层包括高校文化，经营管理理念、创新、特色、信息等；载

---

① 高伟云.基于核心竞争力的民办高校品牌战略构建[J].黑龙江高教研究，2005(4)：13-15.

② 刘丽辉.论我国民办高校竞争力现状及提升思路[J].中山大学学报论丛，2006，26(6)：75-78.

体层包括人才、管理机制、组织结构、发展战略、学校品牌等；转换层表现为一整套从战略意义上理解的实践策略，其特点是“始于顾客，止于顾客”，包括教育教学能力、公关宣传能力、科研成果转化能力、知识创新能力、服务能力等。周国平、胡一波提出，民办高校核心竞争力提升的策略，一是构建、完善各种资源整合机制，增加和拓展民办高校人力、物力、财力资源的存量和增量；二是大力提升民办高校的办学质量；三是科学定位，精心培育特色；四是推进民办高校组织文化建设，塑造民办大学精神。

以上学者关于民办高校核心竞争力提升路径的研究，既有从办学理念和学校管理制度等方面进行的阐述，也有从民办高校办学条件的改善、教师队伍素质的提高等方面进行的论证。实际上，民办高校核心竞争力的提升不仅需要民办高校自身实施科学的战略和策略，更需要政府为民办高校创造良好的体制和机制环境。这些研究者在其观点中都比较重视民办高校自身需要采取的措施，对外部环境的论述提及尚不多。

（六）关于民办高校核心竞争力内涵和特征的理解

借鉴以上理论研究，本书认为，民办高校核心竞争力就是指民办高校以其不同于公办高校所属的特殊的办学资源和运作机制为基础，对学科设置、人才培养、科学研究、社会服务、组织管理、精神文化、人力和物质资源等竞争要素的特殊优势和潜在优势进行战略整合，通过构建和实施行动体系使民办高校获得持续竞争优势的能力。民办高校的核心竞争力具有5个方面的特征，这些特征是民办高校核心竞争力内涵的反映。

（1）独特性。民办高校核心竞争力的独特性有两个内涵：其一是指民办高校在我国高等教育系统构成中作为不同于公办高校的整体性存在，其竞争优势和发展面向与公办高校相比应具有自身的独特性，以显示和证明其不是仅作为我国公办高校的有益补充，而是与公办高校一样在我国高等教育系统中具有重要地位并发挥重要作用的不可缺少的整体性存在，即获得其生存与发展的合法性基础所在。其二是指民办高校作为个体性存在，在激烈的民办高校系统内部的竞争中所体现出的独特的竞争优势，是优于或突出于其他民办高校的，且这种竞争能力越突出、越难以仿效，其竞争优势就越明显、越持久。因而，独特性理应成为民办高校核心竞争力的首要特性。

（2）价值性。一所民办高校的核心竞争力具有无可比拟的价值，这种价值一方面体现在它有助于自身可持续发展，在激烈的竞争中立于不败之地；另一方面，又体现在满足利益共同体的价值需要上，即满足对国家和社会对民办高校应发挥的作用和职责的要求，满足对消费者（社会、家庭、学生）的需求和偏好，满足消费者所追求价值的维护和增值（包括价值保障、价值提升、价值创新等），从而最终实现社会所期待与看重的核心价值。①

（3）中心性。从民办高校核心竞争力的地位来看，其具有中心性。民办高校在系统内外的竞争优势可能表现在多个方面，但是核心竞争力在民办高校及其竞争、管理、学术活动中却居于核心的位置，是民办高校持续优势发展的源泉和成功的关键。民办高校可以依赖自身的特色（包括办学特色、管理特色、教育特色、教学特色、专业特色、课程特色以及行业特色、区域特色、人才培养特色等），依靠自身独树一帜的能力即民办高校的核心竞争力，去赢得顾客、占领市场、超越竞争对手。

（4）整合性。一般情况下，民办高校核心竞争力是由不同的知识、不同的能力整合而成的，很少有单一的某项知识或能力构成一所高校的核心竞争力，核心竞争力是组织或个体不断学习、获得知识、共享知识与运用知识而形成的整合知识和技能。这种整合性有两层含义：一方面是指民办高校核心竞争力需要整合各种资源、综合各种素质才能形成，如技术、制度、文化的整合；另一方面，这种整合具有极强的“情境性”，这种整合机制与相关环境条件是难以模仿和复制的。

（5）动态性。民办高校核心竞争力是一个不断演化的过程。

---

① 周国平，胡一波. 民办高校核心竞争力初探［J］. 黑龙江高教研究，2006（9）：15-17.

根据自组织有序演化原理，当一个开放系统所受的外界作用足够强时，它就会远离原有的平衡状态，进入非线性非平衡临界状态。系统由平衡状态进入非平衡状态，必须有某种推动力作用。提供这种初始推动力的，是系统与环境的相互作用。系统与环境之间不断进行着物质、能量、信息等方面的交换，这种交换以一种稳定有序的方式进行。一旦这种稳定有序的方式被破坏，系统就处于不适应环境的状况，就或者变革自身以重新适应环境，或者被迫解体。如果系统对环境的适应是靠自己的力量建立和维持的，就是自适应。① 高校核心竞争力表现在，它是由国际国内各类各级高校在各学科专业等领域的比较，受到地理区位差异、历史沉淀、总体规模、政府的管理效率以及所在国家的经济、政治、企业、科技等外部环境对高校多方面外部和内部因素的影响。民办高校属于开放系统，其核心竞争力的演化来自于系统与环境的互动，因此具有动态性这一主要特征。这种动态性一方面体现在民办高校的核心竞争力的形成是各方面不断优化整合的一个过程；另一方面体现在民办高校的核心竞争力形成之后，不能始终保持不变，而必须根据内外部环境和形势的不断发展与变化适时进行发展战略调整，以实现核心竞争力的不断升级转换。

二　民办高校核心竞争力影响要素及构成要件

民办高校作为教育组织，像人类其他生产活动一样需要投入土地、劳动和资本作为其生产要素，这样才能实现教育服务的产出。现代经济理论认为，技术、管理以及知识产权和无形资产等都是重要的生产要素，只有当所有这些生产要素实现优化组合时才能形成有竞争力的生产组织。这个结论对民办高校来说也同样成立，即优质教育服务的提供同样依赖于教育活动中各种生产要素

① 苗东生. 系统科学精要[M]. 北京：中国人民大学出版社，1998：127.

的优化组合，同时也需要在充足的资金、优秀的教师、良好的管理以及学校文化等要素之间形成合理的配置。现在有两个问题需要回答：一是“促使生产要素形成有效组合的机制是什么”；二是“什么样的要素组合是学校形成核心竞争力的必要条件”。由于民办高校和公办高校的差异就在于办学机制的不同，民办高校面对已举办数十年甚至上百年的公办高校，要形成自身的竞争优势，必须充分发挥办学机制的优势。因此，本书认为，“促使生产要素形成有效组合的机制”就是民办机制，民办机制也是影响民办高校核心竞争力形成的核心要素。而坚实的资源保障机制、科学的管理运行机制、效益至上的经营机制、敏捷的市场反应机制、严格的质量保障机制、优质的服务供给机制和持续的创新机制则是“民办高校形成核心竞争力的支持要素”，是民办机制在推动核心竞争力形成过程中的具体表现。

（一）民办机制是民办高校核心竞争力的核心影响要素

“机制”原指机器的构造和动作原理，用于工程技术领域。生物学和医学通过类比借用与发展了这个词汇，以表达有机体的内在机理。应用到社会科学领域，机制已成为表达社会活动的某一系统中各要素相互作用的方式、次序和过程的代名词。民办高校的办学机制，是指民办高校的内部系统中各种因素在办学活动中相互关联、相互制约的作用方式和过程，以及由此决定所采取的管理结构、方法和实现途径的行为总和。高校办学机制的实质就是通过设置管理制度，形成组织体制和机构以及管理者的活动，把办学者的主观动机与高校的办学规律及市场经济规律相结合，形成学校办学的内在运作规律，使所办学校既能符合高校的生存及其发展规律，又能满足办学者及社会的需求。① 正确识别核心竞争力形成的影响要素，有助于民办高校在众多的资源与能力之中清楚地了解自己的核心竞争力所在，并在此基础上规划和建立未来的

---

① 赵小和，秦红，鲁开健. 民办高校办学机制分析[J]. 苏州城市建设环境保护学院学报，2002，4(1)：61-65.

核心竞争力;有助于民办高校在发展过程中,不断检测核心竞争力的增长,以调整和修订战略。

根据核心竞争力理论的解释,要成为核心竞争力必须具备以下5个特征:(1)有价值。即核心竞争力必须能够提高管理效率,可以帮助一个组织在创造价值和降低成本方面比其竞争对手做得更好。(2)异质。核心竞争力是市场主体所独有而未被当前或潜在竞争对手所拥有的。(3)不可模仿。如果易被竞争对手模仿或通过努力很容易达到,则其就不可能为自身提供持久的竞争优势。(4)难以替代。一般技术、能力很有可能受到替代品的威胁,但核心竞争力应当是难以被替代的。(5)可扩展。核心竞争力可以通过一定的方式衍生出一系列的新产品或服务,它犹如一个"技能源",由此向外发散,为消费者不断提供新的产品或服务。① 参照上述特征,从目前绝大多数民办高校的具体实际来看,为民办高校所独有、难以被公办高校等竞争对手模仿的东西还不多,学科建设、人力资源、科研实力等总体上落后于公办高校,还难以形成自己的竞争优势,而唯有民办体制,以其灵活、高效的管理为公办高校所望尘莫及。② 因此,本书认为,民办机制是民办高校形成核心竞争力的核心影响要素。

根据美国哈佛大学商学院教授迈克尔·波特于1985年在其《竞争优势》一书中提出的价值链(Value Chain)理论,价值链是一种确定企业竞争优势及寻找竞争方法以增强企业实力的应用工具。每一个企业都是设计、生产、营销、交货以及对产品起支持作用的各种活动的集合,所有这些活动都可以用价值链表示出来。③ 在企业众多的价值链中,并非所有的环节在创造价值上都起到同等作用,那些起关键作用的核心环节称为战略环节。同样,企业核心能力的建立、培育也并不会均等地分散在所有环节上,而要围绕

---

① 王平换. 企业战略管理[M]. 重庆:重庆大学出版社,2002:77.

② 罗道全. 民办体制是民办高校的核心竞争力之所在[J]. 浙江树人大学学报,2006,6(6):23-27.

③ [美]迈克尔·波特. 竞争优势[M]. 陈小锐,译. 北京:华夏出版社,1997:3.

战略中介环节建立、培育和展开,并发挥作用。民办高校工作全过程中的各个环节,构成了民办高校"价值链"结构。这一价值链的每个环节都是构成高校竞争力不可或缺的因素,但所起的作用却不尽相同。第一环节:知名度和招生。知名度影响到招生,影响到学校的生存。知名度既是高校价值链中的起始环节,也可以说是终结环节。第二环节:办学资金和硬件设备。这是高校正常运转的物质保证,也是最表层的竞争力标志。第三环节:学科建设和教学水平。学校要以教学为中心,高校的实力主要体现在学科建设上,重点学科、精品课程和重点实验室是高校教学工作的重中之重。第四环节:科研成果和毕业生。高校的产品,一是科研成果的数量、质量及社会效益,二是毕业生的数量、质量和社会评价。这既体现学校的贡献,也是学校影响力和美誉度提高的关键。第五环节:师资队伍建设。学校知名度的提高、学科建设的上档次、教学质量的保障、科研成果的取得和高素质学生的培养,最终都要取决于教师队伍,即教师的数量、素质、结构、配置、积极性、合作与竞争。第六环节:管理运作体制。这涉及管理观念、指导思想、管理原则、规章制度、承担部门(分工)、管理方法等,只有形成有效的内部管理体制与人力资源管理运行机制,才可能有效地处理好人的问题,保障人的能力的形成、提高、发挥和利用。从以上分析可以看出,前 4 个环节作用的发挥最终取决于第 5 个环节,即决定于广大教师,教师是高校教学与科研活动的直接承担者。而教师作用的发挥又决定于第 6 个环节——管理运行体制,这是保障环节。有的学者因此认为:"人的因素是高校竞争力的核心,而核心竞争力的形成标志是看其保障因素——人力资源管理运行机制是否有效。"①从对上述高校"价值链"的分析我们可以看到,民办高校除了管理运行体制,在其他各个环节都还不具有自己的优势。民办高校的生存和发展,只有也只能依靠自身体制的优势。

我们可以从民营企业发展壮大的实践来分析民办高校的发展。民营企业创办之初,与国有企业、集体企业相比,无任何优势

---

① 马士斌."战国时代"高校核心竞争力的提升[J].学海,2000(5):163-166.

可言：论场地没场地，论资金没资金，论设备没设备，论技术没技术，论声誉没声誉，论产品没产品，论市场没市场，论政策没政策。但发展到今天，很多国有企业的竞争力已经不如民营企业，原本大量的以自己雄厚的资源和技术称雄的国营、集体企业后来却在市场经济的竞争中纷纷败退，而原本弱不禁风的民营企业却在市场竞争中不断壮大。民营企业的生存、发展、壮大靠的是什么？靠的就是机制，就是灵活高效的民营机制。有了这种机制，小的可以变大，弱的可以变强。相反，没有这种机制，强的会变弱，大的会变小。① 因此，民办高校在与公办高校的竞争发展中，唯有发挥机制优势，培育和提升核心竞争力，才能像民营企业的发展一样，在不利的环境中脱颖而出。

（二）民办高校核心竞争力的构成要件

民办高校的办学机制，是一个既具有强大动力又有很强约束控制力的机制，但这不等于表明民办高校天生就具有核心竞争力，民办机制只是民办高校核心竞争力形成的基础。从民办高校核心竞争力的形成过程来看，民办机制应在以下 8 个方面体现其优势，这也是民办高校核心竞争力形成的支持要素。

1．构建坚实的资源保障机制

优质教育资源从来都是稀缺的，因此民办高校核心竞争力形成的关键在于能否利用办学机制的优势，不断吸纳优质教育资源，并不断发展自身整合优质教育资源的能力。

近年，我国开展的民办院校排行指标体系在很大程度上偏向对硬件设施的比较。2004 年《中国青年报》组织的“中国民办院校 20 强”评选，共设置了 9 项评选指标：在校生人数、占地面积、建筑面积、2003 年度收入、固定资产总额、师资人数、师生比例、办学层次和学校所获主要荣誉，这其中有 6 项涉及教育资源和办学条件。在

① 贾少华. 民办高校的核心竞争力及提升[J]. 西南民族大学学报：人文社科版，2004，25(10)：378-381.

“2003 广东民办院校竞争力 20 强”评选中，指标体系由基本资源、师资力量、学生情况以及科研情况 4 个方面构成。其中：基本资源包括校园面积、建筑面积、图书数量等指标；师资力量包括教职工总数、副教授与博士以上教师比例、助教与硕士以上教师比例等指标；学生情况包括在校生总数、毕业生总数、四级通过率、学生来源等指标；科研情况包括科研经费、发表论文数等指标。自 2002 年起“中国校友会网大学评价课题组”连续 5 年开展了中国大学评价研究工作，为全面客观反映我国民办高校综合办学能力状况，中国校友会网、《大学》杂志社、《21 世纪人才报》联合编制了《2007 中国民办大学排行榜评价指标及权重分配》，一级指标、二级指标、三级指标中关于资源保障的相关指标均占据较大的权重(见附录 7)。

一般来说，坚实的办学资源保障机制主要体现在物质资源保障机制、人力资源保障机制与财力资源保障机制三个方面。

首先，从民办高校物质资源保障机制角度分析。当前，不少民办高校招生竞争力弱，其中一个重要原因就在于学校的教学设施水平较差、办学条件简陋、技术含量低。因此，从物力资源的整合来看，物力资源的能动作用是不可忽视的，它是民办高校核心竞争力形成的物质基础，其主要包括那些能直接看到的、能计量的实物资产，这是民办高校最基本的办学条件。没有这些条件或对这些物力资源整合不好，民办高校的核心竞争力就不能物化，就是空中楼阁。① 实践证明，获得持续、快速发展并已在一定程度上形成核心竞争力的民办高校均有着比较良好的办学条件。如黄河科技学院现占地 2 700 亩，校舍建筑面积 35 万平方米，下设 12 个学院，在校生 1.7 万人。西安翻译学院现占地 2 200 余亩，校舍建筑面积 56 万平方米，现有在校生3.6万多人，净校产已达 6.5 亿元。西安外事学院占地面积 3 000 亩，在校生 4 万人。西京学院占地面积 1 320 多亩，在校生 3.1 万人。江西新亚学院占地面积 3 000 多亩，在校生 1 万余人。北京吉利高校办学初始投入资金 5 亿多元，现校园占地 1 600 亩，总建筑面

① 周国平，胡一波. 民办高校核心竞争力初探[J]. 黑龙江高教研究，2006(10)：15-17.

积40万平方米,在校生2万多人。仰恩大学现占地2 500余亩,校舍建筑面积60余万平方米,在校学生1.1万人。浙江万里学院现占地1 171亩,建筑面积46余万平方米,在校生1.43万人。①

其次,从民办高校人力资源保障机制角度分析。根据现代管理理论,人是一个组织发展最核心和最重要的因素。一所高校之所以具有活力和竞争力,关键是人的因素。② 一个组织如果失去了人的因素,就失去了存在的根本基础和价值。核心竞争力作为一个组织长期优于竞争对手的整体能力,其来源于组织内各种能力的有效整合。组织成员是这一整合过程的主体,掌控着核心竞争力从形成到提高再到更新的每一个环节,从这个意义上说,人的主体性的发挥是核心竞争力形成和发展的持续动力所在。同时,人还是各种要素能力的物质载体,其质量和数量从根本上决定着核心竞争力形成的规模与档次。人力资源能否成为民办高校核心竞争力的一部分,在很大程度上又取决于吸纳、转化、运用问题,民办高校如果具有良好的吸纳、转化、运用人力资源的机制,就会增强对人才的凝聚力,从而使人才的潜能发挥到最大;反之,则会人不能尽其才,才不能尽其用,人心涣散,人才流失严重。③

民办高校的声誉不仅取决于学生的质量,而且取决于教师的水平。师资的竞争是高校竞争中最突出的环节,因此不少高校通过提供丰厚的待遇来吸引有名的教授。师资在高校人才培养、学术研究、科技创新中起着中流砥柱的作用,可以说,谁拥有了一流的师资,谁就能独领某一领域的前沿优势。牛津、剑桥、哈佛、斯坦福等高校都以拥有世界级大师而闻名。高校为了提高自身地位,必然会激烈争夺优秀教师。因此,民办高校要发挥办学机制的优势,建立高效的人力资源管理机制,关键是要建立起科学的用人机制和分配机制。公办高校尽管普遍实行聘任制,在分配上也都建立了奖惩制度,但由于

---

① 张清献.从校训看国外私立和我国民办高校的民办理念[J].黄河科技学院学报,2005,7(1):39-42.

② [美]斯蒂芬·P.罗宾斯.管理学[M].北京:中国人民大学出版社,2000.

③ 周国平,胡一波.民办高校核心竞争力初探[J].黑龙江高教研究,2006(10):15-17.

公办体制固有的弊端，改革往往不彻底，“终身制”、“大锅饭”的本质无法得到改变，而仅仅是面上的政策微调。尽管有很多人力资源管理理论的指导，但公办高校中大量的高智商、高业务素质、高学历、高职称人员的积极性却难以得到充分激发和调动。民办高校人员由教师、学生和管理者三部分组成，其核心竞争力也应该由这三部分人所形成的核心竞争力构成：教师的核心竞争力、学生的核心竞争力和组织管理的核心竞争力。从教师的核心竞争力方面看，高校是一种人才密集型的社会性知识组织；从运作方式来看，高校的核心竞争力在很大程度上等同于教师的核心竞争力。教师是一种高层次的人力资源，属于学有所长的专门性人力资源。具体来说，教师是指一定范围的人力资源总体中，具有履行教育教学能力和职责的专业人员的总称。教师人力资源最终决定着民办高校的教学质量、毕业生质量和科研水平。

比起教师实力雄厚的公办高校，对于起步较晚的民办高校来讲，教师人力资源显得更加关键，师资队伍建设是民办高校核心工作之一，人力资源是民办高校核心竞争力的重要组成部分。加州工学院学生虽然不足2 000人，但却是知名度很高的一流高校，原因就是它拥有“大师”级的人才，如冯·卡门等。教师的核心竞争力包括教学能力、科研能力、学术知名度等。学生的核心竞争力也影响到高校的核心竞争力。虽然学生是高等教育的消费者，但学生被某所高校吸引的程度却是衡量高校核心竞争力的标准之一。学生以直接或间接的方式影响着高校的运行和发展，学生的素质和能力其实是高校的一个窗口。学生无论在学校期间还是毕业后，对学校的影响都是巨大的。哈佛大学、耶鲁大学为什么在世界上那么出名？很大程度上得益于它们培养出了杰出的学生！这些学生反过来又给母校以丰厚的效益回报。比如，耶鲁大学的毕业生中，曾有5位当上了总统，有13位获得了诺贝尔奖。而一提起哈佛大学，美国人就会说“先有哈佛，后有美利坚合众国”，这是因为哈佛大学造就了许多杰出的政治家、科学家、文学家和企业家，毕业生中曾出现过7位总统和30多位诺贝尔奖获得者。这一系列的数字并不只是一串符号，它们对于哈佛大学、耶鲁大学知名度的提升和效益回报是实实在在的。此外，从组织管理的角度看，民办高校的核心竞争力是由不同的资源和能力整合而成的，很少有某一种资源或能力能够成为组织的核心竞争力，因而这就需要组织管理者对资源和能力进行整合。整合的水平和效益取决于组织管理的水平和能力，它包括大学组织管理者的认知与竞争预见能力、期望水平、善用资源的能力、创新能力等，即组织管理的核心竞争力的高低。①

最后，从民办高校财力资源保障机制角度分析。民办高校的办学活动是一项耗资巨大的事业，对学校建设和发展等固定资产所需资金、日常运行所需资金的筹集和投入，举办者负有全部责任。因此，财力保障机制对于民办高校来说就成为一个生死攸关的大问题。民办高校必须发挥办学机制的优势，保证学校所需资金能及时筹集、准时到达，并且不受举办者投资办学的信心、股东单位经济发展的景气程度、银行信贷政策的调整和整个教育市场形势的变化所影响。曾经被誉为中国民办教育旗舰的南洋教育集团的破产充分说明，随着高等教育市场竞争的日益激烈，民办高校的经营风险越来越大，拥有充足的财力资源更具有非常重要的意义。

2. 构建科学的管理运行机制

高校是以学科和专业为基础的学术性社会组织，其办学目标的实现离不开有效的内部管理。理论界认为，所谓管理就是群体组织中的管理者，运用他们的权力和权威对被管理者以及其中的人、财、物等进行有计划的组织与控制，以实现预定目标和任务的活动。高校管理涉及方方面面，如机构设置、教学、科研、人事、财务、资源以及学校发展战略、办学定位、教育质量、校园文化等。其管理机制，主要是指高等教育活动中各种构成要素之间的相互关系及其组织结构、机构设置，涉及高校内部的权力分配、责职分工、运行方式等一系列重要方面。

科学的管理运行机制不仅可以成为构成核心竞争力的关键要素之一，同时也是整合民办高校多项技能、资源，使之成为系统化

---

① 朱永新，王明洲. 论大学的核心竞争力[J]. 教育发展研究，2004(7－8)：12-14.

的、强化的核心竞争优势的转化器。在一个组织内部,要素发挥作用的大小取决于系统的组织能力,其核心是科学的管理运行机制。当前,高等教育的迅猛发展以及民办高校规模的急剧扩张,对民办高校的管理运行机制提出了前所未有的挑战,并使其成为民办高校竞争力的结构性要素。科学的管理运行机制不仅是民办高校核心竞争力的重要组成部分,而且是民办高校核心竞争力的生成机制。纵观世界高等教育发展的历史,我们不难发现,那些成功发挥民办高校董事会(理事会)和校长以及社会中介等各种制度设计的优势,充分调动各方积极性和创造性,从而将各种资源和能力进行有效组织、整合和协调的民办高校,都能大大增强其自身的核心竞争力,成为民办高校中的佼佼者。相反,那些忽视组织协调能力的建设,甚至有意或无意地进行内耗,违背高校管理规律的民办高校,没有不落伍的。因此,从增强组织核心竞争力的角度出发,民办高校必须建立起具有较强的市场适应能力、较高的资源利用效率、较低的内部管理成本和有效调动积极性的管理制度与运行机制。科学的管理运行机制包括完善的法人治理结构、科学的决策执行机制、严格的监督约束机制等内容。

民办高校与公办高校在内部治理结构上最主要的区别是,前者存在着出资者与管理者的关系问题。民办高校法人治理结构是指民办高校作为独立的法人实体,在举办者(出资人)、决策者、管理者和教职工等权益相关人之间建立的有关学校运营与权利配置的一种机制或组织结构,以及通过这种组织结构形成的责权利划分、制衡关系和配套机制等一整套制度安排。在这种组织结构中,不同机构依据不同的职权,各司其职、各负其责,相互配合与制衡,以保障学校的正常决策和管理秩序。① 通过这一结构,出资人将自己的资产交由学校董事会托管;董事会作为拥有治理权的常设机构,是学校的最高决策机构,负责制订学校发展规划、遴选校长、确定经费使用原则等重大问题的决策;校长受聘于董事会,作为董事

① 杨炜长.完善民办高校法人治理结构的现实思考[J].高等教育研究,2005,26(8):51-56.

会意志的执行者，在其授权范围内管理学校；教职工代表大会或类似的机构，保障教职工参与学校的民主管理和监督。此外，国外绝大多数私立高校还建立了评议会或监理会、家长委员会及类似的机构，作为服务对象（顾客）参与学校的管理和监督。因此，民办高校法人治理结构，将为改变政府过多干预学校和学校管理者权力失控提供制度上的保障，有利于民办高校的持续健康发展。董事会领导下的校长负责制是民办高校法人治理组织机构的重要特色。从历史和国外的经验来看，这一体制比较适合民办高校的特点，能够极大地调动个人和社会组织投资高等教育的积极性，有利于提高全社会投资教育的整体能力，并从观念和政策上较好地解决资本的寻利性与高等教育的公益性之间的矛盾，有利于民办高校内部重要问题的民主决策，使决策与执行相分离，形成相互监督、相互制约的内部管理机制，避免个别人或小团体垄断学校的决策权，实现专家治校和学校自治。

决策机制如同机体的心脑功能，决策力既是内动力，又是“内动力的动力”即核心内动力，负责内动力诸要素的选择、培植、协调、改善、支持、整合，决策者作出的决策指令从根本上决定着学院发展的兴衰成败。民办高校的决策能力是领导者组织能力、决断能力、政策水平和道德素养的综合反映。只有制定并实施正确的决策，才能确保民办高校的健康发展和办学实力的不断增强，错误的决策往往是导致失败的根本原因。决策是一门科学，民办高校必须建立并运行科学的决策机制，运用科学的决策方式，遵循科学的决策程序，方能避免决策失误，保证形成科学决策，并确保科学的决策能够被自觉有效地执行，以达到预期的目的。不管是哪个民办高校，决策力越强，内动力即办学实力就越具有可靠的保证，各种外力作用于内力时产生的良性效应就越大，在激烈的竞争中立于不败之地的把握就越大。董事会作为学校的最高权力决策机构，把握学校的大局，民营的投资方式要求董事会必须充分反映董事们（办学者）的愿望和利益，督促校长在董事会领导下担负起全面管理学校的职责。一个称职的民办高校校（院）长要具有正确的政治方向和真才实学。任何正确的决策要想得到有效的执行，首先必须使其变成各级负责人的共识，变成团队的共同意志，这是一个不可逾越也绝不可忽视的重要环节。有了共同的认知，才会有共同的行动，才能万众一心，步调一致，使决策得到真正落实，正确的决策也才能真正体现出它的实际意义。因此，在"同是一片天"的前提下，究竟各个民办高校在日趋激烈的新的竞争中前景如何，能否立于不败之地，归根结底还是在自己本身。①

民办高校监督约束机制通常分为两方面：一是以教育市场及法律法规制度为主体的外部监督约束机制；二是以董事会为主体的内部监督约束机制。外部约束机制与内部约束机制既是民办高校面向市场的机制，也是一种法制化机制。法律和制度监督约束，是指国家通过立法或所有者通过制定一系列的规章制度形成民办高校必须遵循的管理运行规则，其基本特征就是法律约束、相互制衡。因此，民办高校在直接面对市场时，必须按照市场运作要求依法办事，必须接受社会各方面的管理和约束。内部约束监督机制的建立，要确立董事会在学校内部控制约束系统的核心地位，建立健全董事会、监事会工作机构和职责，形成所有权、经营权、监督权互相制约的结构。②

3. 构建效益至上的经营机制

在高等教育发展中，效益是经常使用的概念，它是指高等教育投入产出效果的综合评价，包括直接效益和间接效益、经济效益和政治文化效益等。也就是说，高等教育的效益是整体的、综合的。③ 竞争要求所有高校的决策者，永不停息地改善办学条件和提高办学效率。因此，办学成本的高低越来越成为各类高校重视的内容。2006 年初，教育部要求中国高校在办学过程中必须讲求办学成本，要有成本和效率意识。

---

① 杜灿. 试析民办高校的发展动力[J]. 西安欧亚学院学报，2006，4(2)：17-19.

② 赵小和，秦红，鲁开健. 民办高校办学机制分析[J]. 苏州城市建设环境保护学院学报，2002，4(1)：61-65.

③ 潘懋元. 树立教育的综合效益观[C]//潘懋元高等教育学文集. 汕头：汕头大学出版社，1997：350.

民办高校的效益体现学校的产出状况，反映民办高校对社会、对个人的贡献和作用程度。经营就是组织为有效追求目标实现，根据外部环境变化和内部条件进行的以运筹、谋划为核心的综合性活动。在长期的计划经济模式下，我国的高等学校不需要经营，更不必学会经营，一切都在“供给”的序列之中。国家和政府作为供给的主渠道甚至是唯一途径，使高校不必经营就可以获得生存的空间。这种学校管理模式往往脱离市场规律，严重地阻碍着中国高等学校市场化的进程，带来高等学校经营无效益。因此，伴随市场经济体制的建立与完善，在教育管理的经营取向已成为全球性的教育管理发展趋势的背景下，将经营理念渗透到办学活动之中，增强教育管理的经营意识，确立教育管理的经营观，构建出与市场经济体制相适应的学校经营机制，已成为我国高等教育管理体制改革和发展的方向。

民办高校是自负盈亏的高等教育机构，基本上无政府资金来源，办学经费几乎全部依靠自己通过高等教育市场主要是生源市场筹集和融通部分私人资本。这一特点迫使民办高校从其诞生之始便要遵循市场经济原理办学，学会经营，把营销理念引入学校的招生、募款、定位、课程等各个方面，主动适应市场的需要，满足消费者和社会的需求，注重办学的效益尤其是经济效益，因为只有这样民办高校才能在竞争日趋激烈的高等教育市场得到快速、健康发展。

面对竞争更加激烈的高等教育市场，民办高校的经营将可能出现两极分化走势。一种是那些在与公办高校、其他民办高校竞争中脱颖而出的民办高校，它们可以获得更大的市场空间，迅速从粗放式经营的办学模式中解放出来，充分利用社会资源，尤其是利用现代资本市场融资、配置优质资源，将办学作为产业进行运作，变存量资金为增量资金，提升学校的经营水平，彻底从第一次创业向第二次、第三次创业转化。这种转化虽然导致成本总额和生均成本增加，但总收入增加更快、更多，经费结余总量将更加巨大，这是以前民办高校的小本经营无法比拟的。这类民办高校可能发展为扩张能力和竞争力极强的新一代民办高校与教育产业发展的成功典范。另一类民办高校仍然沿袭原来的办学模式和经营思路，依赖资源的节约、成本的降低来实现经费的结余。资源的节约和成本的降低有一定阈限，而且在生源、师资竞争日趋激烈的前提下有些成本是注定要增加的，因此单纯依靠原始的积累办学，必然导致竞争力下降，生源不足，办学成本上升，经费开支结余减少，部分民办高校甚至入不敷出，举债办学，因而极可能倒闭或停办。

从国际视野来看，西方发达国家的教育管理都具有明显的经营取向，“学会经营”已成为西方现代高校日渐推行的一种高等教育管理理念。根据 B. R. Cark 的观点，欧洲的许多高校在管理上也在向经营方面发展：将企业精神推广至学校的每一个角落，以便和学校文化融为一体；加强基础学系自给自足的能力，提升其独立性；拓展和校外，特别是工业界的关系。毫无疑问，学会经营理念蕴涵着深刻的产业化内容，是西方高度发达的市场经济体制在高等教育中的反映。①

需要说明的是，人的教育过程不同于一般产品的加工，不是一种投入、产出的机械化程序，不是一种照单接受式的过程，而是思维、辩论和决策等复杂的智力活动过程，其中包含了受教育者的身心重构过程，也就是受教育者的自我成长过程。在民办高校教育过程中，不存在“教育交换”，教育者与受教育者之间不是遵循市场对等交换原则展开教育活动的。受教育者的成长是多向度、全方位的整体发展。民办高校教育质量评价标准也是多方面的，经济效益只是衡量办学好坏的一个指标，并不代表教育质量的全部。按照市场的原则单纯地压缩支出，并不能真正提高办学效益，反而很可能会有损教育教学质量。因此，民办高校发展在注重经济效益的同时，还要充分考虑教育规律和社会效益。

4．构建敏捷的市场反应机制

世界上一切事物都在变化，唯有一个不变，那就是“变化”本身。

---

① 李钊. 民办高校可持续发展应树立“经营学校”的理念[J]. 湖南城市学院学报，2005，26(2)：52-57.

管理者的核心能力就是预测变化和创造变化。“能够生存下来的，不是那些最强壮的，也不是那些最聪明的，而是那些能对变化作出快速反应的。”民办学校的生存法则，和大自然一切生物的生存法则是一致的。① 西方发达国家的高等教育管理运行机制在现代市场经济体系国家中最能体现市场调节为主的特色，招生入学、安排教学活动、争取科研项目、教师聘任与晋升、学校地位沉浮、教育经费筹措、毕业生求职等，无不受到市场的控制。全面商品化的市场经济模式调节着高等教育管理机制的性质、结构和特点，市场竞争渗透到高等教育系统的每个细胞，是高等教育活动一切领域内无所不在的灵魂。改革开放以来，中国走上了市场经济之路，市场机制已在泛性上向各领域、各行业延伸和浸润。市场经济的根本特点就是让市场去自主配置资源（包括人力资源、生产资料资源、生产要素资源），让各种经济实体到市场中去竞争和发展。随着中国加入 WTO，市场机制得到了更大的发展。

市场机制内在的因素是竞争与本位。由其衍生出的差异化生存与适应、创新与发展，操纵着一个国家、一个集团、一个团队、一个人，在无序中通过博弈原则形成高效的有序规范，并不断地更新着人们的观念，改变着人们的思维方式和价值标准。从一般意义上说，适应市场需要是所有高校的事，但对市场经济催生的民办高校而言，其市场化行为更加明显，其发展壮大的支撑点就是适应市场经济需要。民办高校比公办高校有更大的自主权，因此能适应市场变化及时决策；民办体制有更大的灵活性，没有上下左右更多的制约，因此便于对市场作出快速反应；民办体制具有更强的主体责任，因此对市场的变化会表现出更为主动的关注。从理论上分析，民办高校在适应市场变化方面理所当然比公办高校具有更强的竞争力。

民办高校市场化行为主要表现为：以市场化手段筹措办学经费，通过银行借贷、校银合作、校企合作等方式共建校舍，教学设备代为购置、分期付款，通过融资租赁等方式加上滚动发展解决资金问题；通过市场化方式争取生源和高水平师资；以市场需求为导向设置专

① 卢志文. 民办学校内部管理机制研究[J]. 江苏教育，2007(4)：24-26.

业，以行业及岗位需求为导向设置课程；以市场化方式进行学校品牌形象宣传和包装，包括校名的选定、学校统一视觉识别系统的建立、对外广告宣传（宣传经费的保障）；以教育营销理念指导学校招生和学生就业工作等。实践证明，凡能坚持以市场为导向，善于利用市场规律，构建起敏捷的市场反应和调节机制的民办高校，在市场竞争中就能具有较强的竞争力。

创办于20世纪80年代初期的西安翻译学院，根据市场需要将“通才教育”的构思演绎成“外语＋专业＋现代化技能”和“专业＋外语＋现代化技能”双专业复合实用型涉外人才的两种教育模式，满足了市场急需的既懂专业又懂外语的人才需求，铺就了学校毕业生就业的绿色通道，1999年和2000年该校两届近4 000名毕业生在毕业前的6月初就被“抢购”一空，其毕业生连续15年一次就业率高达98%，远远高于许多生源优于民办高校的公办高校毕业生的就业率。该校2002年在江苏省仅有40名计划内招生指标，而将该校作为第一志愿填报的考生就达402名；在河南省计划内招生指标为75名，而将该校作为第一志愿填报的考生就达903名；在陕西省计划内招生指标为1 300名，第一志愿填报者达1 730名。目前，西安翻译学院在校生已达3.3万人，多年保持了全国办学规模最大民办高校的地位。我国国学大师季羡林赞扬西安翻译学院很好地解决了教育史上人才和市场的结合问题。①

5. 构建严格的质量保障机制

历史退回到20多年以前，东西方都没有像今天这样为质量问题所困扰，正如英国学者Salis所说：“大约在10年前，质量及质量保证这些术语还被人们认为是含糊不清的东西。”今天，当各国高等教育正由精英教育阶段向大众教育阶段迈进同时面临国际化大趋势时，高等教育质量已成为全社会关注的焦点。因此，高等学校若要成功地提升自我、发展自我，提高教育质量是关键。教育服务质量，是指

① 王培英，张世全. 我国民办高等教育的历史使命——创建世界一流大学[J]. 现代教育科学，2004(6)：24-27.

学校教育服务的固有特性满足社会和学生要求的程度。这些要求包括社会对人才的要求、家长对孩子的期待、学生身心发展的需求等。具体来说，学校教育服务的质量如何，主要看学校能否向学生提供优良的设施、设备和环境，能否按照社会需求向学生提供适用的知识、信息、技能和方法，能否向学生提供提高素质、提升思想、增进道德以及认识世界、改造世界的经验和能力。构建严格的质量保障机制，是指民办学校在教育教学过程中确定的对影响教育服务质量因素进行监督与控制的流程体系。它要求对教育教学全过程进行精心设计，学校中所有的人员都要参与质量管理，树立质量观念，并担负质量责任。①

美国私立高校十分注重办学质量。根据2006年《美国新闻与世界报道》的评选，综合排名前10位的哈佛大学、普林斯顿大学、耶鲁大学、宾夕法尼亚大学、杜克大学、斯坦福大学、加州理工学院、麻省理工学院、哥伦比亚大学和达特茅斯学院，大部分是私立大学。另根据2007年《美国新闻与世界报道》的数据，全美前250位大学排名中，第一名为普林斯顿大学，第二名为哈佛大学，第三名为耶鲁大学，均为私立大学。这些高质量的私立高校培养了大批优秀的人才，不仅为美国甚至为人类的进步发展作出了重要的贡献，充分体现了私立高校卓越的办学质量。如被誉为美国政府“思想库”的哈佛大学，先后诞生了7位总统、39位诺贝尔奖得主、41位普利策奖获得者、10多位最高法院长官以及无可计数的国会议员，叱咤世界政治舞台的国际关系学家、沟通中美关系的基辛格博士就是哈佛大学的毕业生。美国五百强集团的顶级决策者中，有三分之二来自哈佛大学商学院。耶鲁大学是美国第一所有资格授予博士学位的私立高校，康奈尔、普林斯顿等著名高校的创始人或首任校长都来自耶鲁大学，因而耶鲁大学也被誉为美国学院之母，它造就了电报的发明者莫尔斯、《美国国语辞典》的编撰者诺亚·韦伯斯特、民族英雄内森·黑尔等人。在美国43位总统中，福特、乔治·布什、克林顿和小布什都出自耶鲁大学，所以耶鲁大学也堪称“总统的摇篮”。

---

① 卢志文. 民办学校内部管理机制研究[J]. 江苏教育，2007(4)：24-26.

民办高校教育教学质量体系是以市场需求为导向，以提高教育教学质量为目标，运用全面质量管理的概念和方法，依靠组织内外机构，以学校质量保障为基础，把各部门、各环节的质量管理活动有效地组织起来，形成一个既有外部监督又有学校内部保障、任务明确、职责与权限相互协调、相互促进的质量管理的有机整体。建立民办高校教育教学质量体系，既是高等教育大众化背景下社会对民办高校质量质疑的回应，也是民办高校质量维护与改进提高的需要。由于兼有"认可性"和"发展性"高等教育质量保障的效能，使得民办高校教育教学质量体系具有鉴定、诊断、调控、监督、导向和激励等多项功能。①

因此，对我国任何一所民办高校来说，质量都是学校改革和发展的核心问题，是学校办学的生命线，是体现办学理念和办学宗旨的关键所在，是打造社会形象最重要、最根本的手段。提高质量永远是经营民办高校、发展民办高校的重要内涵。一所在市场化过程中能够赢得广泛社会赞誉的学校，必然是教育质量的典范。没有较高的人才培养质量，学校就很难持续、有效地赢得高等教育的生源市场，生源的不足必然影响到学校供求的平衡，进而影响学校的经营与发展。

一般来说，教育教学质量的提高主要依赖以下诸要素：紧贴社会和企业市场需求的专业设置及合理的课程体系；高水平、比较前沿的教材的选用；不断发展壮大以求雄厚稳定的师资力量；现代教学手段的推广、普及和运用；教学改革及科研活动的开展及其效果的推广应用；教学实习、实训条件的完善及其被充分地利用；学生素质的全面拓展及综合素质的提高；良好的校风、教风、学风的培养和形成；科学合理的教学管理体系的建立与运行；严格的教学质量评估监测体系和规章制度的建立与有效执行等。② 民办高校构建严格的质量保障机制，就是要始终把教育质量的提高作为学校办学目标的核心内容，培养出

---

① 陈新民．构建民办高校教育教学质量管理保障体系［J］．浙江树人大学学报，2008，8（1）：10-14.

② 杜灿．对民办院校打造良好社会形象问题的思考［J］．西安欧亚学院学报，2007，5（1）：7-10.

既适应社会发展需求又适应市场竞争，具有科学思维和实践创新能力、综合素质与技能全面发展的应用型与实用型专门人才。走以质量求生存、以质量赢市场、以质量谋发展的可持续发展之路，是培育民办高校核心竞争力的根本。

当前，我国民办高校越来越意识到质量对提升学校核心竞争力的重要性。黄河科技学院院长胡大白认为，民办高校面临多方面的压力和挑战，最突出的是教学质量。把参差不齐、起点不高的学生培养成合格人才，实现宽进严出是最大的难题，也是全力追求的目标。为此，黄河科技学院多年来采取了许多强有力的措施，如不惜重金延聘优秀教师，实行小班上课，灵活设置课程，适当增加课时，购买现代教学设备，改革教学方法和教学手段等，千方百计提高教学质量，力求教学质量达到或超过公办高校同等学历层次的水平。

目前，我国不少民办高校由于办学质量的不断提升，其正面辐射效应已得到显现。如江苏三江学院由于良好的办学质量，毕业生的就业率多年保持在100%，即使在公办高校多年连续大幅扩招的情况下，仍保持了充裕的生源，如2001年该校在江苏计划招生1 550人，而第一志愿报考的有2 600人。浙江树人大学因其良好的办学质量连续几年生源爆满，2000年、2001年计划招生数分别为2 100人和3 000人，而第一志愿报考的上线生达4 300余人和5 000余人。进得来、留得住、学得好、出得去，学校信誉良好、质量过硬、就业率高、生源充裕，树人大学已经形成一个持续发展的良性循环。①

根据实施民办高等教育质量保障的主体不同，民办高等教育质量保障体系可以分为内部保障体系和外部保障体系两个子体系。两者的关系是“以内为主，以外促内，内外并举，共同实现对高等教育质量进行保障的功能”。外部保障体系是民办高等教育机构外部的质量保障系统，包括政府、社会、市场、家长等外部力量对民办高等教育质量进行的质量保障活动。内部保障体系主要负责民办高等教育机构内部的质量保障活动，包括成立专门的质量保障机构、优化组织体系，以及抓好教学检查、听课、学生评教、教师评学、教师评教学管理、教学督

---

① 徐绪卿. 首批民办高校发展经验的思考[J]. 浙江树人大学学报，2002，2(2)：3-8.

导、系部教学工作评估、毕业生质量调查评价等教育质量监控的关键环节，以确保民办高校教育质量处于全方位、全员监控之中。①

6. 构建优质的服务供给机制

从市场的观点出发，高等教育机构与社会之间的关系可以理解为一种交换关系。通过提供教育服务，高等教育机构从社会得到等价报酬。然而，高等教育机构不是营利性企业组织，它从社会得到的等价报酬是一种来自于社会的支持。具体而言，公办高等教育机构得到政府的财政支持，而民办高校的直接支持者则是教育服务的消费者（学生本人及其父母）。在这里，教育服务是连接高等教育机构与社会的媒介物，高等教育机构从以往的"知识的共同体"逐步转化为"知识的经营体、企业体"。伴随着这种变化，学生的角色也出现了根本性的转化，他们成为"知识的顾客"。这一特征在利用市场机制运作的民办高校中反映得尤为清晰。一方面，各民办高校利用自身的教育资源，在各自的办学理念、教育风格引领下，开展知识、技能的生产和传授活动；另一方面，作为教育的需求者和消费者的学生则是基于个人对未来目标的设计以及学习积极性，来开展其知识和技能的消费与学习活动。②

我国民办高等教育目前正处于由第一次"洗牌"阶段向第二次"洗牌"阶段转化的过程，即高等教育资源由"稀缺型向选择型转变"，由"卖方市场"向"买方市场"转变，由单纯追求学历层次向多元化、个性化的职业教育发展转变。高等教育完全进入到第二次"洗牌"阶段以后，人们将不再担心能否接受高等教育，而是担心能否找到与自己职业发展相匹配的优质高等教育。因此，在这个阶段中，即使拥有独立发放学历文凭的资格，如果不能很好地满足"顾客"需求，也避免不了被淘汰出局的命运。③ 学校每个部门、每位教职员工均担负着直接或

① 孔德文. 创建高水平民办大学的思考[J]. 理工高教研究，2007，26(1)：74-85.

② 张艺，鲍威. 民办高等院校教育满意度的实证分析[J]. 中国高教研究，2005(3)：45-47.

③ 曹勇安，王蓓，于润林. 中国民办高等教育的回顾与展望[J]. 国家教育行政学院学报，2006(7)：40-45.

间接为学生服务的职责，其提供的服务质量高低，直接关系到学生学习质量的好坏以及学生本人及家长、用人单位和社会等对学校的评价，进而影响学校在招生、毕业生就业等环节的市场竞争力，直至关系到整个学校的持续发展乃至生死存亡。

许多民营企业的取胜之道，就是以自己的优质服务建立起自己的"比较优势"。民办高校在竞争中也要避资源、技术之短，扬服务之长。民办高校的收费标准是公办高校的两倍甚至更多，这在客观上要求民办高校除了保证教学质量外，还要提供比公办高校更优质的服务，树立强烈的为学生服务、为社会服务的意识。民办高校建立的时间普遍比较短，与市场结合得比较紧，因此能克服大多数公办高校固有的弊端和不足，真正建立起优质的服务供给机制。

"为学生服务"就是要构建起为学生提供全方位服务的机制，把学生视为服务对象，着眼于学生的发展，这是民办高校"以人为本"教育观的体现。民办高校为学生服务在着眼宏观大局的同时，也需要从小处和细节着手，更直接地体现学校办学的服务意识和服务精神。如三江学院在招生咨询时，能站在考生及家长的角度实事求是地剖析三江的优势和劣势，从而赢得了美誉：招生录取时尽一切可能满足考生的第一志愿；新生进校后半个小时左右即可办好一切手续进驻宿舍；实行首问负责制，凡学生及家长提出的问题都要负责到底，凡有事找院长的都能接待和解决；经一个阶段试读后确实需要调整专业的，尽可能地满足学生的要求。学校要求所有教职员工做到"视学生为子女或弟妹"，对教室、宿舍、实验室、文化体育馆等基础建设高要求、高规格，而学校的行政楼却宁可将就在原村委会办公楼，所有这些一点一滴的人性化、亲情化的举措，多少年坚持下来就引起了质的变化，使得三江学院在学生中的口碑越来越好。

"为社会服务"一方面要求民办高校充分发挥教育的经济功能，为经济发展提供足够的人力资源和智力支持；另一方面要求民办高校将教育融入经济之中，作为经济运行中的一个重要链节投入经济市场。美国起初的高等院校以神学、古典科目为主，带有比较浓重的宗教性、本本色彩，但在建国后经济开发的浪潮中，也不得不进行变革。1862 年，《莫雷尔法案》开辟了美国高校培养农工建设人才、满足生产发展需求的社会服务职能，使学院脱离了空中楼阁，继而诞生了在威斯康星全州开展技术和函授教育，积极为地区经济服务为核心的“威斯康星观念”。二战期间，这些私立高校迅速转入战时服务，承担军事科研任务，使得政府在战后更乐意与高校合作。这种良性循环大大加强了高校的物质基础和科研实力。1951 年，著名的私立高校斯坦福大学通过出租土地、转让技术方式建立起斯坦福工业园，开创了企校合作的新形式。

我国民办高校要赢得市场，必须发挥灵活的机制优势，积极适应市场，真正树立为社会服务的理念，只有这样才能获得社会的认可，争取更大的发展空间。

7. 构建持续的创新机制

核心竞争力的根本标志是竞争对手的难以模仿，从而使自身在竞争中具有明显优势。因此，民办高校要在强手如林的竞争中塑造这种优势，必须坚持创新，既不可因循守旧、固步自封，也不能跟在公办高校后面走他们的老路，只有走创新之路，打破旧思想的束缚，充分发挥民办高校不受高等教育旧体制约束的优势，才能形成核心竞争力。民办高校的创新既包括办学体制的创新、价值理念的创新、管理的创新，也包括规章制度的创新和文化建设的创新，还包括学生在自我发展中的创新、教师在教育教学中的创新。简单地说，一切可以提升民办高校核心竞争力，形成差异化优势，为社会、家长、学生认同的开创性活动和行为都可以纳入学校创新的范畴。

从办学机制创新的角度看，随着市场形势的变化和社会变革，民办机制在提升核心竞争力中的具体表现内容也要随之进行调整，这样，竞争的优势才可能得以保持。否则，“竞争优势可能在技术进步和社会发展过程中消失”，“无法预期的变化使得某一时点上的企业的竞争优势不再具有价值，并无法再作为企业的竞争优势，即一个缺少动态的‘核心竞争力’可能很容易转变为明天的‘核心刚性’”。①

① Jay Barney. Firm Resources and Sustained Competitive Advantage[J]. Journal of Management,1991,17(1):99-120.

因此对自身的机制不断进行反省、调整，应成为民营机制提升自身核心竞争力的一种功能，对决策咨询和信息反馈应能予以特别关注，唯有如此，机制本身所具有的竞争力才可能经久不衰。

从价值理念创新的角度看，一个组织的价值观是指在组织内部占统治地位的规范、态度和行为，它是组织文化的一部分。在组织中占主导地位的价值观念是构成核心竞争力的无形因素，它通过影响员工的行为方式与偏好，体现在经营决策和管理的实践中。价值理念的创新是核心竞争力不断创新的动力，当今世界，竞争如此激烈，客观上要求民办高校的价值观与科技发展保持同步，甚至要领先于当前的科技潮流，因此只有不断创新，才会使核心竞争力保持长久的竞争优势。我国一些成功的民办高校正是在创新价值理念（也可以称为"办学理念"）的指引下，实现核心竞争力提升，从而步入良性发展的轨道的。

从管理创新的角度看，包括管理思想创新、管理组织创新、管理方法创新和管理手段创新等多个方面。其中，管理思想创新对民办高校管理创新起着导向和决定性作用。面对日趋激烈的产业竞争，民办高校只有结合我国国情，借鉴外国的先进管理思想，总结民办高校改革中脱颖而出的管理新思潮，树立竞争观念、效益观念、信息观念、战略观念、人才观念等各种新观念，才能迅速适应国际教育环境的变化。民办高校要保持可持续发展，必须有未来的远景规划，明确未来的目标，对市场环境进行战略分析，提出符合实际的战略管理规划；必须根据高校发展和市场竞争的需要调整与创新组织结构，充分利用内部和外部资源提高自身的资源整合能力，引进先进的管理方法和技术以及计算机辅助系统，结合高校专业发展情况，改革创新。

从制度创新的角度看，制度创新是决定民办高校竞争力的最重要因素。所谓制度创新，就是要根据市场配置资源和企业生产力发展的要求，不断革新和完善以民办高校的财产制度为核心的各项基本制度，包括组织制度、责任制度和治理结构等。

从文化建设创新的角度看，文化建设创新有利于为提升民办高校的竞争力提供精神支持。只有当民办高校文化，特别是民办高校的精神文化顺应社会发展，融入人们的社会生活，体现时代精神，同时又具有鲜明的民办高校特点的时候，它才能促进竞争力的提升。否则，它不仅不能对提升民办高校的竞争力发挥积极作用，反而还会削弱其竞争力，阻碍其发展。因此，民办高校文化必须不断创新，实现内容与形式的统一、表象与实质的统一，并且与自身的专业特点和经营管理相结合，形成鲜明的个性和独特的风格，这样，才能真正促进民办高校竞争力的不断提升。①

---

① 汉吉月．民办高校核心竞争力构建研究[J]．中国科教创新导刊，2008(22)：21．

第五章

提升民办高校核心竞争力的发展战略

战略概念从其产生至今有一个发展演变过程，它经历了18世纪以前的古代战略时期、18世纪末到第一次世界大战爆发的近代战略时期和二战后至今的现代战略时期。随着战争实践的日益复杂，战争问题空前复杂，政治、经济、科技和精神等因素对战争的影响日益重要。随之，战略一词的内涵更加丰富。英国学者利德尔·哈特首先指出“战略所研究的，不只限于兵力的调动”，而是“一种分配和运用军事工具以达到政治目的的艺术”。1972年，美国参谋长联席会议确定了“国家战略”的定义，将国家战略与军事战略区别开来。战略概念已不仅仅局限于军事领域。①

随着战略内涵的延伸，人们后来较多使用“发展战略”或“大战略”来指称这一概念。发展战略一词首先出现在发展经济学中。美国耶鲁大学教授、发展经济学家A·O·赫希曼在其专著《经济发展战略》中最早将军事上的战略概念移植到发展经济学中，并提出了发展战略的概念。从宏观角度看，发展战略是指从总体上决定人类社会各个领域发展的全局性、长远性的指导原则与谋划。从微观角度看，发展战略是指某一社会系统为谋求自己的最大利益、自身的最优发展，在特定条件和环境中产生出的代表该社会系统意志的方针、目标、政策、任务和基本行动方案等内容。

发展战略无论在哪个领域，就其基本含义而言，都具有以下5个共同的特征。(1)全局性。发展战略规定了一个组织机构总的发展方向，是对处于不断变化的社会环境中的组织机构的未来情况进行的总体表述，是对组织机构未来发展趋势的科学预见和创新思考，是组织机构发展建设的定向器，对组织机构的各方面工作具有指导性意义。它规定了组织机构在不同发展阶段的发展目标，以及实现这一目标的途径和方法，并指导和激励全体组织成员为实现这一目标而努力。组织机构的发展战略一旦制定，必须能够统一组合全体成员的目的与意志，反映每个组合成员个性中的共性，同时相关管理部门必要时应制定一系列政策以保证组织机构发展战略的顺利执行。

---

① 阳荣威.后合并时代高校的选择：战略联盟[J].高等教育研究，2005，26(9)：57-61.

(2) 科学性。组织机构发展战略的制定不是盲目、没有根据的，必须建立在制约该系统的外部大系统以及系统内部各个子系统客观发展规律的基础上，建立在对于系统及其相关因素的现状和发展趋势的调研与预测的基础上。即组织机构发展战略的制定既要考虑外在的国家政策、法规和社会改革的影响，又要考虑组织机构内部各种因素的制约，只有将二者统一协调起来，才能使制定出来的组织机构发展战略更具科学性。(3) 竞争性。伴随着知识经济、信息时代的到来，任何一个组织在面临着巨大发展机遇的同时都面临着激烈的竞争。因此，在制定发展战略时，要广泛准确地了解社会发展的最新动向，要善于在纷繁复杂的各种信息当中捕捉那些最有利于组织机构发展的信息。唯其如此，才能多渠道地去争取更多的经费，吸纳更多的专家，以促进组织机构战略目标的早日实现。(4) 长远性。发展战略不仅是组织机构对当前工作的设计和规划，更侧重于以谋划组织机构的中长期发展目标为主要目的，着眼于组织机构的未来发展。所以，必须从组织机构生存和发展的战略高度思考与处理问题，增强责任感，处理好组织机构发展中的长期利益和短期利益的关系、整体利益和局部利益的关系、发展和稳定的关系以及质量与效益的关系。用发展战略规划的要求指导管理者，能够避免和减少短期行为、盲目行为、功利行为的发生，有利于组织机构的可持续发展。(5) 稳定性。发展战略规定了组织机构的发展方向、发展目标等，组织机构的每一项具体计划都是为了实现发展战略规划，任何偏离组织机构发展战略规划的行为都将失去意义甚至会产生负面影响。可见，组织机构发展战略规划一经制定，就成为一个纲领性文件，将在一定历史时期内具有相对的稳定性，组织机构上下都必须为完成这一战略任务而共同努力。否则，就会使团体成员失去前进目标，无所适从，产生失望、空虚和不安全、不信任感。①

高校对发展战略规划的需要程度是以高校办学自主权大小为前提的：高校办学自主权越大，对发展战略规划的需要就越大，发展战

① 邓伟，李媛媛. 新形势下高校发展战略的若干思考[J]. 未来与发展，2005(2)：56-58.

略规划就越能得到重视；反之，高校办学自主权越小，甚至没有办学自主权，发展战略规划就越没有生存的空间。① 民办高校作为具有高度办学自主权的高校，其制定发展战略规划的意义是显而易见的。民办高校发展战略就是民办高校为迎接新的环境及对手等各方面的挑战而制定的行动方案，是为形成和维持竞争优势以培育和提升核心竞争力为目标，谋求学校的长期生存与发展，在综合分析外部环境和内部影响因素的基础上，以正确的指导思想对学校的主要发展目标、达到目标的途径和实施的具体程序进行全面的总体谋划。本书提出的品牌战略、特色战略、规模效益战略、多元战略、引资战略、人才战略、管理战略、营销战略、文化战略等，都是基于民办高校核心竞争力的提升而提出的。

一　品牌战略

核心竞争力是高校形成长期竞争优势的基础，并为其形成长期的持续竞争优势提供了可能。核心竞争力不易被模仿，一方面因其所独具的特色性；另一方面因为各种显性要素力共同作用导致核心竞争力的隐性化。核心竞争力是一种经过整合的隐性能力，而模仿的只能是一些显性的东西，这正是核心竞争力难以被模仿的原因。其隐性化的特征，不便于别的高校直接把握，从而给实际操作带来了一定的难度。核心竞争力这一隐性能力必须通过某种显性载体体现出来。从外在表现来看，高校核心竞争力体现在高校品牌的影响力和控制力上，这不仅因为品牌是高校核心竞争力的综合体现，是与竞争对手相区别的标志，是人们认知的基本标识；更因为品牌能够获得可持续的差异优势，从而构成一个特定产品的价值。所谓“差异优势”，其核心要义是相对于其竞争者来说的，是顾客更喜欢该品牌的理由；所谓“可持续”，则意味着一种不容易被竞争者模仿的优势特

① 刘小勇，等. 关于制定高校发展战略规划的理论探讨[J]. 黄河科技学院学报，2006(3).

征，这种优势不可逆转地导致了市场中的高额利润和良好的市场运行情况即市场份额。①

（一）民办高校品牌战略的内涵

品牌是一个经济学概念，指用以表示某个销售者或某群销售者的产品或服务优于竞争对手的产品或服务的名称及其标识。虽然高等教育不是企业，教育活动与经济活动在本质和目的上有着根本的不同，但在过程之中尤其是管理和运作方式上则有相同或相似之处。民办高校的品牌战略就是指学校面对复杂多变的环境，对其能成为品牌的某一方面或办学活动进行的整体性谋划。

作为一种文化现象，品牌是承诺和信誉，是一种蕴含着巨大财富的无形资产。高校作为人才荟萃、知识密集、以培养与造就人为己任的"特殊企业"，面临同样激烈的国际教育市场竞争，品牌对其生存和发展也起着同样重要的作用。高校品牌体现了一所大学在创建、发展及从事知识生产的过程中逐步积淀下来的、凝聚在一所大学名称中的、跨时空的社会认可程度。不论是公办高校还是民办高校，品牌都是学校的灵魂和生命，是进入教育市场的通行证、占领教育市场的王牌。高校品牌不仅表征着高校校内环境、教学组织、管理风格等方面，而且还表征着高校特有的不可直观的精神文化、科研学术、人才培养模式等。②

高校品牌的形成是一种动态的、深层次的过程。它不仅需要人们依据高校活动的某些表象作主观判断，更需要人们依据高校持久地、锲而不舍地为实现目标而奋斗的客观事实，全过程、全方位地作出综合判断。高校品牌是内在的本质特征和外在的社会影响相结合的产物。高校的校园环境、建筑风格以及给社会公众的直观印象都是可直接感知的"外形"，而高校内部的运行机制、精神文化、管理风

---

① 刘小勇. 品牌经营：打造民办高校核心竞争力[J]. 西安欧亚学院学报，2007，5(3)：14-44.

② 钱强. 新形势下民办高校形象塑造的几点思考[J]. 温州大学学报，2001(2)：40-42.

格等一整套不可直观的“东西”则是高校的“内质”。高校品牌是“外形”和“内质”相互交融、相互整合的有机统一。

（二）民办高校品牌战略的价值分析

品牌无论对高校、对学生还是对社会都具有重要的价值效应。一个知名的民办高校的品牌，不仅可以压缩竞争者的生存空间，而且能为自身创造新的增长空间。品牌声誉的溢出效应使民办高校获得招生链和就业链的先手优势，获得在同类高校中的领导者地位，获得社会资源的不断涌入。品牌的增值相对于资本的增值往往是惊人的，品牌已经成为民办高校竞争的原子核。谁能拥有品牌并成功地运用品牌战略，谁就能获得办学优势，赢得教育市场。品牌既是高校资源、优势、实力、管理和社会声誉的结晶，也是高校的内在素质通过社会检验的结果；既是学校办学质量、办学特色的体现，也是学校追求的境界和目标。可以说，未来的高校竞争很大程度上就是品牌的竞争，没有品牌的竞争是无力的竞争，没有品牌的高校是危险的高校。从民办高校实施品牌战略后对其内外部公众的影响来看，民办高校品牌战略价值包含外部价值和内部价值两个方面。

1．外部价值

民办高校实施品牌战略的外部价值主要体现在三个方面：

（1）创立品牌有利于为民办高校发展赢得广阔的市场。品牌形象是消费者对企业及其产品的综合评价，是品牌在人们心目中的地位和形象。品牌形象对物质生产至关重要，对学校经营与发展同样有着不可低估的作用。优秀的品牌形象标志着社会的认同、人们的信赖和质量的保证。学校品牌是一种无形资产，也是学校经营能力、经营水平、经营状况的综合反映。实施品牌战略有利于提升学校无形资产价值。一个学校的品牌地位越高，其无形资产价值就越大。而且，通过无形资产的增值可以带动有形资产的增加，减小民办高校发展空间受到的挤压，提升办学效益。如有品牌的民办高校可以用“品牌信用”取得贷款、吸纳社会资本，可以谋求长期的可持续发展。我国加入 WTO 后，一批国外著名高校纷纷抢滩国内市场，在高等教育日趋国际化、多样化的大背景下，民办高校只有通过实施品牌战略，树立自身的品牌地位，以自身的品牌优势积极开拓国内外市场，开展国际交流与合作，以自己的品牌来吸引世界范围内的优秀教师，才能扩大社会影响，赢得广阔的生源市场，提高经济效益与社会效益，实现学校的可持续发展。

（2）品牌的发展有利于促使民办高等教育市场优胜劣汰。我国民办高等教育发展至今，优胜劣汰的受益学校最终是具有较高知名度的高校。例如，西安民办高校已具规模效应，其中一半高校的规模在万人以上，学生来自全国各地，学校资产可以与普通公办高校媲美。剖析其成功的经验，主要是通过艰苦创业打造出了学校品牌，赢得了社会的认可，从而走上了良性发展的轨道；反之，学校如果不注重品牌的塑造，那么当学校发展到一定程度或教育外部因素发生变化时，就会困难重重，步履维艰，处于被市场淘汰的困境。

（3）品牌效应有利于带动民办高校相关产业和区域经济的发展。随着高等教育规模的扩大，民办高校置身于社会大系统中，它依托品牌发展壮大，并作用和带动了相关产业的发展，蕴含了更多的就业机会。如众所周知的英国名校牛津和剑桥，除了教学楼、住宅楼、学生公寓外，以教师、学生及其家属为对象的服务业、教育用品业、建筑业、信息业遍布全城。另外，围绕着斯坦福和伯克利两所大学的美国“硅谷”，分布着 3 000 多家高科技产业和研究机构。由此可见，民办高校可以其独特的品牌优势推动社会经济的发展。

2. 内部价值

对于教师、学校管理人员等内部员工以及股东等学校内部公众来说，民办高校实施品牌战略有利于凝聚人心。从民办高校教师管理的角度看，实施品牌战略有利于激发学校内部成员个体和学校整体的目标融合与统一，对推动人才资源的开发将产生积极的正向效应，能促进学校各项工作得以规范、高效的展开，有利于整体目标的实现。特别是近年来，很多民办高校规模不断扩大，大批量地引进教师。这些在短时期内涌入的大量人才在价值观、知识水平、心理品质以及对学校的认同归属感等许多方面都存在着较大的个性差异，因此民办高校迫切需要找到一种“核心”，以便无形地、潜移默化地把这些无序、离散的“状态”统一起来。而民办高校品牌塑造的目标，恰好反映并满足了内部成员的理想和追求，增强了学校师生员工的自信心、自豪感、认同感与归属感，使每个成员认识到自己在这所学校内的价值，自觉地以学校的行为准则来约束自己、规范自己，形成一种强大的凝聚力，为实现共同的目标而奋斗。

（三）民办高校品牌战略实施的路径

民办高校在实施品牌战略过程中，必须以办学理念为指导，以品牌定位、品牌特色、品牌建构和品牌管理为关键环节，从专业设置、教学模式、管理方式等方面进行全方位、系统化优化，实现民办高校知名度和美誉度的提升，从而在竞争激烈的教育市场中获得竞争优势和比较优势。

1. 强化品牌意识，培育卓越的办学理念。这是民办高校实施品牌战略的根本前提。教育品牌与其他商业品牌有所不同，一个企业可以在短期内打造一个产品的品牌，但是一所高校的品牌却只能形成于长期而深厚的文化积淀之中。高校的文化积淀体现在学校的办学理念之中，办学理念是办学者在教育观念基础上形成的一种指导学校发展的理想和信念，它包括教育观念、大学制度、管理模式、校园文化等要素。办学理念不仅存在于大学名称、建筑物、教学设施和各种物质环境中，而且凝结在全体师生员工的文化认同和价值观念之中。前者仅为高校之体，而后者则是高校之魂，是高校赖以生存的支柱和精神推动力，其创设的那种潜伏、弥漫、渗透于整个校园并体现着学校风范正气的精神氛围，具有神示、启迪、感化学生的作用，不仅激励、统率大学每个师生的意志，还能够穿越校园，在整个社会中获得广泛的共鸣和认可。从世界高等教育的发展状况来看，不乏一流大学具备一流理念的例子。譬如，哈佛大学就一直恪守“追求真理、独立思想、注重人文”的发展理念，麻省理工学院自建校开始就希望“以开创未来的精神，创办一所超过全国所有大学的学院”，而耶鲁大学则鼓励学生追求“光明和真知”，普林斯顿大学把“富有想像力”作为学校的培养目标。一流大学并非天生的、一成不变的，各个类型、各个层次的高校都可能成为一流大学，关键要看有没有追求卓越、敢为天下先的品牌意识和积极进取的办学理念及大学精神。①民办高校要培育自己的教育品牌，首先必须凝练卓越的办学理念，通过办学理念的渗透性和示范性打造自己的品牌特色，拓展民办高校的品牌价值，使民办高校的品牌更具内涵和竞争力。

2. 坚持改革创新。这是民办高校实施品牌战略的不竭动力。教育品牌离开创新便没有了生命力。纵观世界上许多名校的品牌，无一例外地严格遵循着“创新—发展—巩固—再创新—再发展—再巩固”的发展规律。民办高校要以重大的科技成果创品牌，以适销对路的高素质人才创品牌，要积极建设现代大学制度，为创品牌提供机制上的保证。

3. 加强学科建设。这是民办高校实施品牌战略的关键所在。学科方向建设是基础，学科梯队建设是关键，学科基地建设是依托，学科项目建设是载体。作为一种群体和组织行为，学科建设是一个既有计划导向又有市场调节，既要遵循学科发展的内在逻辑又要有行政手段参与管理的过程。一方面要准确定位，确立学科建设的目标；另一方面要建立健全组织机构，加强领导与管理；此外还要处理好重点与一般的关系，选择那些属于国家优先发展领域、具有传统特色和竞争力的优势学科重点建设，形成品牌，进而带动相关学科和弱势学科的发展。

4. 塑造大学精神。这是民办高校实施品牌战略的灵魂依托。面对多元化的文化冲击和空前激烈的竞争，民办高校传统的价值观念受到挑战。民办高校必须以更加鲜明有力的方式塑造和宣示自身的校园文化，激发师生员工的斗志，维系其团结和忠诚。品牌战略与大学精神的一致性表现在：两者都指向未来，能够提供理想的目标，使组织形成凝聚力，使士气得到鼓舞。实施品牌战略充分发挥了大学精神的凝聚、激励、导向、渗透功能，学校管理亦由传统的外在行为控制模式转变为以品牌号召力为中心的文化管理模式，顺应了时代的需要。

---

① 贺尊. 论大学精神与大学品牌[J]. 武汉科技大学学报，2002，4(1)：77-80.

5. 坚持质量为本。这是民办高校实施品牌战略的关键之举。生产出消费者"用得放心"的"产品",是学校品牌管理中最基础的工作,因此,民办高校要特别关注学生的质量培养。民办高校要尊重学生的学习兴趣和求知欲望,尽可能地满足学生选择专业、课程和教师的愿望与要求,以更好地发挥其学习的主动性;在教育活动的各个实践环节,让学生的个性、特长、潜能得到最大限度的发挥,更好地激发创造精神。只有用一流的质量去树立和巩固消费者的消费信心,学校品牌才会真正树立起来并且历久不衰。

6. 树立形象。这是民办高校实施品牌战略的重要载体。首先,民办高校应导入 CI①,创立一个独立的容易识别与记忆的标志系统,包括学校的办学理念、校名、校旗、校徽、校歌、校服等,有效地进行学校特色文化建设,这样不仅可以体现学校精神,反映学校特色,而且还可使全体成员有一种归属感。其次,要营造一个良好的校园环境。校园的建筑、设施、景观等能体现学校的品位和特色,既可向社会展示学校的形象,又可对置身其中的广大师生员工产生潜移默化的导向、激励、熏陶作用。此外,要借助现代传媒向社会广泛宣传,让公众和广大消费者了解学校。可以通过校庆、学术研究、科技成果转让、招生、分配信息发布及组建高水平体育运动队等,推销学校,树立学校的公众形象,提高学校的社会声誉。

总之,民办高校只有遵循品牌建立和发展过程中的客观规律,有计划、有步骤地实施品牌战略,将学校的品牌建立好、维护好,才能赢得更大的生存和发展空间,才能逐步在高等教育机构体系中确立应有的地位。当然,高校品牌的形成是长期积累的过程,不可能一蹴而就,尤其是对起步发展较迟的民办高校而言,学校品牌的树立更需要长期的沉淀和累积,需要民办高校的教育、管理工作者们循序渐进,经历一个长期而艰巨的奋斗过程。

---

① CI(Corporate Identity)设计是 20 世纪 60 年代由美国首先提出的,70 年代在日本得以广泛推广和应用,它是现代企业走向整体化、形象化和系统管理的一种全新的概念。其定义是:将企业经营理念于精神文化,运用整体传达系统(特别是视觉传达系统)传达给企业内部与大众,并使其对企业产生一致的认同感或价值观,从而实现形成良好的企业形象和促销产品目的的设计系统。

二　特色战略

办学特色历来是民办高校的生命线。“同台竞争,凭的是实力特色,实力的强与弱,特色的有与无,直接决定着大学的兴与衰。大学只有形成自己的办学特色才能在竞争中立足”。[①] 富有个性的民办高校要比没有个性或个性不鲜明的民办高校更容易引起社会的关注。个性特色越突出,越具有可识别的清晰性和震撼力。有特色就有优势,有优势就有实力,有实力就有发展。这种发展产生于各种特色所形成的合力:目标的特色产生导向力;学科的特色产生生长力;模式的特色产生发展力;环境的特色产生吸引力;校长的特色产生感召力;教师的特色产生影响力;学生的特色产生竞争力;特色是力量之源,是发展的强大生命力。[②] 实践证明,民办高校走特色化、创新型的发展之道是其优选战略,不仅是其工具理性层面的生存战略,更是其价值理性追求和哲学方法论导引层面的发展战略。民办高校的发展必须把个性的雕琢、刻画和彰显放在重要的位置予以考虑。个性就是特性,它与特色是密不可分的,要雕琢、刻画学校个性,就离不开特色的塑造与建设。个性与特色是民办高校具有旺盛生命力和生存发展支撑力的条件与基础,发挥优势,办出特色,创造品牌,彰显个性,具备“人无我有,人有我优,人优我精”的独特风格,方是民办高校得以树立鲜明形象、赢得社会美誉的关键。

(一) 民办高校特色战略的内涵

《现代汉语词典》对“特色”的解释是:事物所表现的独特的色彩和风格等,也就是个性鲜明、独一无二的东西。现代战略管理理论认为,差异化和集中度是组织的基本竞争战略。[③] 而差异化和集中度,

---

① 胥青山.试论大学之特色[J].中国电力教育,2002(2):1-5.

② 黄伯云.特色发展:大学办学之理念[J].高教研究与探索,2003(1):2-5.

③ 王德中.企业战略管理[M].重庆:西南财经大学出版社,1999:40-59.

实际上就是“特色”。差异化，是指组织提供的产品或服务不同于对手的、特别的、独到的构思和做法，因此差异化就是“特色”。集中度，是指要么做大求全、“遍地开花”，要么集中于一点。而无论做出哪种选择，相对于另外一种就是有区别的，有独到之处的，因此集中度也可以认为是“特色”。实施差异化和集中度的战略，其实质就是实施特色战略。

而对于学校，其特色战略的着眼点就是办学特色。办学特色是指学校在长期办学过程中沉淀、积累、形成的办学理念、价值取向、人才培养方式、学科专业建设与科学研究、管理机制、教育风格、师生精神面貌等各方面表现出的一系列相对稳定的特性，是一所学校与其他学校相比所表现出来的独特的办学内涵。它既是一所学校办学过程中的重要依据和具体目标，也是其办学理念、办学目标的具体体现。办学特色的本质是办学独特性与共同性的统一。共性存在于个性之中，个性中包含共性并表现和丰富共性。① 民办高校要形成办学特色，一要有明显区别于其他高校的办学风格与科学定位，这是办学特色的前提；二要有适应社会发展的教育思想与办学理念，这是办学特色的灵魂；三要有独特优势与具有社会影响的学科，这是办学特色的核心；四要有社会互动服务和被社会广泛承认的优秀人才，这是办学特色的标志。② 民办高校的特色战略就是指民办高校通过对学校资源进行有效的整合，展现出与其他学校不同的、具有自己独特个性的、短期内不易被其他学校模仿和超越的竞争优势。

伯顿·克拉克在《高等教育系统》一书中曾对高校追求办学特色的原因作了这样的论述：“当普遍的不景气发生时，没有特色的院校除在经费预算中的固定位置外，对资源没有特殊的权利。作为一个可与其他院校相互代替的院校，可能被负责削减预算的官员选作多余的单位行大手术或破产拍卖。各种各样的公共当局更可能试图

① 张锡侯. 国外私立高等教育的定位研究及启示[J]. 黄河科技学院学报，2006，8(1)：4-10.

② 王乾坤. 以科学发展观指导制定大学发展战略[J]. 理工高教研究，2006，25(1)：35-37.

褒奖那些想办出特色的院校,而不是安于故常的院校。有许多理由促使胆怯的公共院校回避在象征方面平淡无奇,而是力争表明在特定的品质和服务方面以及在与外部支持群体的关系方面的独特性。"①

(二)民办高校特色战略实施的原则

特色战略本质上是种"先导型"战略模式,特色战略的核心在于特色立校、特色强校、特色取胜。民办高校实施特色战略应立足于以下三个原则。

1. 坚持市场导向。真正的特色必须被市场认可,人才市场需求是民办高校发展的前提。学校专业的开设、课程的设置及学生培养的方向都必须面向市场、紧贴市场,随着经济的发展和市场需求的变化及时作出调整和改革。要舍得砍掉与就业市场"对接性差"、"成交率低"的旧专业,办出自己的主打专业、创新专业、与市场零距离的专业。在确定特色项目时,既要立足于本地市场的需求,又要考虑到国内市场的需要;既要研究分析现实市场的需求,又要预测未来市场需求的趋势。民办高校只有适应市场需要,实现适时"转型",才能具备创造领先的可能,才能具备塑造特色的前提。

在欧美发达国家,许多世界一流大学也经历过这种转型。比如,1636年创办的哈佛大学在最初的两百多年里始终是一所培养牧师的学院,主要为宗教服务。1869年,查尔斯·埃利奥特当选为哈佛大学的校长,他决定实行办学方针的两个重大转移,即将教育重心由宗教性学科转移到与现实社会息息相关的学科,从本科转移到研究院,并创立自由选课制。再如,威斯康星大学提出"大学必须为社会发展服务",麻省理工学院培养与工业社会发展相适应的人才,斯坦福大学则创造性地紧靠大学建立科技园区。这些都是转型的典型范例。此外,各发达国家著名商学院的MBA(工商管理硕士)培养所采用的案例教学法,也集中体现了教育为经济社会和企业发展服务的

---

① [美]伯顿·克拉克.高等教育系统——学术组织的跨国研究[M].杭州:杭州大学出版社,1994:96.

办学理念。① 随着知识型劳动者和应用型白领人才需求量的猛增，人才资源的开发已成为我国高等教育发展的不竭动力，也为民办高校的生存发展开辟了广阔的前景。民办高校不能以公办高校为蓝本，走公办高校发展的老路，必须面向市场办出特色，避免与公办高校趋同。只有坚持市场导向，充分发挥市场意识和竞争意识强、面向社会需求办学的优势，才能塑造学校自身的特色，才能适应人才市场需求的大趋势。

2. 发挥比较优势。世界一流的大学并不是每个学科、每个专业、每个分支都是世界一流的，但任何一所知名度高的学校必然有几个学科、专业独具特色，作为其支撑的亮点。以美国著名高校为例，哈佛大学的政治学、医学，耶鲁大学的法学和生物学，霍普金斯大学的医学，斯坦福大学的信息学，加州理工学院的航空工程学，加州大学伯克利分校的理论物理学，康奈尔大学的心血管研究、分子医药学、基因治疗，麻省理工学院的三极管、集成电路、磁存储器研究等，都堪称美国甚至是世界一流。因此，民办高校在建设特色学校的过程中，应实行差异化发展，因校制宜，选择最具本校优势的领域、项目加以重点培育，尽快形成比较优势。

3. 体现地区特色。每个国家和地区在自然、历史、经济、政治、文化方面都有其独特之处。民办高校应分析所处地域的独特性，与自身建设相结合，将地域特色融入自身的发展中，借以增强自身的实力，树立品牌，提高知名度。

南开大学在1928年制定的《南开大学发展方案》中，明确提出以“土货化”为南开大学今后事业发展的指导方针，扭转办学初期一切照搬美国的倾向。南开大学理学院根据天津电机和化学工业的需要，1930年增设了电机工程系，1932年成立了应用化学研究所，以支援中国民族制造业。复旦大学的商科，初设时只有普通商业系，后来大学的决策者敏锐地感到，作为远东金融和商业中心的大上海对商

① 刘卫民. 高等教育创新必须破解的三大难题[C]//王小梅. 建设创新型国家和中国高等教育改革和发展:2006年高等教育国际论坛论文汇编[M]. 天津:天津大学出版社，2007:91-92.

业人才的需求将趋于多样化、专门化，于是他们立即将商科大大扩充，下设银行金融、工商管理、会计学和国际贸易 4 个系。此外，根据经济发展和社会需要，复旦大学当时还设立了一些为社会所急需的系科，如茶叶专修科、农业化学系、市政学系、统计学系等，其中不少均属国内首创。创设社会经济发展所急需的应用学科专业使复旦大学得到了工商事业部门的关注和支援。在当时许多大学"毕业即失业"的困境中，复旦大学许多系科的毕业生却往往"供不应求"。因此，当前我国民办高校的办学定位应立足于所处地域，认真研究当地的经济发展条件、经济发展势头、人才需求规模、人才需求规格和层次，力争服务于当地的经济发展，切实体现民办高校自身的地区特色。

（三）民办高校特色战略实施的路径

1. 要有富有个性和创新意识的校长，并保障校长的办学自主权。校长对于大学，尤其是民办高校来说，是非常重要的。民办高校校长所扮演的角色、所发挥的影响、所产生的效应，比公办大学的校长大得多，因为民办高校特有的管理机制使校长所能左右的事情比公办高校的校长要多得多，能做决策的空间也比公办高校的校长要大得多。可以这样说，民办高校能不能形成特色，能不能充分发挥其固有的潜能，关键取决于是否有位有个性的校长。① 因此，民办高校应通过开放、透明的选拔机制，使那些有才学、有胸怀、有抱负、有能力的人走上校长的岗位。民办高校的校长作为董事会既定方针的执行人，第一任务就是"出思想"，有自己独特的教育主张和办学理念，有思路才有出路。从某种意义上说，一所学校校长的教育理念、认识水平往往决定了该校的发展方向与办学水平。校长的选择对于民办高校的发展起着至关重要的作用，充分尊重校长的办学自主权，是民办高校办学特色形成的必要前提条件。世界上一流大学办学特色的形成，无一不是以学校拥有较充分的办学自主权的制度环境为前提的。

---

① 陈文联. 特色化：民办高校可持续发展的基本策略[J]. 黄河科技学院学报，2006，8(2)：13-15.

2. 要有独具特色的培养模式和专业设置。高校特色化的根本目标是形成特色化的人才培养模式和教育教学模式，而这正是高等学校实施个性化教育实践的基本载体，是高校凸现和强化其比较优势、形成和发挥其“特色竞争力”的重要途径。因此，特色化的人才培养模式是高校特色化的核心，是实现高校可持续发展的关键。① 民办高校在培养模式上应主要体现为“订单式”和“模块式”。“订单式”培养模式就是针对市场的需求，根据用人单位的需要，培养对口的技术过硬的专业人才。“模块式”培养模式是指民办高校的学生在掌握一门技术的同时，要获得若干职业技能证书，如公共英语等级证、IT 程序员证、普通话证等，要成为复合型人才。“订单式”和“模块式”整体上讲就是“一专多能”的培养模式。在专业设置方面，民办高校必须要有符合市场需求和有独特内涵的专业设置。专业特色就是本学校的专业与其他高校同类专业相比所具有的比较优势和独特内涵。专业特色是民办高校办学特色的重要体现，是学校生存和发展的关键因素，是衡量其办学水平和人才培养类型的重要标志。民办高校要发挥办学自主权的优势，紧密围绕社会需求，以需求为核心，因市场设专业，形成能够满足当前企事业单位急需的特色专业人才体系，勇于开拓社会紧缺且公办高校所没有的实用型新专业。

3. 努力形成崇尚开放与创新的机制和氛围。在经济全球化的今天，特别是我国加入 WTO 以后，民办高校必须以广阔的世界眼光和对国际高等教育深刻的理解，把握国际上高等教育发展的大趋势和高校的办学规律，从教育国际化的战略高度审视民办高校的发展空间。全方位的开放、全方位的竞争，要求民办高校必须充分利用世界高等教育资源，在学习和引进国外高等教育成熟经验的同时，积极应对日趋激烈的教育市场竞争，在竞争中提高教育质量和效益，在竞争中形成学校的办学特色，在竞争中提升学校的地位和国际竞争力。开放的教育要求民办高校确立面向世界的办学理念，通过广泛的国际交流与合作，在吸收、借鉴国外高等教育经验和文化成果的同时，

---

① 陈文联. 特色化：民办高校可持续发展的基本策略[J]. 黄河科技学院学报，2006，8(2)：13-15.

传播本国的教育和文化精华，培养具有国际意识、国际交往能力、国际竞争力的创新人才。这就要求民办高校必须置身于国际教育的大市场中，坚持培养目标国际化、教学内容国际化、教学手段国际化、师资队伍国际化、学生来源国际化、教学设施国际化、教学管理国际化、管理人员国际化，在国际化中加快发展，增强实力，形成特色。同时，真正的办学特色还是一个动态发展的概念。民办高校要具有特色地办学，必须不断地进行教育创新，提倡“敢为天下先”的创新精神，最大限度地发挥自主性和创造性，以创新赢得不断发展的空间。北京大学在“五四”时期之所以成为新思想、新文化的摇篮，就是得益于“兼容并包”、敢为天下先的教育创新精神。民办高校只有不断在教育理念、教育体制、教育机制等方面进行教育创新，才能逐步形成自己的鲜明办学特色。这就特别需要民办高校解放思想，发扬大无畏的改革精神，敢于破除旧的条条框框，勇于开拓创新，以改革创新求发展。

4. 厘清多样化和个性化的辩证关系，在多样化的发展中塑造个性。民办高校不仅与公办高校存在许多差别，就其内部来说，各校之间在共性的基础上更多竞显着个性，在性质、类型、任务及办学模式等方面存在着很多差别。从整体上看，民办高校具有种类多样化的特点，既有国家承认学历、独立颁发文凭的普通高等学校，也有诸多非学历高等教育助学机构。在发展模式上，既有单纯依靠学费积累的滚动发展模式，大企业集团或个人投资、捐资、集资、赞助办学的注入式模式，也有公立学校改制运作的发展模式，其办学主体、学校结构、办学机制都呈现出多样化的特征。这些多样化因素的不同组合成就了民办高校的办学个性，多样化的发展为民办高校的个性化发展提供了广阔的空间和机遇。多样化和个性化是辩证统一的。民办高校应根据本身实际及优势进行自我定位，坚持多样化的发展思路，走个性化发展道路，逐步形成各自的办学特色，在特色中求发展，在发展中求特色。

在我国目前民办高校核心竞争力发展战略中，特色战略是许多学校的选择。有一些民办高校因为有了特色而成为市场竞争的强者，但并不是所有的学校都可以塑造自己的特色，高校共性的职能、传统、优势、先进性不是特色,照搬照抄或原封不动移植其他学校的办学模式也不是特色。因此,民办高校特色的形成不是一朝一夕的事情,而是一个长期努力、不断积累、发展和提升的过程。①

三　规模效益战略

经济学理论认为,经济组织存在着"适度规模"的问题。所谓适度规模,即一个经济组织当其规模较小时,生产的成本高而利润低;当其规模扩大时,单位费用将随之下降。规模达到一定水平后再扩张,单位费用不但不会下降,而且有可能上升。前者称为"规模经济现象",后者则为"规模不经济"现象。其中,成本随着规模扩大而下降的规模就是适度规模。高等教育是一种"知识产业"(Knowledge Industry),产业的经营需要运用多种资源,只有适当的经营规模才能有效运用并发挥其效能。如果投入以一定的比例增加,而产出增加的比例远比投入增加的比例要大,就会产生规模收益递增现象,这就是规模经济(Economic of Scale);如果规模扩大到相当程度后,由于组织内部沟通与协调的困难,产出增加的比例低于投入增加的比例,就会产生规模收益递减现象,这就是规模不经济(Diseconomic of Scale)。

改革开放以来,中国民办高校数量增长迅速,但主要采取的是一种"外延式"增长的道路,民办高校学生总数的增长是通过学校数量的增加而实现的。从规模经济的角度看,这种"外延式"的发展方式形成了我国民办院校布点多、规模小、教育资源使用效率低的特点。规模小导致效益低的原因主要有:(1) 生均行政管理成本高。再小的学校也需要一套完整的行政管理机构,即社会组织理论中的"制度化同型性"。如规模为 1 000 人的学校,教务处需要 8 人,而规模 2 000 人的学校,教务处人数为 12 人,这样,规模大的学校就比规模小的学校节省了人均支出。(2) 生均教学成本高。班级规模小导致

① 崔波. 论民办高校的核心竞争力战略[J]. 民办教育研究,2004,3(6):34-39.

教师工作量不足，教学设备利用不充分。从对全国24个省市民办高校的调查情况看，条件比较好的、符合或接近规定标准的只有1/5（200多所），即生均校舍面积达到12.5平方米（规定为10～16平方米），专业设置平均达到6.2个（规定为3个以上），校均规模达到1 300多人（规定为500人以上）。①

从规模发展对民办高校的影响力角度看，规模过小的民办高校不利于拓展办学空间，不利于创出品牌，在激烈的竞争中其生存将受到威胁，发展会举步维艰。我国从20世纪80年代末至21世纪初，是高等教育精英化到大众化的过渡时期，凡是规模小、无校舍、无固定资产、无专职教师队伍的小型民办高校无一不遭遇淘汰的命运。尽管这类小规模高校的创办人中不乏教育界的大师，尽管他们恪尽职守严把教育质量关，可谓兢兢业业，但还是在高等教育大众化的洪流中被淘汰。一批既懂教育又具有企业背景的民办教育家，购置土地、借贷资金建起高规格校舍，不遗余力地扩大招生规模，使一批万人以上规模的民办高校出现在东方地平线上。号称“中国民办教育硅谷”的西安5所万人民办高校、江西3所万人民办高校等，就是在这一时期迅速发展起来的。西安外事学院董事长黄藤曾提出：民办大学没有数量就没有生存，数量是生存的前提；没有生存就没有质量，生存是质量的前提。现阶段情况下，学生学费的上涨空间很小，而扩大招生规模可以增加学费总收入，学费总收入增加了才有可能进一步改善办学条件，提升办学质量；办学条件好了，办学质量提高了，才能吸引更多的学生来就读。但需要注意的是，民办高校规模的扩大总是有限的。“因规模扩大而衍生了新的缺陷，主要是人际关系疏远和行政僵化两大方面。”从这个意义上说，民办高校的适度规模，也就是指学校拥有恰好可以使资源获得充分与适当地运用而不产生人际关系疏远与行政僵化等弊端的适当学生人数。这里，就隐含着“规模性效应”的概念。我们通常所说的“规模效益”，其所要表达的意思是由于一定规模而产生的效益，即“规模性效益”。区分“规模效应”和“规模效益”这两个概念，就是提醒人们不要误以为有

---

① 房剑森.中国民办教育发展报告[M].北京：中国社会科学出版社，2003：16.

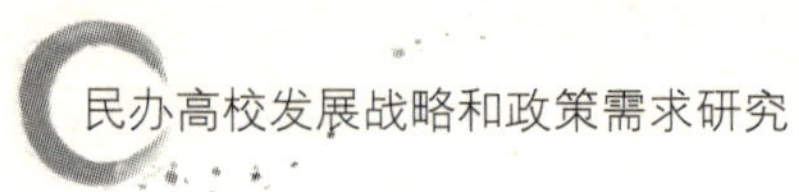

规模就会有效益。①

民办高校实施规模效益战略，必须科学界定学校办学容量，明确自身的生源市场，正确处理规模、质量和效益三者的关系，实现学校办学效益和办学质量的“双提高”。

（1）把握机遇，适度扩大发展规模。作为一个活的有机体，一个国家、一个组织、一个企业、一个学校，只有发展了，才能保护自己，才有生存的可能。对于处于发展初期的民办高校而言，“先数量后质量”是一种重要的策略选择。民办高校如果没有一定的数量规模为支撑，在原始积累过程中就没有生存的空间；在没有统一评价标准的情况下，抓质量只能是在数量发展到一定程度后的选择。以美国为例，美国虽然有100多所研究型大学，但美国高等教育的大众化依托的不是这些顶尖的大学，而是州立大学和社区学院。国外的精英型高校中很少有巨型大学，如世界私立名校哈佛大学、剑桥大学、牛津大学、东京大学，一般控制在在校生均1万多人的规模，普林斯顿大学仅有6 000多人，麻省理工学院仅3 000多人，而巴黎高师是典型的袖珍型精英高校，仅有1 000多在校生。相反，面向大众培养技术应用型人才的大众型高校，其办学规模一般较大。如美国的州立大学、社区学院，规模最大的有5万多人，规模最小的也有2万人左右。大众型大学的典型代表是日本的巨型私立大学，如日本大学现有在校生6万人，居日本第一。我国的一部分民办高校在发展的探索中，从规模发展中获得了激励。这一成功经验使得追求规模的适度扩张，成为大部分民办高校谋求发展的自觉选择。在今后一段时间，国家大力发展的高中阶段教育可为高等教育提供广泛的生源，民办高等教育也将处在十分有利的黄金发展期，客观上为民办高校的发展提供了最佳的生存空间。有条件的民办高校，应适度扩大规模。②需要说明的是，并不是每所民办高校都应该发展成万人、数万人的巨型大学，这是因为具体到每一所学校的规模定位，还取决于三个因素：

① 房剑森. 中国民办教育发展报告[M]. 北京：中国社会科学出版社，2003：16.

② 樊继轩. 高等教育大众化时期我国民办高校的定位. 黄河科技学院学报，2005，7(1)：62-68.

一是学校学科的现有规模以及学校的教育资源；二是所服务区域经济发展的需要；三是办学资金的来源。①

（2）采用目标聚焦策略，明确自己的细分市场。目前公办高校放弃的高考落榜生是民办高校的主要生源市场，这是一个很大的市场，民办高校应当牢牢抓住，以“严出”制约“宽进”。广大乡镇地区也是民办高校招生办学的重点面向。在日本，农民中本专科大学毕业生占40%左右；其他发达国家也有相当比例的农民大学生，如美国占50%以上，荷兰、以色列也在40%以上，这些国家的农民大学生多半是由私立高校、社区学院、技术学院等培养出来的。我国农村现有大约30万个村民委员会，按每个村需要1至3名大学生计算，则需培养30万到90万名农民大学生。如果我国8亿农民中有10%的农民大学生，则需培养8 000万人，而这些人中的绝大部分可由民办高校培养。因此，民办高校积极占领农村高等教育市场是十分必要的。② 2008年10月12日中国共产党第十七届中央委员会第三次全体会议通过的《中共中央关于推进农村改革发展若干重大问题的决定》就提出，要着力拓宽农村基层干部来源，提高他们的素质，整合培训资源，广泛培训农村基层干部，增强他们带领农民建设社会主义新农村的本领；要扎实推进农村党员干部现代远程教育，两年内实现全国乡村网络基本覆盖。民办高校抓住这一契机，不仅可以为我国新农村建设作出贡献，而且有利于促进自身的发展。当然，民办高校除以落榜生和农村生源为主外，也要实事求是地以独有的特色和优势吸收更多优秀的、有特长的生源，慢慢在“入口”处提高学校教育质量，突破落榜生收容队、二流教育的形象。

（3）要正确处理规模、质量和效益三者关系。从相互比较的角度看，核心竞争力是一种独有的、持续的竞争优势的反映。要保持这种竞争优势，竞争主体必须不断地发展。发展不仅包括数量上的增加、规模上的扩大，更强调质量的提高、自身素质与能力的增强。因

---

① 郭桂英，姚林．关于我国高校办学定位的研究［J］．江苏高教，2002（1）：59-62.

② 郑确辉．民办高等教育是加速实现高教大众化的强大引擎［J］．浙江树人大学学报，2005，5（2）：21-24.

此，在发展中处理好做大与做强的关系，是发展核心竞争力战略必须解决的问题。对我国民办高校而言，做大、做强就是要处理好规模与质量的关系。有的民办高校片面追求规模效益，患有招生“饥饿症”，“饥”不择“食”、来者不拒，造成生源良莠不分；有的只注重经济效益，而忽视办学条件的改善，在招生人数成倍增加的情况下，却未能及时改善办学条件，尤其是师资队伍和办学的基础设施没有得到充分的保证，从而造成“产品”质量低劣。因此，在办学实践中，必须在深刻认识规律、坚持按规律办事的基础上，妥善处理好质量、规模、效益的关系，力求使其在健康成长的总目标下相互协调、齐头并进、共同发展。无视自身条件盲目追求规模的扩张是短期行为，其结果不仅仅是质量的下降，甚至会危及生存。因此，民办高校在推进规模扩展时一定要把握好“度”。北京大学闵维方、丁小浩认为，就中国高等学校目前的环境和管理而言，临界规模在6 000人左右（样本数为136所高校）。上海智力开发研究所的研究结论是，我国高等学校的临界规模是7 500～8 000人（样本数为841所普通高校）。对于有别于公办高等学校办学体制的民办高校的临界规模，目前国内的研究并不多见。根据实践观察，更多的民办高校应当把规模控制在5 000人左右，若超过15 000人，民办高校在质量上就很难有保障。

四　联盟战略

当前，相对于高水平的大学来说，民办高校仍然处于劣势竞争的位置。民办高校在本身并不具有竞争优势的情况下实施联盟战略，有助于提升自身实力，增加抵御风险的能力，在较短时间内实现超常规发展，建立起竞争的战略优势。

（一）依托强校发展

对民办高校来说，与著名大学联合，利用其优良的师资条件、教学和实验设施，学习其成功的管理经验，不失为初期发展的一条途径。同时，这些公办高校的高等教育资源也可以得到充分利用。在相互间的学术交流中，民办高校的教师和学生可以获得更多进修、深造的机会，从而可以提高民办高校的办学质量和办学层次，扩大其影响力。

民办高校依托强校发展的关键是寻求一个较高层次的战略合作对象。一方面可以选择自身具有相对优势的专业、学科、科研方向与强校相对较弱或具有互补性的专业、学科进行合作，依托强校的社会知名度提升自身的社会地位。另一方面，可以以点上的合作为主，通过与不同强校展开点上的合作，实现自身多点的发展和整体实力的提升，寻求更多的支持和合作机会。江苏南京应天职业技术学院位于南京仙林大学城，该校通过参加仙林大学城教学联合体，充分利用周边知名高校教育教学资源提升自身的办学实力。2004 年 9 月，为充分发挥仙林大学城的集聚效应、综合优势和开放特色，推进优质教育资源开放共享，创设高素质创新人才成长的良好环境，仙林大学城 9 所高等学校（南京师范大学、南京财经大学、南京邮电学院、南京中医药大学、南京森林公安高等专科学校、南京工业职业技术学院、南京信息职业技术学院、南京理工大学紫金学院和应天职业技术学院）共建了“仙林大学城教学联合体”，共建内容包括：(1) 互聘教师。通过建立教师资源库，跨校互聘教师，充分发挥教学名师的示范作用，拓展优秀教师的授课面，提高优质教师资源的效益。同时，以此形成教师队伍建设的激励机制，提升教师的教学工作水平。(2) 校际互选课程。大学城内各校学生充分享有跨校选课的自主权。各校所开设的课程，尤其是精品课程、优秀课程和优秀课程群、品牌特色专业所涉课程，都对大学城内所有符合选课条件的学生开放。构建相互衔接的教务管理平台，互认按规定选修校内外课程所取得的学分。以此为基础，按照人才培养目标和教学联合体建设的要求，进一步修订和优化学校各专业的教学计划，扩大选修课开设的比例，为进一步推进学分制打好基础。(3) 共享实验设备。以学生为本，开放教学与科研实验室，延长服务时间，推进实验室管理创新，保证仙林大学城教学联合体的教师和学生使用，提高教学实验设备的使用效益，减少不必要的重复建设。(4) 共享图书资源。整合仙林大学城图书文献资源，实行教学联合体图书资源共享。实行教学联合体内电子身份的统一编号，实现电子身份的互认，做到教师和学生借阅图书资料无校界、“一卡通”。(5) 共用体育场馆。整合体育场馆资源,实现特色运动场馆资源共享,为学生提供多样化的锻炼场地。统筹规划仙林大学城特色运动场馆建设,避免重复建设,提高使用效益。(6) 开放名家讲座。开放各校举办的知名专家讲座,组织师生跨校选听。丰富学生的校园文化生活,活跃校园学术气氛,促进学术的交流,让广大师生领略大师风范,了解各学科发展研究的前沿信息、科学研究成果。(7) 开放训练基地。统筹建设综合技能培养实训基地,特别是示范性教学实践基地,提供多元职业技能培训和职业资格鉴定,使仙林大学城毕业生在取得毕业证书的同时,取得多个职业资格证书。(8) 共建信息平台。构建相互衔接、沟通顺畅的信息交流平台,及时发布相关信息,实现教学协作信息的网络化管理,构建信息化、智能化的数字校园,满足各校方便、有效、快捷地对协作信息进行本地及异地管理。提升现代教育技术的应用水平,大力建设网络课程,实现多媒体课件、教学资源库的互相开放;通过实施远程教育,最大限度地利用现有的教育资源满足学生自主学习的需求。(9) 开放辅修专业。推出跨校互选的辅修专业、第二专业、第二学士学位、专转本等合作项目,让学生在认真完成第一专业学习任务的基础上选修另一专业,培养跨专业、多技能的高素质复合型人才。应天职业技术学院作为“仙林大学城教学联合体”办学时间最短的一所民办专科高校,因为有了这样一个平台,特别是依托强校发展,有效地缓解了自身优质教育资源不足的矛盾,对提高学生的培养质量起到了重要的推动作用。

(二) 同类学校合作

民办高校之间由于学校性质、专业、学科等诸多要素的趋同,在办学思路、发展目标上也有许多一致的地方,在建立战略联盟时最容易达成共识。同类型民办高校的战略联盟,必须要有在竞争中共同发展的意识,通过联合增强各自的实力和竞争力。(1) 在教学、科研、管理等方面实行全面战略合作,提升综合发展的能力;(2) 实施优势学科、科研方向的强强联合,提高共同发展中的竞争力;(3) 实施优势互补的发展模式,相互促进对方整体力量的提高。民办高校间的战略联盟构建要在战略上突破空间概念，科学合理地选择战略合作对象，真正达到优势互补、文化交流、相互促进、共同发展、共同提高的目的。当前，民办高校集团化发展正成为一种趋势和潮流。我国现有民办普通高校297所，另有民办高等教育机构约1 000所，总体数量很多。许多举办者和办学者出于个人和本校利益考虑，画地为牢，习惯于单一主体办学，站在一校一人立场上思考学校发展问题，分散经营，小本经营，从而导致民办高校数量多，校均实力差。各民办高校为了生存，相互之间竞争也很激烈，一方面资源有限，实力不强；另一方面又分割了有限的资源，分散了实力。这种各自为战、小本经营的方式，很难经得住高等教育市场化、国际化的冲击。因此，为增强办学实力和竞争实力，扩大社会影响，促进学校可持续发展，民办高校应借用现代企业经营理念，走集团化发展道路。

根据我国国情及高等教育事业发展的情况分析，我国民办高校集团的发展趋势将是：国家有关管理部门在充分考虑各个民办高校的个性特征、地区特色、品牌形象等因素的基础上，依靠行政力量，按照就近原则和资源优化配置原则组建民办高校集团。集团以一个（或少数几个）具有法人地位的高校为核心，以一批具有共同利益、受这一核心不同程度控制或影响的法人高校为外围，通过资金或契约等不同形式的利益联系构成。集团可以先在规模上做大，然后再进行资源整合，以便取得较强的市场竞争力和教育供给能力。①

（三）与企业合作

高等教育需求的巨大潜力和高校后勤社会化的趋势，使得越来越多的企业尤其是资金实力雄厚的上市公司纷纷看好教育市场，并将投资教育视为新的经济增长点，这就增大了民办高校与企业联合的可能性。民办高校与企业联合，有利于提高自身的师资队伍水平和教学质量；有利于学校的科研工作面向生产、面向社会实际需求，提高科研工作的效益，更好地为社会服务；有利于扩大办学的资金来源，使学校可以获得更多的社会资源进行发展；有利于为学生增加更

① 聂婷. 试论我国民办高校横向集团化发展趋势[J]. 前沿，2005(10)：108-110.

多的实践机会，提高学生的实际操作能力，使学生真正做到学以致用。北京城市学院 2004 年与以现代教育技术领头羊著称的北京全美教育技术服务有限公司（ATA 公司）合作，完全根据中国软件行业发展的新趋势和新需要培养以技术应用为导向的专门人才，开设了学制 2 年、以就业为导向的计算机软件（软件测试技术）以及计算机软件（WEB 程序设计）专业。此外，该校与北京北广传媒有限公司合作，在广电行业传播技术从模拟信号向数字信号转化的需求新形势下，开设了现代传播（数字媒体技术方向）以及现代传播（传媒营销管理方向）专业。根据北京市交通管理局提供的信息，为适应我国汽车工业发展带来的车流增加、道路交通管理复杂化和信息化的趋势，学校还开设了城市交通管理与控制专业。这些专业都是在与企业合作的基础上，将北京城市学院的教育优势与企业的行业优势结合，打造双赢平台，以企业为实习实训基地，培养社会真正需要和企业真正适用的专业人才。①

（四）与社会就业机构合作

目前我国就业和再就业的形势十分严峻，由于下岗职工、农民工的转移，新增劳动力的数量持续增长，劳动力数量供大于求的矛盾在我国现阶段将会长期存在。高校毕业生就业涉及千家万户，关系到人民群众的切身利益，关系到国家的经济发展和社会稳定。在异常激烈的就业市场竞争中，作为民办高校，更要把毕业生就业问题摆在非常突出的位置，这不仅关系到学校的声誉和可持续发展，而且关系到学校的生存。全国民办院校就业力评价体系研究课题的调查结果初步显示，就业率是表征，就业力是本质，在当前及今后的一段历史时期内，民办院校核心竞争力就是民办院校的就业力。② 作为人才市场供给方，民办高校要以市场需要为办学原则，确保学校“产品”

---

① 刘林. 打造首都民办教育“精品”——北京城市学院品牌战略探析［J］. 中国民办教育，2004（2）.

② 刘跃伟，宋东旭. 就业力成民办校发展核心竞争力［EB/OL］. http://education.163.com.

质量,学校的学生不仅要“招”得进来,还要“送”得出去,其中重要的一个环节就是要为大学毕业生就业建立畅通的渠道。因此,民办高校进一步加强与人才市场的合作,充分挖掘市场潜力,是提高毕业生就业率最重要的途径。

黄河科技学院早在 1985 年招收第一批高考落榜生(待业青年)时,就与郑州市人才中心签订了用人协议,两年后这批学生自考毕业后顺利地通过人才中心安排到了各用人单位,极大地提高了学校的诚信度和学生就业的信心。此后学校又与河南省人才市场,省、市、乡镇企业局及各用人单位建立了密切的联系。1997 年 4 月,黄河科技学院经河南省人事厅批准,把中原人才市场引进学校,设立中原人才市场航海路分市场,现为黄河科技人才交流中心。每周六、日交流中心都要举行人才招聘会,并不定期举行大型人才招聘会。12 年来,交流中心先后举办周末人才招聘会 800 余场,来自全国各地的 7 000 余家企事业单位到此招贤纳士,约 110 万人次应、往届毕业生和社会各界求职人员到此求职择业。此外,学校还利用现代信息技术手段为毕业生就业提供服务,通过网络、电视、广播、报刊等媒介将本校毕业生的信息宣传出去;与此同时,还通过人才网站将用人单位与求职者之间的信息及时传递出来。①

(五)与国际教育机构合作

伴随世界经济一体化趋势和信息社会的到来,世界各国在知识和教育方面的联系更加便捷和紧密,在教育思想、教育内容、教育方法、教育模式等方面的相互交流与相互影响愈加频繁和深刻,教育国际化已成为不可阻挡的潮流和趋势。作为我国教育的国际合作与交流的重要形式之一——中外合作办学,自 20 世纪 90 年代以来呈现加速发展的势头,尤其是在高等教育领域,中外合作办学的规模不断扩大,办学层次逐渐提高,办学模式也趋于多样化。据不完全统计,到 2005 年底,我国已有 1 000 多个中外合作办学机构和项目,其中高

① 王军胜,刘喜琴. 努力构建民办高校毕业生就业工作新模式——民办高校与社会就业服务机构合作模式初探[J]. 黄河科技学院学报,2004,6(3):30-33.

校开展的中外合作办学项目和机构占据70%以上。实践证明，高校通过开展中外合作办学，确实在引进国外课程、教材、师资等教育资源方面取得了明显成效，对转变教育观念、创新教育模式、提升教育质量、融入国际潮流起到了积极的推动作用。

《中华人民共和国中外合作办学条例》第三条明确规定，“国家对中外合作办学实行扩大开放、规范办学、依法管理、促进发展的方针”，“国家鼓励引进外国优质教育资源的中外合作办学”，“国家鼓励在高等教育、职业教育领域开展中外合作办学，鼓励中国高等教育机构与外国知名的高等教育机构合作办学”。有鉴于此，民办高校应该充分利用这一利好政策，积极寻求合作伙伴，在中国境内开展国际合作办学，为本国国民特别是适龄青年提供高质量的高等学历教育、高等职业教育和高级技术培训。近年来，北京城市学院先后同十几个国家的高校建立了学术交流和合作关系，该校每年都有学生到有关国家实习交流、学习深造。该校与荷兰阿姆斯特丹商学院合作，招收的学生在国内学习两年后，雅思成绩达到荷兰移民局要求的可以申请到荷兰再学习三年，学习成绩合格者可以获得荷兰阿姆斯特丹商学院的MBA工商管理硕士学位。① 民办高校开展国际合作办学不仅要“引进来”，还可以根据现有政策和实际需求，大胆走出国门，向其他国家人民传授中国的优势学科，大力弘扬我国民族化的精髓，因为“目前在国外使用和学习汉语的人数已经近1亿，有约100个国家教授中文课程”。② 在这方面，北京吉利大学大胆走国际化之路的经验值得借鉴。该校不仅与17个国家和地区的近百所高校建立了长期合作关系，而且还设立了欧美学院，成为第一家走出国门的中国民办高校。欧美学院丹麦分院开设中医、武术、中文等学科课程，形成了比较好的办学影响。③

---

① 刘林. 打造首都民办教育“精品”——北京城市学院品牌战略探析[J]. 中国民办教育,2004(2).

② 贾佳. 国外汉语教师严重匮乏　出国教汉语招募志愿者[N]. 文汇报,2004-04-16.

③ 王留栓. 21世纪我国民办普通高校的办学特色[J]. 黄河科技学院学报,2005,7(1):55-57.

五　多元战略

教育结构体系和学科发展不均衡、人才培养模式与社会需求不协调、多元文化交流不对称、教育资金投入不充分，是当前我国民办高校存在的突出问题。通过实施多元发展战略，可以有效缓解这些矛盾，提升民办高校核心竞争力。

（一）民办高校多元战略的内涵和价值分析

多元战略是民办高校发展到一定阶段，为寻求长远发展而采用的一种扩张手法。实施多元战略，一方面是指实施办学层次的多元性、办学模式的多元性、办学内容的多元性，以使民办高校具有最大的覆盖面、最强的渗透力和灵活性，从而最大限度地满足社会需要。另一方面是指实现集资渠道、产权关系、举办体制、管理体制、运行机制的多样化，以此增强民办高校的社会适应性和生存发展能力。

当前，民办高校实施多元战略不仅是社会经济发展的客观需要，更是自身的需要。首先，我国经济持续快速增长，产业结构调整取得了实质性进展，所有制结构也从单一性演变为多样化，经济结构和社会结构发生了巨大变化，这些变化导致社会对人才需求呈现多样化的特点，单一的人才培养模式已经不能满足社会的多样化需求。其次，我国接受高等教育的人口基数不断扩大，青少年学生在学习动机、学习目标、学习态度和经费支付能力等方面差距较大，因而对高等教育的需求也不尽相同，学习者的需求呈现多样化。再次，我国财力有限，需要多渠道筹措发展高等教育的资金。我国人口众多，有限的教育资源已不能满足人民群众日益增长的接受高等教育的需求，多渠道筹集资金才能确保高等教育在大众化阶段持续健康发展。

民办高校实施多元战略，有利于学校充分利用现有资源优势，发挥社会功能，扩大办学规模，增强竞争力；有利于学校对外扩张，培育新的增长点，更具发展潜力。需要说明的是，多元战略也是一把双刃剑，处理不当也可能出现失误。即可能使原有优势丧失，或是由于扩张过快、负债过重而难以自拔;或因管理层的知识老化、结构失调、信息不畅等局限,影响正确的决策。多元战略的另一不足是会增加管理成本和经营其他项目的费用,这对实力有限的民办高校而言,更需慎重。因此,实施多元战略的条件是:所有教育项目都处于市场生命周期的同一阶段;所有教育项目都具有风险;所有教育项目都对某种资源具有严重依赖性。①

(二)民办高校实施多元战略的路径

1. 推进办学形式的多元化

多样化、多元化的目的就是为了给一切愿意接受高等教育的人员提供合适的就学机会。民办高校要在国家政策允许的情况下,尽可能多地开展多形式、多层次、多类型的办学,既要举办国家统招生、高教学历生、高教自考生、大专预科生、五年制高职的教育,又要开展职业技能、文化短期培训的非学历培训型教育;既要举办全日制普通高等教育,又要积极利用现代化的信息技术和传播技术,开展学制灵活、学习时间和地点不受限制、覆盖面广的远程教育。

2. 推进办学层次的多元化

在美国、日本和韩国等私立高等教育比较发达的国家,私立学校广泛存在于从学前教育到研究生教育的各层次、各类型教育体系中。1990 年韩国有私立专科大学 101 所(占全国专科院校总数的 86.3%),私立本科大学 83 所(占全国本科院校总数的 77.6%);1993 年韩国有私立专科大学 120 所(占全国专科院校总数的 93.8%),私立本科大学 102 所(占全国本科院校总数的 80.3%)。更具特色的是韩国私立大学的研究生院,1990 年私立大学中的研究生院是 234 所(占全国大学研究生院总数的 78.5%);1993 年私立大

① 李维民.民办教育的创新与发展[M].西安:陕西人民出版社,2005:234.

学中的研究生院是273所(占全国大学研究生院总数的78%)。① 目前,我国民办高校办学层次的单一性比较突出,绝大多数民办普通高校属于专科高职层次,本科层次的比较少,研究生层次的基本没有。当前,教育部对专科层次高校升本科控制得比较紧。② 根据教育部规定,"十一五"期间教育部继续按照"一年中东部、一年西部、一年民办"的节奏安排高等学校设置的工作。民办高校申请设置本科院校在办学规模、学科和专业、师资队伍、教学与科研水平、基础设施、办学经费、领导班子等方面的要求与公办高校基本一致,均按照《教育部关于印发〈普通本科学校设置暂行规定〉的通知》(教发[2006]18号)的有关规定执行。

有专家认为,未来3至5年内,办学层次和办学质量的稳步提高是民办高校的必然趋势。发展好的、有实力的民办高校将脱颖而出,成为在学位上从专科、本科直至研究生,在专业上文科、理科、工科各个专业俱全的高质量综合大学。少量走品牌化战略和可持续化发展道路的民办高校将有能力开展独立的研究,具备一定的学术气氛以及良好的科研氛围,并在开展科学研究方面取得突破性的发展,将与公办高校一起承担国家和社会的大科研项目。根据SO战略思路,办学历史较长、知名度较高的民办高校,包括近年来由企业注入大量资金、起点较高的民办高校,可以选择上层次策略,战略重点应该放在"升本"上。这一类民办高校都是各地政府重点扶持的对象,在办学规模、基础条件、专业数量、教学质量、师资力量等诸方面都有了很大的发展和提高,凭借已形成的实力优势去利用环境和市场机会以促使"升本"成功,是可行的、必要的战略选择。

3. 推进学科体系的多元化

现代化的过程加速了知识的分化和综合,任何一种新技术、新发

---

① 陈上仁. 教育制度与政策层面的中国民办高等教育发展定位[J]. 浙江树人大学学报,2006,6(1):10-13.

② 沈琼,刘丽华. 我国民办高等教育发展走向的分析[J]. 南京理工大学学报:社会科学版,2007,20(6):68-71.

明、新工艺、新产品的出现，无不是综合学科的产物，只有通过多学科、多领域的互补、交叉、融合，才能扩张知识的外延，弥深学科内涵，从而拓宽行业发展的平台与空间。民办高校应在保障自身优势学科的基础上，协调传统学科和现代学科之间的关系，积极拓宽自身的学科体系，积极鼓励新学科的建设，改革自己的科类结构和专业结构体系；增加应用学科和自然学科的比重，组建学科群特征的专业积聚体系，促进学科的交叉、融合，促进基础学科和应用学科的共生共长，强调自然学科和人文学科有机结合，培植新的学科增长点，设置新兴专业，加快新兴交叉学科的建设，保持学科体系的综合化、整体化、系统化发展，以适应社会多元化和经济多元化的需求。

4. 推进人才培养模式的多元化

当今世界，随着科学的发展和社会分工的专业化以及专业的交叉综合并存，社会对人才的需求越来越多样化。民办高校应建立突破专业限制的教育体系和开放的教学过程，实现人才素质的多元化。民办高校对学生的教育目标不仅仅是为其未来将从事某一具体职业而进行狭窄的训练，而是要使学生适应未来变化的世界。开放的教学过程就是要将学生的学习活动与社会性活动结合起来，把学习与探索、个人与集体、接受知识与运用知识有机联系起来。随着我国大众化高等教育的逐步推进，高等教育的对象——学生的个体差异性越来越复杂，传统的、模块化的、高计划性的教学方法和机械的质量控制标准越来越不适应高等教育的发展形势。充分正视学生的个体差异，让学生在学习内容的选择及学习进程的选择和设计上享有尽可能多的自由，鼓励学生按自己的兴趣与爱好进行发展，建立灵活的、开放式的质量评价体系将是高等教育理念的必然选择。

六　引资战略

社会经济与教育的发展无时不在推动着民办高校的发展，而不断加大投资适应发展的需要则是民办高校的必然选择，这是不以举办者的主观意志为转移的客观现实。实践证明，民办高等教育是一个成本递增的产业，投资是无止境的。但凡停止投资、保持现状的民办高校最终都难逃落伍甚至濒临停办的命运。

（一）积极争取社会捐资

捐赠是一种常见的社会现象。从法律角度考察，捐赠又名赠与，是指捐赠人自愿将自己的财产无偿转让给受赠人所有的行为。从经济学角度考察，捐赠（又名赞助）是一种货币收入或财产单向流动或流程的市场性再分配经济行为。本书所指的捐赠不是简单法律意义上的赠与，而是社会捐赠，亦即公益捐赠。公益捐赠是社会生活中的普遍现象，是公益事业发展的重要行为方式之一，是公力救助的必要补充。①

在美国私立高等教育的历史发展中，社会（包括个人）捐资始终发挥着重要的作用。这种社会捐资的作用不仅表现在私立大学创设之初，而且体现在私立大学创办之后的发展过程中。不少知名私立高校在创办之初便得到捐赠，遂以捐赠者的名字命名校名。1865 年企业家康奈尔捐资 50 万美元及校园用地建立了康奈尔大学；1876 年约翰·霍普金斯捐资 350 万美元创办了约翰·霍普金斯大学；1885 年参议员利兰·斯坦福捐资 2 000 万美元兴建了斯坦福大学。在美国，对大学的捐赠额 1 亿美元以上的，1957 年至 1992 年有 3 次，1993 年至 1997 年 12 次，1998 年至 2001 年 14 次。20 世纪 90 年代被称作美国“巨额捐资大学的 10 年”，1990—1991 年度的捐赠总额为 100 亿美元，1998—1999 年度则翻了一番，达到 204 亿美元。1998 年度捐赠基金规模名列前三名的哈佛大学、德州大学、耶鲁大学获赠资金分别达 130 亿、77 亿、66 亿美元。2001 年，哈佛大学的捐赠基金已累计达 182.59 亿美元。2002 年耶鲁大学捐赠基金总额达 105 亿美元，占学校总经费的 28%。2000—2001 年，美国私立高校的捐

① 孔庆林. 重庆市高等教育募捐战略研究. 重庆社会科学，2005(4)：40-43.

赠收入占总收入的比例达到19%。① 另根据日本私立高校协会统计,1982年,捐赠收入占该协会所属学校总收入的7.1%,达414.2亿日元。根据日本文部省统计,日本私立高校的校外捐赠收入,1966年为147亿日元,1978年为1 354亿日元,1991年为1 242亿日元。1990—1991年,早稻田大学和庆应义塾大学两校的校外捐赠收入分别占其总经费的2.8%和11.4%。20世纪90年代末期,日本私立高校的捐赠则高达50%以上。②

由于社会捐赠是经费来源的重要渠道,大多数私立大学都设有专门的筹款机构,尤其在一些著名的私立大学,这类机构队伍庞大,如哈佛大学的筹款机构——学校发展部有专职人员约200人。宾夕法尼亚大学负责筹款的机构是学校发展和校友联络办公室,该机构共有240人,主要任务是:负责汇集全校各学院提出的项目计划,据此提出学校的短期和中长期计划;建立和完善校友信息网络和校友数据库;向社会特别是校友和学生家长宣传学校的发展计划、现状和需求;分析潜在的捐款人,包括校友、企业、基金会及社会人士,获得有关的背景信息,以便进一步做工作;协调校内各学院在筹款工作中的关系,以防止校内各学院在争取捐助中的无序竞争。宾夕法尼亚大学对筹款机构有着明确的评估标准,包括筹款的数额、捐赠者是否增加、捐赠网络是否扩大、拜访校友的次数等。③

在我国,自古就有社会捐资办学的优良传统。春秋战国时期孔子的兴校办学之举为后人作出了榜样,历代仁人志士为尊师重教、兴校办学著书立说,用"国将兴,必贵师而重傅;国将衰,必贱师而轻傅"(《荀子·大略》),"夫善国者,莫先育才;育才之方,莫先劝学"(范仲淹《上时相仪制举书》),"为治所至,必以兴学校,明教化为先"(清代郑端辑《朱子学归》)等格言警句明示后人。20世纪初,陈嘉庚、聂云台、吴锦堂"办学三贤"的义举开创了我国现代捐资办学

① 胡建华.我国民办高等教育发展特殊性的若干分析[J].教育研究,2007(1):9-13.

② 孔庆林.重庆市高等教育募捐战略研究[J].重庆社会科学,2005(4):40-48.

③ 秦国柱.私立大学之梦——中国民办高教的过去、现状、未来[M].厦门:鹭江出版社,2000:151.

的先河。厚重的文化、优良的传统，是我国高校捐赠成长的肥沃土壤。

捐资办学作为私立教育发展的一种传统，在我国改革开放后已经出现制度上的“断裂”。出现这一现象的原因，在于我国民办教育起步的土壤和环境与历史相比有了极大的差别，使得民办教育不得不迈上投资办学的轨道。例如，我国民办教育的恢复，是在教育资源稀缺和教育需求旺盛的背景下起步的，是在经济体制改革尤其是私营经济不断壮大的背景下起步的，私营经济的发展给民办教育的恢复提供了一个最直观的“参照系”。因此，在我国民办教育发展的实践中，就会看到民办教育的许多做法大都带有市场的“烙印”和企业改革的“痕迹”。可以说，是市场经济的发展给民办教育提供了新的土壤和环境，而这种环境与历史上捐资办学的环境有极大的不同。再如，直到今天，在我国还没有解决税前捐资的法律问题，至于与捐资办学相匹配的土地、政府财政补贴等问题，更是难以得到落实，以至于在我国民办教育的起步阶段，无论何种形式、何种层次的民办学校都要纳税，这在无形中把民办学校当成了企业。正是在这个意义上，这些政策上的障碍影响了捐资办学的环境。① 此外，由于绝大多数捐赠者的捐赠行为都是为了实现捐赠效用最大化，偏向在质量、品牌方面处于优势的名牌公办高校，因而对民办高校的社会捐赠可谓是“微乎其微”。

为改变当前民办高校捐资窘迫的状况，改变捐赠者的“偏好”，一方面需要政府加大宣传力度并运用政策积极引导，如制定有关民办高校捐赠的税收减免政策，给予捐赠者一定的名誉激励等，促使捐赠工作规范化、捐赠形式多样化，充分调动捐赠者和受益者双方的积极性。另一方面更需要民办高校积极拓宽社会捐资这条渠道，最大限度地吸收社会和个人捐赠，尤其是要加强与企业的合作，为企业提供优质的人才和服务，获得企业的捐助，并要通过成立校友会和专门的筹资机构，多方联系各种社会基金组织以及校友，并获得他们的资助。

---

① 邬大光. 我国民办教育的特殊性与基本特征[J]. 教育研究，2007(1)：3-8.

（二）建立良好的银校合作关系

银行在发展教育产业方面的作用主要表现在：一是可以发挥银行在投资、融资策划方面的财务顾问作用。银行同国民经济各部门有着密切的联系，它了解资金运动的情况，了解投资融资的种种方式和技巧。而教育产业今后对投融资会有更多的需求，与银行建立密切的联系，有助于民办高校及时了解投融资的政策和信息。二是可以推动、帮助甚至参与各类支持教育产业发展的基金会组织。随着市场经济的进一步发展，各类经济实体的经济承受能力在增强，人们投资教育的观念也在形成，必将有更多的企业和个人愿意出资支持教育产业的发展。在资助形式上，基金会也是一种有效的选择，而基金会的组建、管理和运转，需要一定的专门知识，银行的介入就可以使其运行更为顺利。此外，银行可以直接向教育机构提供中长期贷款和短期融资，特别是建校初期的贷款对民办高校的发展具有直接的帮助作用。目前，银校合作是民办高校一次性筹措巨额资金的主要渠道。银行的教育信贷比企业回收率高，银行采用信贷方式不仅可以为教育作出贡献，而且可以分散银行本身的风险，增加银行的投资渠道。西安市民办高校的快速发展，很大程度上依靠了银行信贷的大力支持。西安市的农行、商行和农村信用社等金融机构，集中对十余所民办高校的发展给予了强有力的信贷支持。据不完全统计，到 2002 年 8 月底，农行、商行、农村信用社三家金融机构向民办高校提供的贷款余额为 61 327 万元，分别较 2001 年底和 2000 年底增长了 53.4% 和 268.84%，占到西安市银行高校贷款余额的四分之一。近年来，银行信贷对民办高校的支持主要用于解决学校教学楼、学生公寓、图书馆等教学设施和校园环境建设，增强了民办高校对社会青年的吸引力。在支持民办高校发展的过程中，西安市有关金融机构分门别类、量体裁衣，为学校提供适合的金融服务，保证了金融支持的效果。他们通过调研分析，在风险可控、合规合法的前提下，根据各院校的特殊情况提供不同的信用品种，创造性地解决贷款的抵押担保难题，及时有效地满足了这些民办高校的快速发展对资金的需求。同时，注意加强银行内部的三级联动，减少审批环节，加快审批速度，提高工作质量和效率。为了有效地防范信贷风险，各家银行都配置了专职客户经理，深入学校，积极参与学校的规范化管理和建设，及时掌握学校的最新情况，帮助学校解决教学和管理中出现的问题，监督学校按照贷款用途用好资金，有效地防范了信贷风险。针对民办高校基础设施起点高、与市场衔接密切、学生经济相对宽裕等有利条件，各商业银行加强同学校的协作，采用贷款投放、代收学费、代发工资、办理银行承兑汇票、发放校园卡等多种手段，为学校提供了全方位的金融支持，增强了学校的吸引力，提高了学校的后勤服务水平。① 据了解，陕西省民办高校对金融机构的贷款使用基本正常，支付利息情况也较好，实现了银校双赢的目标。

（三）探索直接融资渠道

利用股份制形式融通教育资金是民办高校一种重要的融资形式。股份制通过发起或募集方式形成资产联合的投资主体来筹措办学资金。自然人以其个人合法财产、企业法人以其依法可支配的资产、具法人资格的事业单位和社会团体以国家法律政策允许用于经营的资产，按发起或募集方式出资认购一定股份，取得股权凭证后成为股东，组成学校资产联合的投资主体。前期投入的资金作为办学的启动投入，在学校发展过程中股东还需按照股份持有的数量追加投资。在管理体制上，股份制民办高校实行校董会领导下的校长负责制，学校的所有权与管理权分离。学校有明确的产权与财务管理制度，并严格按规则操作。

教育股份制有利于迅速筹集社会闲散资金形成巨额的教育投资基金，从而可以有效地解决单个私人筹集巨额资金难的问题。加上股本小、投资风险分散，因而有利于建立可靠的风险锁定机制。教育股份制的实践使人们重新认识到，家庭对教育的投资并非只能局限于家庭内成员的人力资本增长，为社会提供新的教育机会也是一个可行的投资方向，而由此产生的社会效益——新的教育机会，更是提

① 雷和平，郭新明. 顺势而为——对西安市银行支持民办高校发展的调查与分析[N]. 金融时报，2003-02-09.

高学杂费所难以实现的。①

1993年,九州职业技术学院的前身九州大学在江苏省徐州市贾汪区租地办学,由于在办学资金上遇到困难,学校创办人就曾考虑通过教育股份机制筹集资金,但由于缺乏法规依据,这一想法未能实现。1998年,学校创办者决定在徐州市铜山新区购地建校。为筹集资金,学校试发行了股份,股份一经发售就受到中国矿业大学、徐州师范大学一批教授的支持,他们拿出积蓄热情认购股份。当时,学校共发行股份845股(每股1万元),这笔资金在铜山新区一期建校工程中发挥了重要作用。到2006年,学校已经拥有3 975股。九州职业技术学院的股份制是教育股份制,同一般企业股份制相比,具有两个鲜明的特点。一是主要面向高校的专家学者发行股份筹集资金。学校的决策者有一个明确的指导思想,那就是通过征集股份既集聚资金,又集聚人才,把分散的财力和智力有目的地联合起来。因此,学校确定每股股金仅1万元,使一般专家学者能够接受,并主要向中国矿业大学和徐州师范大学的教职工征集。二是知识股与资金股相结合。九州职业技术学院董事会对以智力在学校的发起创办、建设和发展过程中作出突出贡献的人,按其贡献大小奖予一定数额的股份,使投资者和投智者紧密地联系在一起,促使学校智力资源和资金资源的有效配置与合理流动,形成了以创始人、创办人、办学者为核心的,广大教职工参与的稳定的办学队伍。实行教育股份制对九州职业技术学院的发展具有全局性的影响:(1)解决了资金来源问题。学校独立办学后进行的二期、三期工程建设的资金缺口,主要是依靠股金填补的。(2)凝聚了教学和管理骨干。在全校股东中,具有副高以上职称的88人,占股东总数的44.2%。他们持有的股份占全部股份的60.2%,且他们都十分关心学校的办学质量、社会声誉和发展趋势。(3)推动了办学机制和学校管理体制的改革。实行教育股份制,由股东大会选举产生董事会,在学校管理上实行董事会领导下的院长负责制,董事会对股东负责,股东关注监督学校工作。

① 李曦,阙海宝.浙江、陕西民办教育对我国民办教育发展的启示[J].乐山师范学院学报,2006,21(2):110-113.

（4）促进了节约型校园的建设和艰苦奋斗优良传统的发扬。股东对管理效益的关心不仅是改革学校内部管理的动力，而且是发扬艰苦奋斗优良传统的动力。全校的会议室、办公室都未搞过装修且都没有空调，学校领导的办公桌也都是简易三屉桌，有些办公室的用具是校领导自带和捐献的，水、电、电话等使用费都实行包干，不许超支。学院创办之初，创办者们没有工资，每天只有误餐费。此后很长时间，创办者每人每月也仅有几百元的补贴。现在，也只有青年教师的工资福利略高于一般高校，退休返聘人员的待遇仍然保持在补贴的水平上。

近年"建设—转让"、"建设—经营—转让"、"转让—经营—转让"、"转让—建设—转让"、使用者付费等直接融资模式，在民办高校项目建设过程中逐步得到尝试、推广和改进。如兴建教学楼、实验楼等均可采用"建设—转让"方式获得短期融资，由中标者出资建设，建成后建设单位一次或分期支付工程款；学生食堂建设可采用"建设—经营—转让"融资模式，由中标方出资建设，建成后中标方取得一定年限的经营权，经营期满后将食堂无条件移交给建设方。"转让—经营—转让"模式适用于建成项目的经营权融资，可以确保后续项目的建设，如把已投入运营的学生第一食堂的 10 年经营权以 500 万元的价格移交给另一方，期满后收回经营权，所获资金 500 万元用于兴建第二食堂。"转让—建设—转让"模式是"转让—经营—转让"和"建设—经营—转让"的综合使用，如转移某个项目经营权所获得的 1 000 万元资金入股总投资 1 亿元的教学楼的"建设—经营—转让"中。使用者付费模式适用于有收费权的项目建设，如学生宿舍由中标者投资建设，建成后学校通过向入住学生收取住宿费支付投资者费用，期满后无偿收回全部权益。①

（四）树立市场经营意识，加强自身服务创收

服务收入是指高校利用自身的科技、智力、设备和校产等资源开展对外服务所取得的收入，主要包括科研服务收入、销售服务收入和

① 石邦宏．民办高校直接融资战略分析［J］．教育发展研究，2008（10）：8-11.

校产经营收入等。早在我国明代,书院就开始尝试通过经营创收解决办学经费的问题,当时常见的经营活动有两种:一是经营田地、房产收取租谷和租金,将银两发商生息;另一种是刊印、发售图书,收取适当的费用。到了清代,这种业务很常见,如味经书院和上海格致书院都有印书和售书的业务。在书院的全部业务中,经营收入所占的比例虽然很小,但它说明书院已经开始有了自我造血的意识和功能,开始了通过和社会的联系获得经费的实践活动。① 国外私立大学也都十分重视学校的经营性收入(社会服务收入),如经营饭店、旅馆、大学医院、房地产、设备,出租场地,出售教学软件、录音带、录像带、印刷品等。从1983年开始,日本还制定了联合研究制度,由大学和企业双方提供资金、研究设备和研究人员对共同感兴趣的课题进行联合研究,成果归双方所有,双方共同申请专利。这项制度不仅使私立高校的科研水平得到了极大的提高,而且也使私立高校经费不足的困境得到了缓解。1990年早稻田大学利用学校条件创收达88.2亿日元,1991年庆应义塾大学利用学校条件创收达112.5亿日元。美国私立高校1994—1995年销售服务收入占高校经费总来源的22%,1995—1996年占21.9%,1996—1997年占10.3%,1997—1998年占17.4%,1998—1999年占18.4%,1999—2000年占15.9%,2000—2001年占23.5%,2001—2002年占24.4%。② 美国斯坦福大学的"重组脱氧核糖核酸"成果专利每年有高于1 000万美元的收益。哈佛大学1993年和1994年的专利收入也达540万美元。

目前,由于我国民办高校还处于发展初期,民办高校自身创收能力还很弱,自身分担的成本——校办产业及服务收入,在其经费来源中的比例还很小,仅占1%。这与国外服务收入成为仅次于学费收入的经费筹措主渠道相比还有很大差距。③ 确实,受资金和人才的制约,民办高校科研能力不强,产品开发水平较低,但不等于说民

---

① 孙涛. 书院经费筹措对我国民办高校融资的借鉴意义[J]. 军工高教研究,2004(2).

② 数据整理自 Digest of Education Statistics 2002,2003,2004,U.S. Department of Education。

③ 张剑波. 我国民办高等教育成本分担中存在的问题和对策[J]. 当代教育论坛,2007(1):49-52.

办高校在产业开发上就无所作为。如有的民办院校依托服装专业兴办了服装加工厂，依托旅游和烹饪专业开起了宾馆与饭店，依托计算机专业办起了软件公司等，且都取得了比较好的业绩。借鉴美国、日本等私立大学的经验，民办高校作为民办高等教育成本分担主体之一，应树立市场经营意识，不断加强自身的创收能力。《中国教育改革与发展纲要》第四十八条规定："继续大力发展校办产业和社会服务，逐渐建立支持教育改革和发展的服务体系，各级政府和有关部门要给予优惠政策。"《教育法》第五十八条规定："国家采取优惠政策，鼓励和扶持学校在不影响正常教育教学的前提下开展勤工俭学和社会服务，兴办校办产业。"目前，"勤工俭学、校办产业、社会服务收入中的一部分用于教育发展，已成为有中国特色的、筹措教育经费的重要途径之一"。① 因此，民办高校完全可以利用也应该利用这条途径来筹措资金，实现经费来源的多元化。比如，通过为企业、社会团体提供有偿服务获得相应收入；通过经营资产、饭店、旅馆、大学医院投资房地产，出租设备、场地等途径来增加校产经营收入；通过销售服务和兴办产业来获得收入。民办院校结合专业办产业不仅有利于实现产、学、研一体化，有利于加速科研成果的转化和推广，而且还能给学校带来较大的经济效益和社会回报率，提升学校的知名度和美誉度，更重要的是能够促进地方经济和社会发展，为区域经济和社会繁荣作出新贡献。

（五）探索建立民办高校投资基金

建立民办高校投资基金，即将暂时不用的教育经费进行投资，由专业的基金管理公司运作管理。基金管理公司的管理人员一般都受过高等教育和专业训练，具有丰富的证券投资实践经验，信息资料齐全，分析手段先进，因此可以提高资产的运作效率，取得比银行利率更高的经济效益，实现资本增值，进而把由此产生的收益再投资于教育，解决民办高校经费短缺问题。当然，建立民办高校投资基金是针

① 王善迈. 我国教育投资体制的改革[EB/OL]. [2004-03-12]. 中国教育先锋网(www. ep_china. net).

对那些办学经费充裕的民办高校，而且任何基金的投资都有一定的风险，因此，建立民办高校投资基金需要十分谨慎。

七　人才战略

清华大学老校长梅贻琦先生有句名言："所谓大学者，非谓有大楼之谓也，有大师之谓也。"哈佛大学名誉校长陆登庭（Neil Rudenstine）教授也明确指出："在大学中没有比发现和聘用教师更重要的问题。"对民办高校来说，实施人才战略，引进优秀教师，不断提高教师专业素质，稳定学术骨干和学科带头人，是学校生存发展的基石，是形成核心竞争力的基础。

（一）完善教师聘任选拔机制

为了提高教学质量、扩大学校的知名度、吸引更多的学生前来就学，聘请名师任教成为我国近代众多私立大学工作的重点。南开大学的创办者张伯苓强调，选用教师要注重学历和专长，要通过一定的程序进行公开的考核。南开大学先后吸纳了卞之琳、何廉、范文澜、李继侗等人到校任教，他们为提高南开大学的教学质量、学术水平及知名度作出了重要贡献。陈嘉庚在担任厦门大学校长时，要求学校所延聘的教员必须是公认有水平的并获得硕士、博士学位的留学生。对于优秀教师，厦门大学不惜重金礼聘，给予优厚待遇。因此，厦门大学先后有鲁迅、林语堂、陈衍等著名教授前来任教，极大地充实了学校名师的阵容。从国外私立大学对教师的选拔聘用来看，其环节十分慎重和复杂。当美国私立大学决定招聘一位教授时，首先要成立一个 3 至 5 人的招聘小组，并将招聘启事刊登在全国性的报刊和网站上。应聘人数根据不同院校和专业有所不同，一般一个空缺的教授职位有数十位应聘者。招聘小组先根据应聘者的简历挑选 5 至 8 名应聘者进行电话面试，然后再筛选 3 至 5 名候选人到校作最后面试。到学校面试者必经的一关是现场课堂教学。在最后 1 名人选确定后，招聘小组还要对其进行背景调查，主要确认候选人学历、经历的真实性。除教学水平外，综合性私立大学对应聘者的科研能力也十分重视。

当前，我国民办高校处于发展的初级阶段，要实现超常规发展，培育核心竞争力，不惜成本聘请一流的人才是根本路径之一。民办高校的招聘可以借鉴企业的招聘模式，双向选择，签订合同。针对目前民办高校师资队伍老年化的现象，民办高校尤其要重视对青年教师的吸收和选拔，选用一批道德高尚、基础扎实、有较强的工作能力和工作潜能的年轻人加入到民办高校的教师队伍中。另外，我国民办高校大都是职业技术类院校，因此招聘教师必须更新观念，不要盲目抬高学历和强调名牌学校毕业生，要贴近社会职业需求，可以聘用学历不一定很高但有实践经验的教师，同时注重培养教学骨干和教学专家型名师。

（二）完善教师培养培训机制

提高教师业务能力是民办高校的重要需求之一，也是民办高校师资队伍建设的重要内容。民办高校只有完善教师培训机制，努力提高师资队伍素质，才能通过教师去创造新的知识、培养高质量的人才并为消费者提供优质教育服务产品。完善教师培训机制要从以下几方面做出努力。

（1）制订切实可行的培训计划。民办高校要根据学校教师的不同年龄、层次、学科结构的实际情况，根据不同教师的个人职业生涯规划，制订学校师资队伍建设的中长期发展规划和措施，有计划、有步骤、有针对性地开展教师培训工作。对基础课的教师，可以在学历方面提高要求；对专业课、实践技能课的教师，可以促使其通过企业实践、培训、参加证书考试等方式来实现自身素质的提升。对学科带头人的培养应遵循人才成长规律，在明确学科带头人选拔标准、条件、程序的同时，引入竞争机制，力求在公平基础上加强学科带头人的考核，实现优胜劣汰、滚动发展。

（2）设计可持续发展的培训内容。民办高校应把提高“三个素质”（思想政治素质、业务素质和心理素质）、优化“三个结构”（知识结构、学历结构和年龄结构）、提高“三个水平”（教学水平、科研水平和管理水平）作为教师培训的主要内容和任务。为提高教师队伍的整体素质，浙江树人大学要求45周岁以下的教师全部参加研究生课程班学习及外语水平、计算机应用能力和普通话水平考试；要求35周岁以下的青年教师必须在5年内拿到硕士学位，并在现有师资队伍中选拔年轻有为、有发展潜力的中青年教师，鼓励他们通过脱产或在职攻读硕士、博士学位，或到国外学习进修提高学历层次和学术水平，鼓励更多中青年教师参加高级学者研讨班或担任国内外访问学者，进行合作科研，提高科研层次。

（3）建立灵活、开放的教师培训模式。在实施培训的过程中，要着眼于培养创造型教师和个性化教师，激发教师自身具有的积极性。根据教师的知识结构和特点，可采用集体培训与自我提高相结合、校本培训与校外进修相结合、送出教师代培与请进专家授课指导相结合等多种方式，让教师最大限度地获取前沿学科知识和教育学知识，不断提高教师应用现代教育技术的能力和教育教学的能力。

（4）健全培训保障机制。民办高校的管理者要消除急功近利的思想，拨出专项经费以保障教师培训、进修工作的顺利开展。同时，学校要积极筹措资金和鼓励教师自主争取科研经费，为教师科研、参加国内外学术会议、参观考察等创造条件。在教师参加培训、进修期间，学校应保证教师的工资、奖金、福利待遇不变，使其能够专心学习。

（三）建立教师考核评估机制

美国私立大学对在职教师质量的评估方式，主要有院系对教师的评估、教师之间的同级评估和学生对教师的评估等。评估内容包括教学效果、教学量、学术成果、专业服务及业务提高等方面，每一项内容都有一系列的考核清单。目前，对美国私立大学师资质量的监督已不仅仅来自于学校内部，政府机关、学生组织、民间团体、新闻机构等都加入了高等教育质量监督的行列。在对教师的综合评估体系中，不同院校的侧重点不一样。在综合性院校，科研成果和学术水平在综合评估体系中的分量较高，教学成绩的分量相对较低。而在文理、硕士、本科类院校，教学作为办校宗旨占有相当的分量，科研的分量则相对较低。这些院校的很多教师终身没有任何科研成果，但教学成果却十分突出。

当前，我国已有一些民办高校开始采用国际质量认证制度来推进师资队伍建设。例如，陕西国际贸易职业技术学院率先引用国家标准，建立了 ISO9002 教育质量体系，并于 2001 年 10 月 25 日通过了国家认证。ISO9002 教育质量体系通过完整的质量体系文件和完善的质量管理、运作、检查、评价体系，使学院教育工作的全过程处于严格的控制下，为提高教学质量提供了制度保障，为学生提供了高质量的服务。还有的民办高校成立了督导团对教师的教学质量进行监督，聘请有权威的专家或资深教师组成督导团对教师的教学质量、教学态度、仪表等各方面进行检查。总之，民办高校对教师的考核评估必须结合民办高校的实际，体现针对性，要进一步细化教师考核的标准，规范考核的程序，按照不同岗位，针对工作能力、工作态度和工作绩效等方面，采取自评、互评和上级评定等形式，对教职员工进行全方位、较客观的工作评价，奖勤罚懒、奖优罚劣，只有这样，才能达到以评促建的效果。

（四）建立有效的激励机制

所谓激励机制，就是建立一套合理、有效的激励办法，以激发人的积极性、主动性和创新性。人的积极性、主动性和创新性取决于人需要、期望的满足，而这种满足不仅取决于个人努力，还取决于集体给予的承认和报酬回馈是否使每个人都切实感到才有所用、力有所用、劳有所得、功有所赏而自觉地努力工作。激励理论认为，激励要素可以分为三类。第一类：人的物质需要因素类，包括生存需要、工资、报酬、外在奖酬等。第二类：人的精神需要因素与主观感受因素类，包括安全需要、社交需要（关系需要）、尊重需要、自我实现需要、成长需要、内在奖酬、工作成绩的承认、公平感、满足感等。第三类：组织与环境因素类，包括组织目标、环境条件等。这三类激励要素因人和组织的不同所产生的价值也不同，且各自发挥着对激励的贡献作用，三类要素之间相互协调，共同作用。知识工作包括信息收集、发挥创造力、实验发现以及新知识与巨大系统的统一，其本质意味着上司不能像对挖掘工或从前流水线工人那样对知识工作者发号施令。① 民办高校是一个以知识工作为主体，且有独特个性的组织。教师属于文化层次较高的群体，其民主意识较强，重视自身的尊严与价值的实现。民办高校的教师队伍不仅需要用制度来引导，用纪律来教育，更需要用目标来激励。激励机制是通过对权利主体利益的强化来提高其工作积极性和工作效率，最终使其利益趋同于学校整体利益的机制，是民办高校治理机制创新的重点和难点。

在民办高校人才管理中，必须正确分析和了解民办高校教师的不同需要和动机，有针对性地选择激励方法。在现时条件下，民办高校教师的需要从大的方面可分为物质需要和精神需要两部分。物质需要是人类的第一需要，是人们从事一切社会活动的基本动因。精神需要是得到社会、学校的认可和尊重，有良好的人际关系和较高的知名度，实现个人的理想和抱负。不少专家学者退休以后虽然失去了原有的教学、科研岗位，但他们有能力也希望在教育岗位上继续发挥余热、“老有所为”，民办高校就为他们自我实现的需要提供了新的发展平台，他们也希望自己的价值在民办高校得到充分的肯定，其需要类型主要表现为自我实现的需要。中年教师是教学活动的中坚力量，教学任务重，家庭负担也重，因而普遍要求改善工作条件和生活条件，也有一些教师因原来的工作不能实现自己的抱负而产生某种需要，总体而言中年教师需要的类型主要表现为社交需要、尊重需要和自我实现需要。青年教师在工作上想发挥作用，渴望提高教学、科研能力，最为关心的是生活待遇和住房问题，其需要类型主要表现为生理需要和安全需要。

根据激励理论和民办高校教师的不同需要，民办高校可从 4 个方面建立有效的激励机制。（1）建立薪酬激励机制。物质利益具有经济方面的保障作用，且是人的安全、自尊不可缺少的依据。薪酬是学校对教师所作的贡献（包括其实现的绩效，付出的努力、时间、学识、经验与创造）所给付的相应的回报或答谢。一种健全合理的薪

---

① 洪艺敏. 大学的知识管理[J]. 厦门大学学报：哲学社会科学版，2003(1)：115-121.

酬制度能激发教师良好的工作动机，鼓励他们创造优秀绩效的热情。民办高校要想延揽人才，就应确定合理的薪酬标准，尽快妥善解决青年教师普遍关心的职称评定、教龄计算、住房、医疗保险、养老保险等问题，尽最大努力提高他们的福利待遇，以使其安心工作。(2) 建立精神激励机制。精神因素对人的追求有一种导向作用，对人们的物质需要起到一定的调节作用，能在一定程度上保证工作动力的持续增强。民办高校应科学合理地设置与教师切身利益密切相关的目标，针对教师个体制定工作目标任务，把平时工作成绩与工资奖金挂钩，使教师明确自己的责任和应达到的目标，激励教师克服困难去完成自己的目标任务。(3) 建立情感激励机制。哈佛大学荣誉校长陆登庭教授认为，学者既然选择了教师这个职业，就证明他对从事这个职业是有兴趣的，有一种内在的动力，所以主要靠自我激励。当然，教师的这种自我激励的积极性也需要学校加以维持。因此，民办高校要树立以人为本的理念，对教师的管理要由以往的以事为中心的人事管理转向以人为中心的人才资源开发，改变以往将教师视为被雇佣者的观念，要将他们看做学校管理的参与者，并为其营造良好的文化气氛、和谐的人际关系环境、宽松的学术研究氛围。管理者与教师在思想、工作、生活上要加强接触，了解教师的困难和要求，建立一种相互信任的良好关系；对教师的工作成绩多肯定、多表扬，增强教师的主人翁意识和责任心，充分挖掘他们蕴藏的积极性，使每一位教师都感到集体的温暖、校园的温馨和工作的满足感；培育教师对学校的感情，增强教师的凝聚力和使命感，促使教师更加努力工作、奋发向上、勇于进取，并确立更高的追求。(4) 建立公平的奖惩机制。根据美国心理学家亚当斯提出的公平理论，不公平使人们心理产生紧张和不安的状态，对人们的行为动机有很大的影响。当个人认为自己受到的待遇不公平，产生不公平感时，就会表现出不满情绪和消极行为。民办高校应制订系统的、易操作的、切实可行的公平奖惩机制。为鼓励和吸引优秀教师，应建立自己的专职教师队伍，并可以适当向专职教师和骨干教师倾斜政策。对那些教学严谨、教学效果好、科研成果突出的教师应给予重奖，以鼓舞教师本人和其他人奋发上进的精神。对教学效果差、在学生中负面影响较大的个别教师，应采取降级聘任或予以解聘。

八　管理战略

管理战略的核心是管理治校。民办高校要寻求新时期的治校方略，必须重视构建科学的管理决策机制，注重向管理要水平、要效益，追求科学性、规范性，实现科学治校、依法治校。从民办高校实施管理战略的途径来看，主要应做好以下三个方面的工作。

（一）健全以董事会为最高决策机构的自主决策机制

在美国，私立高校的董事会是其唯一的法定权力机构，也是高校内部最高权力机构。董事会独立于任何一届政府和任何一个党派，在决定学校性质上具有全权。校董事会主要负责学校大政方针的决策、批准学校的预算以及聘任校长，但不直接管理学校具体事务。在日本，私立高校由投资方与校方代表共同组成理事会，理事会作为学校的最高领导机构，掌握学校的办学方针，审议和决定学校规章、经费预算、机构设置、人事任免等重大问题。如何健全以董事会为最高决策机构的自主决策机制，是当前建立我国民办高校法人治理结构的核心问题。

1．丰富董事会成员构成，使决策更加全面、科学。英国、美国的许多著名私立大学董事会成员，大多由资助学校的各方代表、政府官员、企业家、社会名流、校友代表等校外人员担任。他们作为资深人士不仅设法筹款，而且投入相当的精力，却不求任何物质回报。董事会成员大都是义务性质的，没有利益关系。① 据 1985 年的一项调查，美国私立高校的董事会中，教师代表占 3.5%，校内管理人员占

① 张清献．国外私立高校内部管理体制研究及启示［J］．黄河科技学院学报，2006，8（1）：11-17.

1.3%，教师和法官占5.9%，牧师占14.3%，工商界名流占37%以上。[①]三分之二以上的董事会在章程中都强调董事会代表利益的多样性，强调董事会成员应有不同的背景、经历、知识技能和兴趣。实践证明，董事会人员构成的多样化，有利于加强民办高校与社会的联系，使董事会的决策能够较全面地反映社会各界的要求。根据我国《民办教育促进法》的规定以及我国民办高校的发展实际，我国民办高校的董事会可由4方面的人员组成：(1) 举办者、投资者或其代表，其职责是监督学校教育资源的正常使用，督促学校执行国家的教育方针；(2) 民办高校校长、学校部门负责人、教师代表，其主要职责是在学校日常工作中创造性地执行董事会的决策，保证学校的正常运行；(3) 社会各界人士，其主要职责是指导学校的教育教学和研究活动，传播国际国内教育发展信息，为学校筹集办学资金或承办重大建设项目；(4) 社区、学生家长代表，其主要职责是沟通董事会与社区、学校的联系。

2. 建立健全董事会议事章程，规范决策运行程序。在美国，为规范董事会的运作，私立高校都根据州立法机关颁发的特许状对成立董事会的依据和目的、董事会的职责、董事会的规模和人员构成、董事的资格选拔和任期、董事会的组织结构以及董事会主席的产生程序、职责和任期等作了明确的规定，董事会主席则依据董事会章程的规定开展各项工作。这一做法值得我国民办高校借鉴。目前，我国不少民办高校董事会形同虚设，董事会运作仅由一两名实力派成员所掌握，这与董事会议事章程缺失有很大关系。根据我国《民办教育促进法》的规定，民办高校必须完善董事会议事章程，规范运行程序，加强会议召开程序、议事程序与决策程序的规范性、严肃性、公开性和透明度。

3. 明晰董事会与校长之间的关系。当前，在我国民办高校的内部治理中，校长与董事长职责不清是个普遍性的问题。这种矛盾表面上看是办学者讲求经济效益、校长注重社会效益的结果，但

---

① 刘宝存. 美国私立高等学校的董事会制度评析[J]. 比较教育研究，2000(5)：43-47.

究其根源，乃在于二者对各自权力范畴的认识存在差异。根据《民办教育促进法》的有关规定，董事会与校长的关系应体现在以下三个方面：(1) 董事会并不管理学校的具体日常行政事务，其制定的政策方针由校长具体实施。学校的日常工作主要由校长负责，董事会招聘校长，校长向董事会负责。(2) 董事会的主要任务是解决与目标、政策和方向有关的重大问题，董事会拥有最高决策权。校长拥有最高行政管理权，依据董事会的决策工作，具体负责学校的日常教育和教学管理。尽管董事会和校长两者之间存在决策与执行的关系，但两者之间更是一种分工的关系，即董事会有权决策，但无权直接干预民办高校的具体事务，校长可以对教学与行政事务进行管理，但不得越权对民办高校的发展作出决策。(3) 董事会的主要职能是政策治理、战略管理，组织管理则授权校长来实现，校长具体实施董事会确定的战略与规划，体现统一指挥和权责一致的管理原则。董事会与校长的职责明晰，才能避免校长有职无权或有权无责的现象。①

4. 建立独立于董事会和校长以外的监督机构。学校工作与其他工作一样，既要周密安排，又要有实施办法和监督检查。国外许多私立大学首先从机构设置上就解决了这个问题，如日本私立高校都实行理事会、评议会和监事三权分立的横向负责制。理事会提出学校发展的设计，评议会审议并作出决定，监事对学校的财产及理事工作进行监察，三方彼此牵制，相互制衡。与日本相比，我国民办高校内部管理缺乏监督和制衡机制，易趋向权力集中。因此，民办高校有必要建立独立于董事会和学校行政体系的监督机构。

(二) 完善科学的校长治校制度

一所好的学校背后必定有位成功、优秀的校长。办学者的办学思想、管理风格、人格魅力对民办高校持续健康发展具有指向作用、保证作用和带动作用。校长是学校未来发展的设计师，是能够激发

---

① 杨炜长. 完善民办高校法人治理结构的现实思考[J]. 高等教育研究，2005，26(8)：51-56.

全体师生的智慧、勇气和责任感的人。因此，建立和完善科学的校长治校制度对保障高校的稳定健康发展具有十分重要的意义，对于实行董事会领导下的校长负责制、校长负有高度自主权的民办高校来说更是如此。

1. 建立校长遴选制度，积极推进民办高校校长职业化。正如现代企业的发展离不开成熟的职业经理人一样，现代民办高校在日趋激烈的市场竞争中，同样不能缺少成熟的职业校长。职业校长是相对于行政委派的职务校长而言的，是指那些经过专门职业训练，经过教育市场认可并能实现学校教育经济价值与社会价值最优化的高级专业人才。① 与职务校长相比，职业校长不仅有更强烈的市场经济意识，更有前瞻性、敏感性和创新性，能自觉地将学校教育与知识经济、市场经济对接，将学校这一教育形式做强、做大、做优；职业校长有超强的资金筹措与资源整合能力，能吸引优秀的人才加盟本校的教育事业；职业校长有高超的沟通艺术、公关艺术，有较高的谈判技巧，在教育市场中能切实处理好各种人际关系，发现合作伙伴，进行合作，实现多赢；职业校长有精湛的专业知识、成功的教育教学实践、文明的职业操守、高尚的人格魅力，从而能产生强烈的感染力、亲和力和凝聚力，使广大教职工心悦诚服地追随左右，共同创业。总之，从社会上公开选聘校长，积极推进校长职业化，是民办高校应对不断加剧的高等教育市场竞争的必然选择。

2. 建立校长任期制、责任目标制及利益共享制，确保校长正确行使其职权。民办高校校长任期制就是指校长任期未满，无特殊情况中途不得变更。校长责任目标制是指民办高校的校长除履行《民办教育促进法》所规定的职能外，还要承担投资人或董事会赋予的更多职责，这主要体现在学校经营目标的考核上，即学校的招生规模、经济效益和社会效益等。因此，民办高校的校长不单是一个执行者，还要肩负一定的经营职能。利益共享制就是指民办高校校长的工资、奖金、福利和荣誉要与办学成效挂钩。所有这些都是为了明确并保障校长的管理权，使校长有职有权，依法自主办学，同时也有利

① 王继华. 校长职业化与教育创新[M]. 北京：北京大学出版社，2003：46.

于避免和消除举办者与办学者之间的矛盾。①

3. 建立民主集中制，确保校长决策科学正确。校长必须按照民主集中制的原则办事。凡是涉及教学、科研、学生等重大问题，均需提交校长办公会讨论，并按少数服从多数的原则进行决策。同时，要坚持正副校长分工负责制，防止校长专权独断，无法监督，造成重大失误。

（三）加大师生对办学决策的参与权

学生既是教育的对象，也是教育的主体；教师既是管理者，也是被管理者。如何发挥教师和学生在学校管理工作中的主观能动性，变被动管理为主动管理，变消极管理为积极管理，是民办高校实施管理战略中必须注意的一个重要问题。

民办高校的经营者或决策者是民办高校举办者或投资者本人或由他们聘用的人士，聘用者只对举办者或投资者负责。在这种管理背景与权力分配的格局中，民办高校的教师往往以"旁观者"或"打工者"的角色意识参与学校教育教学或行政管理工作，缺乏主人翁意识和归属感。旁观者的角色意识加上离散的教师结构，容易导致教师群体在民办高校民主管理中地位的丧失。然而，要建立一所现代大学，没有全体教师的积极参与是根本不可能的。因此，民办高校在办学过程中，应建立健全校务委员会制度、教职工代表大会制度、学生代表大会制度以及教授治学制度等一系列民主治校的管理机制，给予师生员工参与办学的充分的主动权，认真听取师生员工对学校办学理念、教学、科研、财务、人事、分配、后勤等方面的意见与建议。学校领导班子在对学校重大事项进行决策之前，要坚持政务公开、以人为本、广开渠道的原则，认真吸纳教职工与学生的正确意见，不断改进学校的办学理念、管理模式和工作方法。特别是在学科建设等有关学术事宜上，要广开渠道，请教师参与决策，建立起有效的"教授（教师）治学"机制。张伯苓倾其毕生心血和资产办南开，但他

---

① 杨炜长. 完善民办高校法人治理结构的现实思考[J]. 高等教育研究，2005，26(8)：51-56.

从不把南开当做私人所有，他特别强调，“私立学校不是私有学校”。1919 年，张伯苓曾委托周恩来在修身班会上向全校宣布“改革大纲”，广泛征求师生员工对南开大学改革的意见。1921 年，张伯苓召集南开学校教职员及学生代表 20 人，讨论学校改革事宜，明确提出了“校务公开，责任分担，师生合作”的校务管理方针，并鼓励学生自治，号召师生参与校政，不断地完善教学、行政、后勤等方面的管理制度，从而保证了学校的各项工作顺利的进行。①

九　营销战略

当前，民办高校已被推到了市场竞争的风口浪尖上，生源市场和就业市场的争夺都非常激烈。因此，民办高校若不从学生需要出发，制订积极有效的营销策略，将难以在竞争激烈的高等教育市场上占据一席之地。

（一）民办高校营销战略的内涵和特征

营销大师菲利浦·科特勒说过，市场营销是通过创造、交换产品和价值，从而使个人或群体满足欲望和需要的社会管理过程。美国市场营销协会对市场营销的定义是：“市场营销是计划和执行关于商品、服务和创意的观念、定价、促销和分销，以创造能符合个人和组织目标的交换的一种过程。”这充分说明，在现代社会营销有广阔的应用领域，不仅仅限于物质产品，也不仅仅限于营利性企业，它存在于任何一个市场，涉及与市场竞争有关的任何个人和组织。一个国家需要营销，一个城市需要营销，一所高校也需要营销，对与市场紧密相连的民办高校来说，实施营销战略显得尤为重要。

一般来说，营销战略具有以下 8 个方面的特征：（1）广义性。营销战略不仅适用于营利性企业，而且适用于非营利性企业。（2）科学性。营销战略研究的是市场中的一般规律性问题，建立在经济学、

① 肖晴. 张伯苓与南开[J]. 教育论坛，1999(1).

行为学、心理学等学科的基础之上。(3)系统性。营销战略是由一系列相关的营销元素构成的运行整体。(4)长期性。营销战略的运作需要一段相对较长的时间,而且要持续不断。(5)灵活性,即应变性。营销战略要根据环境变化而作相应的调整。(6)阶段性。营销战略通常需要分阶段逐步进行。(7)本土性。营销战略是针对特殊范围进行的,因此,它必然受到范围内的各种环境因素的影响。(8)全员性。营销战略不仅是营销部门的事,而且是企业中所有人员的事。营销战略的展开需要企业全体人员的协调配合。①

基于上述分析,将营销战略概念延伸至民办高校的发展中,即凡是有助于民办高校自身发展,有助于民办高校在社会中树立良好形象,有助于民办高校塑造独特又难以模仿的特色,有助于吸引各种办学资源从而获得有利市场地位的战略规划,都属于高校营销战略的范畴,其本质是面向市场的沟通和推广活动。沟通和推广建立在民办高校针对社会需求较好地履行自身三大职能,以及和目标市场进行有效沟通的基础之上。

(二)民办高校实施营销战略的价值分析

民办高校是市场经济的产物,这就注定了民办高校不能奉行封闭办学的理念,而必须适应竞争环境的变化,引入营销理念。当前,民办高校实施营销战略的意义主要表现为以下 4 个方面。

(1)民办高校实施营销战略有利于促进民办高校更好地完成社会赋予的使命并密切与社会的联系。当今社会对教育多样化的需求,为民办高校寻找生存和发展空间提供了机遇。营销战略可以帮助民办高校有效地抓住这些市场机会,更好地满足原有市场,开发新市场;可以使民办高校准确而灵敏地洞察社会需求并有效地加以满足。同时,民办高校把关注点从自身转向了社会,通过调整自身保持与外部环境的动态适应,从而使自身与社会的关系"更加紧密",由此所获得的社会认可和支持也将越多,这将进一步促进民办高校更

---

① 郭蔚如. 论基于我国高校的营销战略管理体系[J]. 江西科技师范学院学报,2005(1):21-24.

好地完成社会所赋予的使命。

（2）民办高校实施营销战略有利于民办高校获得竞争优势并提升整体竞争实力。营销战略指导民办高校在全面仔细分析内外环境后作出准确的自身定位，依据定位整合内外资源，从而塑造出各种定位特色以满足多样化的社会需求。由定位特色所获得的竞争优势使民办高校能更好地满足社会需求，从而有效地应对竞争。与此同时，民办高校用营销战略获得的竞争优势在满足社会需求后，因被社会认可和逐渐积累，将成为更大的竞争优势。当民办高校在寻找能够满足社会需求的竞争优势时，会发现自身能力与社会需求存在差距，为了满足社会需求，民办高校必须提高自身的教育、科研和社会服务水平，提高质量和效率，这些将从整体上提升民办高校的实力。

（3）民办高校实施营销战略有利于树立民办高校形象，增强民办高校的社会影响力。营销战略通过创造不同于其他竞争对手的定位特色，使民办高校在社会中的形象凸显。在高等教育迈向大众化的时代，塑造民办高校独特形象有利于社会各资源方的辨别，有利于增强民办高校在社会中的影响力和号召力，使之能够充分发挥自身优势来引导社会文明的进步，促进社会的全面发展。

（4）民办高校实施营销战略有利于形成民办高校领域的良性竞争循环机制，优化教育资源配置。营销战略是竞争环境下的产物，是应对竞争对手并促进良性竞争循环机制的一门科学。良性竞争是指存在竞争的各方在共同目标下，互相学习和促进。民办高校把竞争视为达到自身目标和完善自身的动力，通过竞争促进创新，促进自身发展和整体的普遍提高。这是一个不断循环的过程。民办高校之间的竞争通过营销战略的科学引导形成了良性竞争循环机制，各类型民办高校在社会所赋予的共同使命下协调发展，为构建较为完善的高等教育体系和优化教育资源贡献自己的一份力量。

（三）民办高校实施营销战略的路径

1. 树立“以生为本”的服务营销理念

民办高校的产品——学生不同于一般企业的产品，他们具有双重性。一方面，他们接受教育，应看做学校的“产品”；另一方面，他们用高额的学费来购买教育服务，又是学校服务的“上帝”。民办高校自主经营、自负盈亏，生源是学校的生存基础。所以，不管从“产品”的意义上，还是从“顾客”的意义上，都应该树立“以生为本”的服务营销理念。民办高校校方要像企业了解顾客的需求那样，利用各种载体、手段全面了解学生动态的、全方位的需求，竭尽全力提供优质的服务。

以学生就业服务为例，民办高校必须有掌握就业政策及心理学、人力资源开发管理、劳动人事学、经济学、教育学、法律等方面知识的专门从事毕业生就业指导的工作人员，辅导学生准确把握就业期望值、调整求职心理，尽量为学生搜集信息，帮助学生了解就业形势、就业政策和择业方法。民办高校要尽可能地充分发挥学校的主渠道作用，逐步形成在国家就业方针政策指导下，以学校为基础的毕业生就业市场，努力提高学生就业率和就业质量。要在学生管理、专业开设、后勤服务等各个方面树立“以生为本”的服务营销理念，使学生在感受优质服务的同时，对学校作出良好的评价和认可。

2. 实施服务目标细分化，占领市场

营销以满足市场需求为核心，但任何一个企业的产品都不可能满足所有消费者的消费需求，高校也是如此。因此，民办高校要对教育市场进行细分，并对自身能提供服务的功能进行合理评估，在衡量自身能力与市场需求的基础上，确定自己的细分目标市场，使有限的教育资源发挥最大效益，提升学校的市场适应力和竞争力。① 社会用人单位“订单”的主要内容相同，但各单位的侧重点并不一致，这就是民办高校实施服务歧异化战略的基础。有的单位（如部分民营企业）侧重于人才的专业对口使用，那么民办高校就应在专业设置上实施服务歧异化；有的单位（如部分外资企业）侧重于人才的基础知识和团队工作能力，那么民办高校就应在社会实践活动的组织上

---

① 蔡贤榜.实施教育营销策略 提升高校的市场竞争力[J].辽宁教育研究，2005(1)：39-41.

实施服务歧异化。民办高校是知识密集型服务组织，实施知识管理能促进学校的知识积累、知识传播、知识共享和知识创新，通过课件库、教学辅助资源库等知识库的建设，可以帮助教师和学生形成新的知识体系，创造新的知识结合方式，以更好地适应人才市场对人才知识结构变化的要求。

3. 运用营销策略，提升高校知名度和美誉度

首先，要实施广告宣传，扩大学校的知名度和美誉度。广告是为一定目的、通过一定方式，向社会大众传播信息并希望得到一定回报的宣传活动。公办高校与民办高校在外在行为上的差异之一就是民办高校更注重利用广告宣传自己。民办教育随着市场经济的发展而诞生，与市场经济的关系更为紧密，自然在办学活动中更多借助、借鉴市场运作的手法。任何一所民办高校在发展的初始阶段都离不开广告宣传。广告是学校对外传播信息的一个窗口，利用广告宣传自己的办学理念、教学环境、教学质量、人才培养水平等信息，可以让更多学生和家长认识学校。由于广告的投入成本较大，因此必须进行先期调查，通过合理预算、选择媒体、精心策划、增加创意、认真设计、诚信公布、信息反馈等多个环节，才能达到理想效果。2003 年陕西服装艺术职业学院招生投入 1 000 万元，但仅招生千余人，代价巨大，而同样投资 1 000 万元的西安外事职业学院却招生 13 000 人，效益十分可观。广告投入会产生瞬时效益和长远效益，特别是宣传性广告更具潜移默化的功能。实验证明：广告会产生 $10^3 = 1\ 000$ 的有效传播效果。即一个人对自己非常满意或非常不满意的事，都会在一定时期内至少向 10 个人传播，以此类推，其有效传播层次至少有三层。正面宣传可以使学校获得良好口碑，赢得更广泛、更多的生源；负面宣传则可以对学校造成不良影响，没有生源甚至流失生源。① 一般来说，民办高校初创时期，宣传重点是通过最直接、最原始的报道使首次接触的考生对学校产生初步印象，吸引其报考。在成长时期，要在初创期宣传的基础上对考生进行积极诱导，以引起考生的兴趣，提

---

① 李维民. 民办高校发展战略研究[EB/OL]. [2007-09-06]. 中国教育产业网.

高学生报考学校的几率。在成熟期阶段,要通过逐步细化、富有特色的宣传加深考生对学校的印象,以形成考生对学校的偏爱,使考生有意识地主动选择。进入衰退期,学校要不断推出创新的宣传,以使考生保持对学校的兴趣,提高学校的可信度。

其次,要利用网络营销,拉近学校与学生及其家长的距离。民办高校应建立自己的网站,并在网站上设置学校与学生及其家长沟通的通道,及时对学生及其家长的问题进行答复。这样可以避免矛盾的激化,消除双方的误解,减少学生及其家长将抱怨诉诸社会舆论力量的可能性。教师可以利用网络的无时空限制性随时与学生进行双向沟通,从而使学生更方便地向老师提问,降低学生的求学成本,增加学生的满意度。

再次,要利用文化营销,营造出独特的教书育人的文化氛围。文化营销是民办高校的营销重点,但又是耗时长、见效慢的营销方式。民办高校的文化营销应从校训、校风开始,以人为本,结合自己的主要特点,着意打造自己的强项,并在人力资源管理、教学科研和客观环境的设计等活动中推进。在中欧国际工商学院,学生可以随时在网上参与任何议题的讨论;教室里的座位是围合式的设计,教师的位置位于中心,但他只是引导和协调的中心,而不是权威的中心,学生在自由轻松的气氛中参与讨论和学习。可见,营造出独特的教书育人的文化氛围,不仅要在管理体制和管理思想上下工夫,还要在客观环境的设计上反映出这种自由的理念。①

4. 注重公关营销,为学校发展营造良好的外围环境

民办高校要处理好与政府有关部门的关系,积极参加并支持政府组织的大型活动,利用大型活动的免费广告效应提高知名度。在政府处理突发性重大事件时给予政府全力支持,表现出学校的社会责任感,增强学校品牌的美誉度。民办高校还应加强与体育馆、图书馆等公益设施机构的联系,争取与这些机构建立共建关系,这样民办高校就可减少在客观环境建设方面的投入,降低营运成本。民办高

---

① 陈搏.民办高校教育营销战略初探[J].教育科学,2004,20(3):31-34.

校要处理好与金融机构的关系，协助学生取得助学贷款。在国外，民办高校协助学生获得助学贷款是其与公办高校竞争的必要条件。我国高校实行收费上学已有多年，支付高等教育服务费用也已成为部分学生及其家庭的沉重负担。民办高校若能协助学生从金融机构取得助学贷款，将大大提升学校的竞争能力。民办高校要处理好与高校排名机构的关系。高校排名、学科排名之所以可以进行，主要是因为学校向社会和学生提供了高校信息，特别是经过媒体炒作之后，高校的优劣一目了然。高校排名、学科排名对生源会产生很大的影响，直接影响高校在社会上的声誉，“高校的排名不再是空洞的而是可以给参与市场竞争的高校带来实实在在的价值，促使办学者从总体上提升高校的层次，以期在招生、就业时处于有利的地位”①。当然，民办高校参与的排行评比应该是正规合法单位组织的且具有较大影响范围的活动。

十　文化战略

大学核心竞争力的生成正是因为学校独特文化的融合才变得难以模仿和替代，难以转移和拆散。但并不是说有一定办学历史就会有核心竞争力，只有进行自觉的文化建设，有目的地培育和形成一种独特的、优秀的文化传统和精神品质，才能为核心竞争力提供生长的土壤。我国民办高校起步晚，发展历史短，文化积淀不足，大多还没有形成有特色的学校文化。不仅如此，民办高校的管理者对文化建设的热情还很低，重视也不够。文化的贫瘠不仅导致民办高校人心涣散，凝聚力不强，而且也影响到学生综合素质的形成和教育质量的提高，当然也就不利于独特核心竞争力的形成。

（一）民办高校文化战略的内涵和价值分析

中外高等教育发展史表明，大学在文化和精神上具有价值导向、

① 毛勇．中国高校发展的应然与实然定位探析[J]．江西教育科研，2006(3)：23-25.

精神陶冶、规范约束、群体凝聚、社会辐射等一系列极其重要的作用。在文明体系中，民办高等教育是一种文化存在，民办高校是一个文化实体。所以，民办高校从它诞生之日起就承载着这个时代民族的和世界的文化，这就是它的传承性。民办高等教育以对人的造就、以文化传承为首要任务，并以文化为机制建立的文明实体，是以文化贡献为基本使命的文明存在。民办高校通过确立科学的办学理念和塑造独立的校园文化，可以有效地凝聚人心，对学校核心竞争力的提升起到重要的潜移默化作用。民办高校实施文化战略的价值，主要体现在以下三个方面。

(1) 民办高校特有的校园文化，有利于把学生松散游离的个体凝聚成具有内核的群体。从培育高层次的校园文化——学校精神来看，由于民办高校的起步发展较晚，因而许多民办高校的学校精神尚处于雏形的塑造阶段，学校的整体特色及人才规格还需要接受时间和社会的检验。一所优秀高校的学校精神需要几十年甚至上百年的不断沉淀、积累、提炼，而对民办高校来讲，学校精神的培育更需要一个长期的过程。现今的民办高校大多都还没能形成较成熟的学校精神，如此所导致的一个很直接的问题就是学生的归属感不强。

校园文化建设的核心是追求一种整体优势的发挥，它通过营造一种共同的精神环境和文化气氛，在创造性的群体活动中使大学生在人格上得到升华，情感上得到塑造，知识上得到丰富，潜能上得到发挥，行为举止上得到修正，使集体意识取代个人观念，形成一个具有强引力内核的整体。

(2) 民办高校特有的校园文化有利于填补固有人才培养模式的欠缺。原有人才培养模式的“灌输式”教育造成“高分低能”。必修课过多造成学生知识面狭窄，忽视素质教育使得学生综合素质不高，而校园文化中所渗透的独特的价值观、文化氛围、社会氛围等可以填补学生知识成长之外的道德、心理及社会性成长的空缺。此外，大学生生理发育已经成熟，心理发展也趋于成熟，但社会化程度还不够，经常强烈体验到内心的种种矛盾和冲突；因此，面对当前社会形势下出现的各种现象和社会文化信息，缺乏基本的辨别能力往往会“从众”、“模仿”，甚至误入歧途。

校园文化力图通过一种精神环境和文化气氛的营造，给学生提供一个培养创造力、释放潜能的广阔天地和学习成才的精神土壤，同时抑制不良心理、行为和习惯，使他们正确选择社会信息，接受先进思想，健康地成长起来，使他们自然而然的受到感染和熏陶，从而逐渐形成与校园文化精神合拍的道德风尚、行为习惯和人格魅力。这和思想政治工作的目的是一致的，两者都是为了培养"四有"新人。校园文化用宽松、和谐、融洽、亲切的方法开展思想政治教育工作，常常可以取得事半功倍之效果。

（3）民办高校特有的校园文化有利于冲淡校园学习的紧张感和枯燥感。作为校园文化生活的重要部分，校园文化活动不仅可以作为大学生紧张学习之余体力、脑力恢复的调节剂，而且可以成为他们娱乐、享乐、愉悦身心的润滑剂。诸如文学、书法、音乐、舞蹈、演讲、集邮、棋类、摄影和竞赛等，始终是大学生喜闻乐见的具体活动形式。这些活动近似一种消遣，但从心理和生理的需要来看，通过放松身体，欣赏艺术，走进科学和大自然，为丰富大学生的精神文化生活提供了可能。校园文化固有的娱乐性和欢快性，不仅有利于调节、协调人际关系，而且有利于促进健康情绪的产生和自制、坚韧意志品质的养成。

（二）民办高校实施文化战略的路径

1. 确立独特的办学理念和宗旨，塑造民办高校"精神"

没有理念的大学，等于失去了灵魂；没有科学的大学理念，大学教育的行为是短期的、目标是片面的、发展是被动的。正如德国著名社会学家马克斯·韦伯所指出的，直接决定人们行为的是利益，但是理念往往像扳道工，规定着利益驱动行为前进的轨道。科学的办学理念对高校的发展具有导向作用。① 大学精神是大学师生员工共有的价值体系，包括历史传统、人文精神和办学风格，它是大学发展中各种优秀文化要素的选择、抽象、积淀和构建的结晶，是孕育民办高校核心竞争

① 李钊. 防范办学风险：政府和民办高校的责任[J]. 高等教育研究，2007，28（11）：49-55.

力的软环境。曾经有学者说过这样一句话:一所著名大学给后人留下的只有大学精神和建筑。在国内外的各类大学中,有的明确提出了自己的校训、大学精神和办学理念,有的没有提出校训或大学精神,有的提倡传授知识,有的提倡传授技能,有的提倡传授学习方法,有的提倡传授追求人生目标的精神,等等。但实际上,每一所学校都有自己的精神,每一种不同的传授方法都在传递一种精神,只是有自觉不自觉、主动不主动、引导不引导、提倡不提倡的区别而已。

英国牛津大学的校训是"上帝乃知识之神",其原文是拉丁语,表明了学校浓厚的宗教背景和对上帝的信奉。牛津大学现有学生约15 000 名,其最大的特色是"导师制",即教师对学生进行个别辅导的制度,目的在于训练学生的自学能力、逻辑思考能力和临场反应能力。哈佛大学的校训是"让真理与你为友",它体现了哈佛的立校兴学宗旨——对求是崇真的追求,精确地概括了哈佛人对人与自然、人与社会、人与人关系的深刻认识与辩证的处理方法。哈佛大学采用多层次、多形式的人才培养体制,以世界一流的学术研究带动教学和人才培养,使校园里走出 7 位美国总统、39 名诺贝尔奖获得者和 41 名普利策奖获得者及一大批科学家,被推为美国最好的大学。耶鲁大学的校训是"真理与光明",它体现了耶鲁追求真理、追求光明的求是精神和创造精神。其最重要的管理特色是教授治校,这一特色对美国高等教育产生了巨大影响。

近年来,我国一些成功的民办高校也开始培育学校的"精神"。如浙江树人大学在办学实践中逐渐形成了"崇德重智,树人为本"的校训和"艰苦创业,务实创新,敬业奉献"的"树大"精神。西安翻译学院则提出了"西译精神",即"拼搏进取,永不停顿,不畏艰险,不贪私利,自主办学,自创名牌"。校方认为这种精神既积淀在学校的精神风貌上,也积淀在学校的校风、学风、教风、领导作风和工作作风上,能够形成一种摸不着、看不见但却是无形的巨大教育力量,不断提高学校的品位,推动学校进步。①

---

① 张清献. 从校训看国外私立和我国民办高校的民办理念[J]. 黄河科技学院学报, 2005,7(1):39-42.

2. 推进组织文化建设，提升学校凝聚力

民办高校要提升自身的核心竞争力，最基本的前提是组织内部有较强的凝聚力。高校作为一种松散组织，其整合机制有三种理想化的模型，即科层机制、文化机制和市场机制。很多民办高校比较重视科层机制、市场机制对自身的整合作用，但对文化机制整合作用重视不够，从而影响了自身的凝聚力。

组织行为学认为，组织群体凝聚力主要受如下因素的影响：(1) 组织成员在一起的时间。如果组织群体在一起的时间比较多，组织的凝聚力可能会相应增强。(2) 加入组织的难度。加入一个组织越困难，这个群体的凝聚力就可能越强。(3) 组织的规模。组织规模越大，组织成员之间的互动就变得更加困难，凝聚力就会相应减弱。(4) 组织成员的性别构成。一般来说，女性的凝聚力要高于男性。(5) 外部威胁。如果组织受到外部攻击，组织成员的凝聚力会增强，但如果组织成员认为他们的组织无力应付外部攻击，群体作为安全之源的重要性就会下降，凝聚力就很难提高，另外，如果群体成员认为外部攻击仅仅是由组织的存在而引起的，只要放弃或解体就能终止外部攻击，组织的凝聚力就可能降低。(6) 以前成功的经验。成功的组织与不成功的组织相比，更容易吸引和招聘到新员工。(7) 有效情绪认同。(8) 组织内部的奖励方式。(9) 组织的领导方式。民主型领导方式比专制型、放任型领导方式具有更高的凝聚力。①

基于这一理论，民办高校要高度重视组织文化（包括物质文化、制度文化和精神文化三个方面）建设，重视文化机制的整合作用，明确组织文化建设的出发点、立足点、着眼点和重点，提高教师的心理契约水平，增加组织凝聚力。要创建自由开放的工作氛围，给予教师足够的支持与信任，丰富教师的工作、生活内容，使教师能在组织里自由平等地交流。民办高校应建立一个开放的沟通系统，以促进教师间的交流，增强教师的参与意识，促进上下级之间的意见交流，促

① 关培兰. 组织行为学[M]. 北京：中国人民大学出版社，2005：226-227.

进工作任务更有效地传达。要加强精神文化建设(包括目标追求、基本信念、办学理念、价值观念、学校精神和处事原则等方面的建设),最终达到学校价值观和个人价值观的统一,产生一种巨大的向心力和凝聚力。①

3. 努力构建校园文化建设的科学机制

构建校园文化建设科学机制,要做好以下几方面工作。

(1) 构建综合机制,即要综合大学文化建设的目标,如注重真、善、美的结合,科学精神与人文精神的结合,德、智、体、美的结合等。此外,也要综合校园文化建设的资源和手段,如实现多学科交叉渗透,既加强软件建设又加强硬件建设,既重视自然科学又重视人文社会科学等。

(2) 构建全员机制,就是要形成社会、教育管理机构、大学领导、职能部门、教职员工、学生和各学科、各院系以及教学、科研、后勤、管理等各方面都高度重视和积极推进校园文化建设工作的良好气氛。民办高校要采取有力措施,加强以提高教师素质特别是文化素养为核心内容的师资队伍建设。

此外,民办高校要构建创新机制。高校有自己独特的文化品质,而这一特性也决定了现代大学制度是通过不断的文化创新来实现的。民办高校应遵循教育的本质和规律,围绕新技术革命的挑战加大文化创新力度,通过继承本校的优秀文化传统、吸收外校优秀文化和借鉴社会主流文化,在继承和创新中不断丰富自己的文化内涵,提升自己的文化品位,用新的价值观、新的视野来谋划和构建新的民办高校文化,使民办高校真正成为创造型组织,为培育、提升核心竞争力打下坚实基础。

(3) 构建长效机制,即要把校园文化建设工作制度化、规范化,不因人废事也不因变废事,持之以恒,常抓不懈。

---

① 周国平. 民办高校教师工作满意度调查分析——以陕西省为例[J]. 教育发展研究,2007(4):37-42.

第六章

提升民办高校核心竞争力的政策需求

政策是一种与人类的生存和发展紧密联系的社会历史现象，反映了社会公共权力主体对社会政治、经济、文化各种事物的统治、管理、调控和引导，是理论和实践、理想和现实的结合点，是处理各种利益关系的原则和决策。教育政策则是国家、政党为实现一定历史时期的教育路线方针而制定的具体行动准则。

我国民办高校与公办高校办学主体不同，运作机制上存在很大的差别。特别是民办高校的办学行为包含许多市场行为，如民办高校从市场获得资金，在人才市场上雇用教师，在教育市场上解决生源，在产品市场上购置教育资产。可以说，市场的作用促使民办高校把经济效益作为显著的价值基础和实现原始积累的重要工具。民办高校置身于市场环境中求发展，是其获得“造血功能”、提高办学效率、实现可持续发展的必然要求。然而，市场的宗旨是“以营利为目的”，这与民办高等教育提供公共产品、在教育本质上具有公益性是相悖的。公益性与营利性矛盾的存在，预示着仅仅依据市场对民办高等教育发展进行调控，不仅会产生市场失灵的窘境，而且违背了民办高校存在和发展的基本原则。因此，对于提供特殊产品的民办高校来说，政府在利用市场机制的作用、尊重市场规律的同时，必须更加注重政策对民办高校的调控作用，承担起宏观管理的责任，从而弥补市场调控的缺陷，保证民办高校的事业性与公益性得到良好的体现。

从民办高校核心竞争力提升的角度看，民办高校提升核心竞争力主要依靠自身能力的整合和内在素质的提高，但这种培育和提升又必须以良好的外部环境为前提，其中，政策是最为重要的外部影响因素之一。纵观世界各国私立高等教育发展的历史，民办高校的发展均与国家政策的认可、引导息息相关，而且在发展过程中，几乎每个转折点都是以政策的颁布为标志的。世界银行 1994 年关于高等教育的报告指出，政府制定的优惠政策和管理框架是民办高校得以繁荣的重要保证。从中国当代民办高等教育发展史看，政策对民办高校发展的作用也是巨大的。从 20 世纪 50 年代我国私立大学的完全消失到 20 世纪 80 年代民办高校的恢复发展，再到当前民办高校办学水平的不断提高，无不是政策作用的结果。① 政策不仅影响我国民办高校数量上的发展和民办高校类型及层次的变化，而且直接影响到民办高校办学模式、管理方式、课程教学等方面质量和水平的提高。

2003年9月正式生效的《民办教育促进法》作为第一部民办教育单行法，对促进整个民办教育的发展具有十分重要的意义和作用，标志着民办教育进入了依法治理的轨道。但由于我国仍处于社会主义市场经济发展的初期，我国在民办高校发展方面的政策仍然存在一些问题，亟须完善和改进。对于民办高校长期发展特别是提升核心竞争力的更高要求来说，民办高校政策法规尚需进一步完善。

（1）民办高校政策法规的系统性和权威性有待进一步加强。民办高等教育发展政策直接体现着政府的意志和价值取向。中央政府及教育主管部门先后在30多个重大法规条例、决定中提及民办教育的发展问题，但是这些法规与决定尚没有形成一套统一而有效的政策和制度体系。这种现象体现出有关部门对民办教育一直持有的矛盾心态：一方面，国家没有更大的财力提供更多的受教育机会，需要民间资金支持、发展教育事业；另一方面，又担心民办教育影响整个教育质量，担心一些人利用举办民办教育之机谋取非法利益，影响教育的公益性和社会主义性质。这种心态使得有关部门在发展民办教育的问题上缩手缩脚，不敢放手施展，提防、控制过多，支持、鼓励不足，从而使民办高等教育的发展缺乏整体规划和完善的制度保障。同时，在我国的国情下，民办高等教育的发展与否、发展快慢在很大程度上还取决于主管领导的意愿，主管领导个人的价值取向、态度从某种意义上决定着某地、某一民办高校的命运。②

（2）民办高校法规政策的稳定性有待进一步加强。在不透明的市场环境中，市场主体掌握的信息往往是不对称的。经济学上非对

---

① 饶爱京. 民办高等教育政策及其对民办高等教育发展的影响[J]. 黑龙江高教研究，2006(10)：1-5.

② 张旺. 我国民办高等教育发展的问题与困境[J]. 山西师大学报：社会科学版，2006，33(3)：128-131.

称信息是指交易双方对于交易对象或内容所拥有的信息（质量与数量）不均衡的现象，即对于交易对象或内容而言，交易一方所拥有的信息要多于交易对方的现象。在这种情形下，处于信息优势的一方出于追逐利润最大化的目的，往往使得处于信息劣势的一方处于不利地位，从而导致资源配置无法达到帕累托最优状态。[①] 由于教育对市场存在着“时滞”、教育与劳动力市场的分割，相对而言，作为市场中的单体，由于途径不畅和成本较高的原因，因而基本无法获得完整而精确的教育市场信息、教育产品和人力资源市场供需状况的信息，加之信息的优势方对信息的垄断等客观事实的存在，教育市场普遍存在着信息不对称现象。从政策信息的获取上讲，民办高校方是弱势方，往往是在其毫不知情的情况下，政府某项政策的出台就可能使原本就在困境中求生存的民办高校所受压力变得更加沉重。2002年8月2日，教育部、卫生部联合下发《关于举办高等医学教育的若干意见》，文件规定自2002年10月31日起，停止自学考试、各类高等学校的远程教育，禁止学历文凭考试试点学校举办医学类专业学历教育；自学考试举办的相关医学类、药学类专业的学历教育，只能招收已取得卫生类执业资格的人员，停止招收非在职人员。一些试办医学类专业学历教育的民办高校因不能及时获得政策变化的信息，因无法招生且来不及转型而倒闭。2004年6月28日，教育部下发《关于取消高等教育学历文凭考试的通知》，这一政策的调整对全国436所高教学历文凭试点院校产生很大影响，各个试点学校从设备购置、人员配备等方面作了大量的投资，一声取消，不少专业的专用设备只能闲置，专用教材只能停用，原已建立起的一套教学管理系统不再发挥作用，各方面损失很大。而且，由于在学历文凭试点院校中，约有300余所民办高校既无高职层次教育，又无高教自考助学，

① 帕累托最优是现代福利经济学的中心概念，它是由意大利经济学家帕累托（Pareto）提出的。帕累托在1906年出版的《政治经济学教程》中指出，所谓资源配置的最优配置是指：任何重新配置都不能在不使任何其他人境况变坏的前提下，使某（些）人的境况变得更好，即耗用一定总量的生产资源、采用各种不同途径所生产出来的国民收入的“社会效用”已经达到最大值。通常，检验一个社会的经济福利大小及其增减的准则，称为“帕累托法则”、“帕累托原理”或“帕累托标准”。

只有高教学历这一类办学层次，教育部出台取消学历文凭考试的政策，使许多民办高校在生源市场中失去优势，不少民办高校被迫停办。

（3）民办高校法规的操作性有待进一步加强。《民办教育促进法》及其《实施条例》的颁布实施从法律层面上解决了民办高等教育的地位问题，其意义是重大而深远的，但这些法律法规多属于原则性条款，见"粗"不见"细"，许多政策可操作性不够强。同时，已出台的一些规定又常常与国家原有的其他法律法规以及地方规章相违背，造成有法难依的现象。如在扶持与奖励政策方面，《民办教育促进法》第四十四、四十五条规定："县级以上各级人民政府可以设立专项资金，用于资助民办高校的发展，奖励和表彰有突出贡献的集体与个人"；"县级以上各级人民政府可以采取经费资助，出租、转让闲置的国有资产等措施对民办高校予以扶持"。从执行情况看，县级以上政府对民办教育进行资助和奖励的少之又少。第四十六、四十七条规定："民办高校享受国家规定的税收优惠政策"；"民办高校依照国家有关法律、法规，可以接受公民、法人或者其他组织的捐赠。国家对向民办高校捐赠财产的公民、法人或者其他组织按照有关规定给予税收优惠，并予以表彰"。这些法律法规仅规定了民办高校享受税收优惠政策的原则，而对具体的优惠政策未作规定，从而与《营业税暂行条例》相冲突。第四十八条规定，"国家鼓励金融机构运用信贷手段，支持民办教育事业的发展"，但目前根据《担保法》的规定，金融机构对民办高校很难发挥信贷作用，即民办高校属于公益性事业单位，其教育设施不得用于抵押贷款担保，因此很多学校难以获得银行贷款。此外，《民办教育促进法》及其《实施条例》对民办高校的投资、风险防范、教师发展、税收优惠、认证评估等政策也需进一步明确和细化，需要专门出台相关的管理性文件，以增加法规政策的可操作性，提高法规政策的权威和效用。

当前，就提升民办高校核心竞争力的现实需求而言，应注重在风险防范、产权、合理回报、税收、资助、收费、评估、课程、教师以及招生等 10 个方面进一步完善和新设相应的政策法规，为民办高校提高核心竞争力提供强有力的支持和保障。

一　风险防范政策

如前所述,近年来我国民办高校倒闭状况十分严重,呈现倒闭形式多样化、倒闭区域普遍化、倒闭学校类型集中化的特点。民办高校的运营困难或倒闭,虽是市场规律起作用的表现,但也是民办高等教育发展过程中必然要经历的优胜劣汰。然而,民办高校从事的是与人们的生活息息相关的公共事业,其运营困难或倒闭不仅仅是学校自身的事情,还涉及受教育者及其家庭的切身利益,甚至可能引发社会问题。① 因此,政府有必要构建完备、健全而又清晰的法规体系,这是民办高校规避办学风险不可或缺的方面。

(一)进一步完善民办高校准入机制

在美国,为了使私立高校保持良性发展,美国各州对私立高校的管理很严格。首先,在私立高校的设置方面,许多州都有较严格的审批标准。如马里兰州针对两年制学院和四年制学院分别制定了建校办校的最低标准,这些标准包括学校的组织和管理、办学宗旨、招生条件、学生毕业的标准、教师的标准、办学经费保障等10多个方面的内容。这种最低标准,对哪些学校可授予学位、哪些学校只能颁发证书而不能授予学位,都有明确的规定。在没有严格审批标准的州,设置私立高校也必须到州政府教育部门注册,领取办学执照。其次,办理非营利性私立高校注册手续,需向州政府有关部门提交董事会成员名单、学校章程、经费来源、办学条件、校长人选、课程设置、师资情况、入学要求、学校管理、收费标准等文件。学校建筑设施的安全条件和卫生、消防设施,需经州建设、卫生以及消防部门检查批准后,方可开办、运行。设置营利性私立高校除必须符合政府的安全、卫生和消防规定外,基本上与开办公司的程序相同,需到政府税务部门申请

---

① 李钊.防范办学风险:政府和民办高校的责任[J].高等教育研究,2007,28(11):49-55

办理税务关系，按企业的方式照章纳税。①

我国《民办教育促进法》第十条二款规定，“民办学校的设置标准参照同类学校的设置标准执行”。在准入程序上，将民办学校的筹设与正式设立相区别，明确规定了“筹设期不得超过三年”，对有关申请程序、步骤和申请办学的资料等分别作了更具体的规定。如对筹设民办学校，具体规定了申办报告应包含的主要内容。《实施条例》第五条专门对民办学校举办者出资的性质和界限进行了规定；对于资产和资金，要求对举办者出资和捐赠资产作出明确区分，并提供关于资产和资金来源、数额、产权等的有效证明文件。尽管《民办教育促进法》对民办高校的设立提出了比《社会力量办学条例》更高的办学资格和条件方面的要求，但在现实中，一些地方执行法律的随意性比较大，一些民办高校举办时间不长就难以为继，这便与开始时审批机关的审查把关不严有一定关系。此外，1993 年 8 月 17 日原国家教委发布的《民办高等学校设置暂行规定》早已不适应我国高校发展的实际，修订出台科学合理和详细具体的民办高等学校设置标准已经迫在眉睫。因此，从严格民办高校准入制度方面看，民办高校的审批部门不仅需对举办者的办学动机、经营信誉、资金实力、融资能力等作全面的了解，而且需对民办高校的占地面积、校舍面积、师资情况、教学仪器设备、图书数量、管理人员及注册资金等办学条件作出具体的规定和要求。2007 年 1 月 9 日，山东省人民政府颁布了《关于加强民办教育规范管理引导民办教育健康发展的意见》，其中第二条第八款指出：“审批机关和其他有关部门在审批设立民办学校时要依法依规认真审查，使其符合当地教育发展的需要，具备法律、法规规定的设学条件；审批的学校名称要规范，获得审批的民办学校要按照规定及时到民政部门办理登记注册手续；批准设立的民办教育学校，必须依法取得土地使用权、校舍产权，其土地使用权证、校舍产权证必须办理在学校名下并使用审批机关核准的学校名称；对租赁校舍办学的非学历教育学校以及用地、校舍产权不能过户到学校名下的学校，其办学注册资金应按一定比例存入审批机

① 房剑森. 中国民办教育发展报告[M]. 北京：中国社会科学出版社，2003：333.

关指定的银行专户，本金和利息属学校所有，资金使用受审批机关监管。办学注册资金专户监管的办法由省教育、劳动保障、财政等有关部门提出意见。”天津市将教育机构开办资金标准暂定为：非学历高等教育机构不少于 80 万元，高中阶段及以下教育机构不少于 20 万元，公民个人举办的不少于 10 万元；学历教育机构小学不少于 100 万元，初中不少于 200 万元，高中不少于 400 万元，高等学校不少于 600 万元。

为防止民办高校办学风险的出现，政府有关部门需要对民办高等教育发展进行统筹规划，合理有序地定位公办高校与民办高校的市场分布。政府及其职能部门应根据高校设置状况和经济社会发展需求，实事求是制订出民办教育发展的宏观规划与导向，包括民办教育发展的总体规划，民办教育发展的布局、层次和类别的导向等。要切实加强对公办高校、民办高校两者政策上的统筹与协调，不能顾此失彼或厚此薄彼，从而使之形成有序竞争格局。

（二）建立健全民办高校退出机制

2005 年，拥有 13 亿元资产的赫赫有名的南洋教育集团因教育储备金案全面崩溃；2006 年，拥有 12 亿元的山东双月园学校因教育储备金案倒闭；同年，拥有 6 亿元的江苏徐州金山桥教育集团因债务风险而破产。随着三大民办教育集团相继崩盘，整个行业遭遇低潮，更多的投资者正在退出这个领域。对部分在竞争中处于劣势及办学陷入困境的民办高校来说，及早建立稳妥的市场退出机制，尽可能将各方面的矛盾消除在萌芽状态，有效防范民办高校的经营风险，及时化解民办高校的办学危机，有利于维护学校自身的安全和社会大局的稳定，有利于保护广大受教育者和教职员工的切身利益，有利于保护债权人及债务人的合法权益，有利于实现教育资源的优化配置，促进各类要素的合理流动，从而有利于整个民办高等教育事业更好更快的发展。

在美国，州政府、教育部门很少直接关闭私立高校，但如果学校在安全和消防方面严重违反了有关规定，州建设、消防部门有权关闭学校。非教会学校停办后，其财产一般进行拍卖。营利性学校拍卖收益由董事会处理；非营利性学校拍卖收益一般由法院分配，用于其他私立高校或社会公益事业，董事会不得获利。教会学校的财产权归教会所有，停办后校产由教会处理。对于停办的私立高校，州政府一般都有保留学生档案若干年的规定，同时要求学校退给学生相应的学费。① 在美国，每年都有百余所私立高校因经营不善等原因而“关门”。据不完全统计，未来的10年，我国18岁至22岁的大学适龄青年数将在2008年的顶峰之后逐年减少，至2018年，大学适龄青年数仅为2008年的58%。这预示着今后生源竞争将更加激烈。正因为如此，厦门大学谢作栩教授指出：“必须建立倒闭高校的退出机制，做好善后工作。伴随大学适龄人口的下降，今后一阶段将出现民办高校‘大洗牌’，部分薄弱民办高校倒闭在所难免。因此，应依法建立善后机制，正确地处理善后问题，以保护民办高校及其举办者、民办高校受教育者的合法权益和社会的公共利益，避免因学校终止而对社会造成不利影响。”从目前民办高校倒闭的退出方式来看，主要有清算、兼并、倒闭、设置者变更等几种方式，其中以设置者变更和自生自灭居多。建立民办高校的退出机制，应根据民办高校的不同情况，按照实事求是、分类指导的原则，确保退出工作有序、稳定进行。

退出方式包括以下几种方式。(1）兼并重组。政府有关部门可以有选择地推动一批综合实力较强、办学条件和办学质量俱佳的民办高校，兼并部分薄弱民办高校，实现院校间的资源重组。(2）变更主体。民办高校原有举办人既可以引进新的投资者，使原有投资方和新的投资方协商重新划分投资比例，也可以由原有投资方整体或部分转让其所拥有的学校产权。(3）自行终止。对于少数不具备办学条件且状况长期得不到改善的民办高校，政府有关部门可开辟相对较为宽松的通道，让其退出民办高等教育市场，但这类学校应能够妥善安置学生且无债权债务纠纷。(4）强行终止。对于违反国家有关法律法规，导致严重后果，虽经责令整改仍未能从根本上解决问题、消除影响的民办高校，政府有关部门可以强制终止。(5）破产清

① 房剑森.中国民办教育发展报告[M].北京：中国社会科学出版社，2003：333.

算。对个别资不抵债无法继续办学的民办高校,可以参照《企业破产法》的规定,依法进入破产程序。申请破产清算可以由债务人(即民办高校)向法院提出,也可以由债权人(如贷款银行)向法院提出,由法院裁定是否受理。①

与《社会力量办学条例》相比,《民办教育促进法》对民办学校的退出机制规定得更具体。比如,关于民办学校终止办学时财务清算的实施主体,《民办教育促进法》第五十八条规定,民办学校自己要求终止的,由民办学校组织清算;被审批机关依法撤销的,由审批机关组织清算;因资不抵债无法继续办学而被终止的,由人民法院组织清算。为使学校终止时各方的利益得到保障,《民办教育促进法》第五十九条还对财产清偿的具体顺序作出明确规定。

本书认为,当前我国民办高校的退出机制,还应该考虑以下三个问题。(1)退出机制建立的前提是民办高校产权明晰,基础是监督、审计、年检和评估等体系健全。②(2)尽可能保证学校正常教学秩序不受或少受影响,保证教育产业的特性具有长期性、稳定性,尤其是民办高校的投入主体一旦投入,就不能随意撤出投入资金。政府有关部门应该经常性深入调查民办高校潜在的安全、稳定隐患,摸清深层次不稳定因素,并适时采取针对性措施,防患于未然,尽可能将各种不安定因素消除在萌芽状态。(3)有必要设立风险防范基金。风险防范基金的主要来源有两个:一是由民办教育政府拨付专项资金;二是可按照学费的一定比例由各民办高校分担缴存。

(三)建立健全对民办高校的政府审计监督制度

为监督私立大学的财务运作状况,美国由政府审计部门派员审计或由审计部门委托的审计事务所代行政府职权,直接审查学校的财务状况和经费收支项目,对其财务进行审计监督。根据我国的《民办教育促进法》的规定,民办高校每年应该将财务状况向社会公布,并报主管部门备案。但在实践中,这一规定基本没有得到贯彻执

① 董圣足,等:民办高校重组与退出路径探讨[J].教育发展研究,2007(5):1-6.

② 石慧霞.民办高校的投入机制初探[J].黄河科技学院学报,2003,5(3):104-109.

行。因此，有必要由教育行政管理部门组织人员或委托专业机构对民办高校的财务状况进行审计，尤其是要建立健全民办高校负债融资信息披露机制和借贷信用监督机制，充分利用媒体、行政等监督和信息披露手段，加强对民办高校负债状况、融资行为、借贷信用的监督管理工作，以规避民办高校负债风险，规范民办高校融资和借贷行为。

此外，从风险防范的角度看，政府还应通过政策的调控，推进民办高校内部决策机制的完善，以建立健全法人治理结构为核心，强化民办高校内部管理。在美国，私立学校建立了董事由外部选举产生的制度，除由最初创办人担任当然董事外，董事会其余人选采用外部推荐或者选举方式，这样可以从根本上防止民办高校家族化、财团化和私产化。

我国也应出台相关政策，试行学校董事会董事由外部选举产生制度，董事应当由出资者代表、教工代表及教育、经济、法律、管理等人士担任。对董事资质的限定，可借鉴我国《公司法》第五十七条关于董事人选的禁止性规定，明确规定不得担任董事的若干具体情形。另外，立法还应明确董事的产生方式、董事会议事规则等程序性事项，增强其可操作性。

二　产权政策

产权即“财产权利”(Property Rights)，有广义与狭义之分。法学一般侧重于狭义的产权，狭义的产权主要指物权，亦称财产所有权。而经济学中的产权则是广义的产权，不仅从物权扩大到债权、股权、知识产权等，而且扩大到所有交易中的权利，是一种权利束，其中自物权即所有权是其他一切财产权利的基础。所以，从经济学的角度来看，产权是个复数概念，是指由国家法律制度规定的，以排他性的所有权为核心的，而且是可以分解成所有权、占有权、支配权、使用权、经营权、收益权、交易权、处分权等一束责、权、利的关系和规则的总和。① 根据经济学产权的定义，可以将我国民办高校的产权理解为：由民办高校的财产所有权、使用权、收益权、处分权以及与财产所有权有关的其他财产权利所构成的一组权利束，其基本内容包括产权主体对财产的权力或职能以及产权对产权主体的效用或带来的好处，即权能和利益两个部分。它们分别回答了产权主体必须干什么、能干什么，以及产权主体必须和能够得到什么的问题，从而使民办高校各产权主体经济行为的外在效应内在化。② 产权明晰指的是产权归属主体的明确和财产权内容的明确，以及权能量度、范围的界定。民办高校产权主体的明晰，不仅要做到所有权、占有权、收益支配权、使用权等四大权利的合理分割与重组，保证产权的充足权能；而且要做到各产权要素内部的相对完整，以便产权分割和重组的各产权要素能独立发挥作用，也就是说，在民办高校产权实现过程中，不同权利主体之间的权、责、利关系是清楚的。产权是否明晰不仅影响个人、社会投资和兴办民办高校的积极性，而且也影响民办高校资源配置的效率，影响民办高校校本收益。③

《民办教育促进法》第三十五条和第三十六条规定：民办学校对举办者投入民办学校的资产、国有资产、受赠的财产以及办学积累，享有法人财产权。民办学校存续期间，所有资产由民办学校依法管理和使用，任何组织和个人不得侵占。这样的规定，虽可以保证学校存续期间的正常运转，避免了由于挪用、抽逃学校资金或把校产移作他用带来的风险，但也为学校产权问题留下了不明晰的“悬念”。具体来说，就是举办者投入资产的产权尚不明晰。学校法人财产权虽没有否定举办者对所投入的资产享有最终的财产所有权，但在民办高校存续期间，举办者对所投入的资产究竟有无财产所有权？能否转让或用于担保？又比如，有些民办高校除向学生收取学费外还加收赞助费或向学生及学生家长集资，这种赞助或集资是否算投资？如果是，那么学生或家长是否对此拥有所有权？如果不是，那么由集

① 沈有禄.狭义民办教育产权的基础何在[J].扬州大学学报，2004，8(2)：23-25.

② 史秋衡，宁顺兰.高等学校产权分析[J].教育与经济，2002(4)：11-14.

③ 方铭琳.民办高校产权明晰的法律保护[J].高等教育研究，2005，26(8)：57-61.

资所形成的财产应归学校还是归办学者所有？对这些问题，《民办教育促进法》没有给予明确回答。此外，按照《民办教育促进法》第五十九条的规定，民办高校停办并进行财产清算时，在清偿“应退受教育者学费、杂费和其他费用”、“应发教职工的工资及应缴纳的社会保险费用”、“偿还其他债务”后，“剩余财产，按有关法律、行政法规的规定处理”。很明显，这里既没有明确规定返还出资人的投入，也没有明确规定清算后“剩余财产”的归属，即对出资人投入资产的最终归属没有明确的规定。这种情况在某种程度上反映了法规制定者在民办高校产权的归属划分方面还存在分歧，也无疑给民办高校产权的界定带来了制度性障碍。① 我国著名的高等教育专家潘懋元先生指出：“民办高校的产权归属和回报问题也一直没有得到明确的解决，这在很大程度上阻碍了新的民营资本进入民办高等教育。”② 中国教育学会会长顾明远先生认为，该规定无疑限制了投资人的积极性，导致投资人不敢继续投资和追求投资的短期效果，甚至出现了变相变卖学校、注册新公司转移校产等现象。③

产权问题是民办高校发展中的一个核心问题，是关系到民办高校能否保持长期稳定发展的重要问题。一方面，产权归属不明确、产权性质不清、产权关系混乱，必然造成民办高校资产的流失。另一方面，产权问题扯皮还会造成资源的无谓消耗，挫伤办学者的积极性，不利于整体教育质量的提高。同时，产权问题又会影响其他很多问题的解决，包括“合理回报”与“税收优惠”问题、学校与政府的关系问题、学校的营利性与公益性冲突问题、民办高校资本筹集方式问题等。所以对国家有关部门来说，如何科学制定民办高校产权政策、真正落实民办高校法人财产权问题，是一项紧迫而重要的任务，民办高校产权的明晰归根结底需要依靠法律政策的保护。

---

① 杨炜长. 完善民办高校法人治理结构的现实思考[J]. 高等教育研究，2005，26(8)：51-56.

② 潘懋元. 未来中国民办高等教育将有较大发展[N]. 中国教育报，2005-10-17.

③ 顾明远. 关于民办教育的若干问题[J]. 浙江树人大学学报，2001，1(2)：4-7.

(一)尝试允许举办营利性民办高校,按营利与否明晰产权

“投资”是一种具有商业性的营利行为。从事实层面来看,世界上许多国家的教育体系中都共存着两种性质的私立学校,即营利性的学校和非营利性的学校。美国绝大多数私立学校是非营利性的,但也存在为数不少的营利性私立学校。政府对营利性的私立学校征税。美国的营利性私立学校有合法的地位,不存在受歧视的问题,其中不乏办得好的私立高校。美国诺贝尔集团作为一个营利性的集团,共有 171 所学校,有 1.2 万名学生,集团通过向学生收费来实现公司利润的增长。[①] 日本营利性学校的比重也不小,它们是所谓“教育产业”的主体,受商法制约,不受学校教育法的制约,同公司一样须履行纳税义务。我国香港特别行政区的营利性私立学校被称为牟利性私立学校,由牟利性办学团体或个人举办,牟利性办学团体出资兴建或租赁校舍、购买设备,建成后以收取学费平衡开支和谋取盈余。

借鉴其他国家和地区的经验,我国也可以尝试将民办高校区分为非营利和营利性两类,并进行分类管理。党的“十六大”报告明确指出,“要确立劳动、资本、技术和管理等生产要素按贡献参与分配的原则”,“放手让一切劳动、知识、技术、管理和资本的活力竞相迸发,让一切创造社会财富的源泉充分涌流”。这标志着“要素贡献分配原则”正式成为我国社会主义初级阶段分配制度中重要的指导原则。“要素贡献分配原则”的确立是对传统的社会主义分配理论的重大突破和创新,也为我们从分配关系的新视角研究民办教育机构营利运作的必要性问题提供了新的政策支撑。适当允许营利性民办高校存在,不仅有利于促进民办力量投资办学的积极性,而且有利于对民办高校进行简约、规范管理;不仅可以避免某些投资者借非营利学校之名,行营利学校之实的企图,而且也便于使各级政府采取资

① 焦小丁.对现行《民办教育促进法》的修改建议[J].教育发展研究,2006(2):26-32.

助、转让闲置国有资产的扶持措施更有针对性。① 目前,我国现行法律只允许成立非营利性民办高校,对于经营性、以营利为目的的"民办培训机构"要求在工商行政管理部门登记,但还没有专门的法律法规对营利性民办高校予以规范。事实上,部分民办高校已经在进行这样的办学实践,并且取得了初步的实践成果。法律的出台与完善将对民办高校的行为起到进一步的规范和鼓励作用,并保护营利性民办高校稳步发展。②

美国非营利性私立学校的校产不归出资者所有,在学校存续期间归学校所有,学校停办以后归社会所有,由有关的社会组织(如私立学校协会)转给其他非营利性学校。对非营利性学校的一切出资或捐赠性质,出资者没有股权,不能分红。营利性私立学校的校产完全归投资者所有,投资者有股权,可以分红。在澳大利亚,教会学校归教会所有,其他非营利组织办的学校归非营利组织所有。教会和其他非营利性组织都是公益性机构,根据有关法律规定,这种机构终止时,其剩余财产不得私分,只能在赠予其他公益性机构或捐赠给政府之间选择。在我国香港地区,牟利性私立学校的产权属于团体所有,学校的盈余可以用于学校自身的建设和积累,也可以由牟利性办学团体自由支配。学校终止后,学校的全部财产归牟利性办学团体所有。如果牟利性办学团体也相继终止,则其财产转归各投资人所有。政府用管理私人公司的办法来管理牟利性私立学校及其办学团体。③

借鉴其他国家的经验,我国民办高校在注册时,应注明是营利性的民办高校还是非营利性的民办高校。对于非营利性民办高校:举办者投入民办高校的资产以及办学积累由学校享有法人财产权,举办者不因为出资而拥有民办高校的所有权;收支结余不得向出资者分配;一旦进行清算,清算后的剩余财产应继续用于社会公益事业。

---

① 胡卫,谢锡美.民办教育的营利和合理回报问题研究[C]//教育研究新视野:1995—2005.上海:上海人民出版社,2005.

② 石慧霞.民办高校的投入机制初探[J].黄河科技学院学报,2003,5(3):104-109.

③ 焦小丁.对现行《民办教育促进法》的修改建议[J].教育发展研究,2006(2):26-32.

对于营利性民办高校:按照国家对国有资产产权界定中“谁投资,谁拥有产权”的原则,在现有明确民办高校法人财产权的基础上,政府资助的财产归国家所有;企业和个人投入的寻利性资金归企业和个人所有;捐赠、学费属于学校集体所有;校产的增值部分根据投入主体占学校总资产的比例拥有相应比例的增值部分;如学校停办时,各投入主体根据资产的产权证明承担有限责任。① 这也符合《宪法修正案》保护合法私有财产的立法精神。

(二)切实做好民办高校资产过户工作,落实法人财产权

2006 年国务院办公厅发出《关于加强民办高校规范管理　引导民办高等教育健康发展的通知》,要求“民办高校要落实法人财产权,出资人按时、足额履行出资义务,投入学校的资产要经注册会计师验资并过户到学校名下,任何组织和个人不得截留、挪用或侵占”。2007 年 1 月教育部发布《民办高等学校办学管理若干规定》(25 号令),其中第六条规定:“民办高校的举办者应当按照民办教育促进法及其实施条例的规定,按时、足额履行出资义务。民办高校的借款、向学生收取的学费、接受的捐赠财产和国家的资助,不属于举办者的出资。民办高校对举办者投入学校的资产、国有资产、受赠的财产和办学积累等依法享有法人财产权,并分别登记建账。任何组织和个人不得截留、挪用或侵占民办高校的资产。”第七条规定:“民办高校的资产必须于批准设立之日起 1 年内过户到学校名下。本规定下发前资产未过户到学校名下的,自本规定下发之日起 1 年内完成过户工作。资产未过户到学校名下前,举办者对学校债务承担连带责任。”根据国务院通知要求,黑龙江省人民政府于 2005 年 4 月 19 日发布了《关于促进民办教育发展的若干意见》,山东省人民政府于 2007 年 1 月 9 日发布了《关于加强民办教育规范管理　引导民办教育健康发展的意见》,中共江西省委、江西省人民政府于 2007 年 2 月 15 日发布了《关于进一步

① 石慧霞.民办高校的投入机制初探[J].黄河科技学院学报,2003,5(3):104-109.

加强和改进民办普通高等学校工作的若干意见》，江苏省人民政府办公厅于2007年3月20日发布了《关于加强民办高校规范管理促进民办高等教育健康发展的通知》，海南省人民政府办公厅于2007年4月3日发布了《关于加强民办高校规范管理的通知》，浙江省人民政府办公厅于2007年5月14日发布了《关于进一步加强民办高等学校管理的若干意见》。这些法规中都提到了“落实法人财产权”，如江苏省规定：“落实法人财产权。经批准设立的民办高校，必须依法取得土地使用权和校舍产权，土地使用权证、校舍产权证必须办理在学校名下。民办高校出资人要按时、足额履行出资义务，投入学校的资产要经注册会计师验资并过户到学校名下，任何组织和个人不得截留、挪用或侵占。”

据2007年调查了解，全国绝大多数民办高校都存在法人财产权未落实的现象，相当一部分学校的房产证、土地证在投资方的公司名下，只有设备在学校账上；虽然大部分学校最初的投资已经到位，但也有个别学校存在办学结余转作投资的现象；部分学校的资产在投资方名下，而贷款在学校名下，这不仅加大了学校的办学成本，而且加大了学校的财务风险；部分学校存在投资方通过“其他应收款”账户长期借用学校办学资金的情况，有些高校高达1个多亿；部分学校从办学结余中取得投资回报的方式不合理，比例偏高。①

造成民办高校法人财产权未落实的原因，在于多数由企业出资举办的民办高校的举办者对资产过户问题尚不完全理解：(1) 担心公司资产过户到学校之后，不仅失去了实质上的控制权，而且由于产权归属不清，增加了资产的不安全性；(2) 担心办理资产过户登记会给举办者增加额外的费用负担（如资产评估费、土地增值税、契税和印花税等）；(3) 一旦办理了财产过户登记，将会使得部分已经办理了银行贷款的学校或投资公司由于缺少抵押担保资产、银行回收资金而陷入运转困境；(4) 认为强制办理学校资产过户登记缺少法

① 乔春华. 江苏省落实民办高校法人财产权的思考与对策[J]. 审计和经济研究，2008，23(1)：54-58.

律依据,因为不少民办高校在申请登记时,出资方已经按时、足额履行了出资义务,缴足了注册资本。

为维护法律和政策的严肃性,真正落实民办高校法人财产权,一方面政府的财政、税务、工商、房产、土地、银监会和教育行政部门等可组成联合工作机构,对民办高校落实法人财产权问题进行专题研究,协调好各方面的政策并制订统一的工作流程,以便更好地贯彻执行和操作实施。省级人大常委会可以利用自身拥有的地方立法权和《民办教育促进法》所授予的权限,结合各地实际情况制定更为详尽的法规,从法律层面上进一步明确投资者的最终产权归属问题,确保投资者存量资产以及相应的增量资产的安全,从而打消举办者的思想顾虑。

2005 年 4 月 19 日,黑龙江省人民政府颁布了《关于促进民办教育发展的若干意见》,其中第十二条规定:对于《中华人民共和国民办教育促进法》施行前发展起来的民办学校,目前办学积累达到一定规模但没有明确出资比例的举办者,根据对学校发展的贡献情况,经学校理事会或者董事会同意,审批机关核定,可以一次性给予举办者相当于学校净资产(扣除国有资产和社会捐赠部分)15% 的奖励,作为举办者的初始出资额。这是我国唯一一个省级政府界定民办学校举办者初始出资额的地方法规,齐齐哈尔职业学院产权改革正是该法规的可喜成果,因此被称为民办学校产权改革"破冰之举"。齐齐哈尔职业学院的创始人和负责人曹勇安指出,2005 年 4 月,黑龙江省人民政府颁布了《关于促进民办教育发展的若干意见》,学校盼望 7 年的政策终于出台了。同年 8 月,黑龙江省教育厅根据该项政策中的相关精神,对学院呈报的《关于齐齐哈尔职业学院有关出资事项予以核准的请示》作了批复:"依法确定曹勇安为学院原始创办人。曹勇安等 23 人为初始出资人。学院出资人由 1993 年的 23 名初始出资人和 1999 年至 2003 年的 25 名新增出资人共 48 人构成。至 2004 年学院净资产 1.08 亿中集体资产与出资人的个人资产比例为 64.43% :35.57%"。对此,曹勇安对划拨给自己的 2 045 万元的股份,以书面声明的形式提交给省教育厅和市委、市政府。"我志愿放弃我的奖金和划给我的股份的个人收益权、继承权,全部所得用于学院发展。"至此，历时 7 年的产权制度改革终于画上了圆满的句号。①

另一方面，为真正落实民办高校法人财产权，不增加民办高校举办者负担，建议凡是涉及民办高校资产过户和变更登记的（由公司资产过户到学校资产），可由省级政府发文，予以免除土地增值税、契税、印花税、资产评估费及过户手续费等一切税费，并最大限度简化相应手续，以鼓励和支持举办方办理财产过户登记。②

（三）建立健全民办高校的产权转让和继承制度

党的十六届三中全会关于《中共中央完善社会主义市场经济体制若干问题的决定》提出，"建立归属清晰、权责明确、保护严格、流转顺畅的现代产权制度"，这为民办高校产权政策的进一步完善提供了重要依据。民办高校正式设立后，存续期限内类似合并、股东人员变更的情况难免存在，这就要求建立一套完整的民办高校产权的转让和继承制度，保证民办高校的持续与稳定发展。③ 2007 年 3 月 16 日第十届全国人民代表大会第五次会议通过了《中华人民共和国物权法》，此法第三条和第四条明确规定：国家在社会主义初级阶段，坚持公有制为主体、多种所有制经济共同发展的基本经济制度。国家巩固和发展公有制经济，鼓励、支持和引导非公有制经济。国家实行社会主义市场经济，保障一切市场主体的平等法律地位和发展权利。国家、集体、私人的物权和其他权利人的物权受法律保护，任何单位和个人不得侵犯。《中华人民共和国物权法》对物权的设立、变更、转让和消灭，对所有权、用益物权、担保物权以及占有等问题作了比较清楚的界定。《中华人民共和国物权法》的出台和实施，必将为民办高校产权的进一步清晰界定提供必要的法律保障和依据。

---

① 乔春华. 江苏省落实民办高校法人财产权的思考和对策[J]. 审计与经济研究，2008，23(1)：54-58.

② 董圣足，黄清云. 民办高校落实法人财产权的问题与对策[J]. 教育发展研究，2007(1)：11-14.

③ 易湘良. 论民办高校的产权建设[J]. 株洲工学院学报，2004，18(4)：117-118.

三　合理回报政策

在当前我国民间公益力量比较微弱的情况下，承认并允许民办高校适度获取回报，是吸引大量民间资本投入高等教育的必然要求，有利于提高办学者的投资热情，吸取更多的社会闲散资金。如果完全排斥民办教育举办者在国家方针、政策、法规允许范围内获取的正当回报行为，则无疑是把社会资本拒之于高等教育门外。实践证明，将经济回报限定在一定的合理范围内，有利于规范举办者的办学行为，使民办高校的教育目的与民办教育的公益性质协调一致，同时也可以在一定程度上限制举办者的暴利。美国诺贝尔集团教育执行官方塔娜(Lynn A. Fontana)接受《中国教育报》记者采访时说："公司利益最大化和教育质量最好是一致的，只有提供最好的教育质量才能实现利润最大化，对利润的追求反而可能成为提高质量的动力。如果没有一流的质量就没有好的、丰富的生源，利润的实现也就落空了。"因此，允许民办高校的投资者取得合理回报是鼓励社会资金投入高等教育的必要措施，并不会因此改变高等教育的公益性。①《民办教育促进法》允许民办高校"出资人从办学结余中取得合理回报"，是基于我国民办教育发展的实际情况，是为了调动办学者的积极性，吸引更多的社会资金来举办民办高校，是国家采取的对民办高校出资人的一种鼓励、奖励措施。因此，出资人依法取得"合理回报"的民办高校，与不要求"合理回报"的民办高校同样属于公益性事业，是非营利性机构，仍然应该享受各项优惠政策，各级政府和组织不应当对其实行政策性歧视。《民办教育促进法实施条例》对出资人取得合理回报的条件、计算因素等进行控制，并要求民办高校在确定出资人取得回报的比例前向社会公布学校与其办学有关的材料和财务状况，但这在现实的执行上比较困难。要保证"合理回报"的

① 潘留仙.民办高等教育发展的六大矛盾[J].黄河科技学院学报，2005，7(3)：12-17.

实现，还需要尽快规范民办高校的财务、资金管理制度，建立规范的民办高校评估体制和发挥社会公众作用的监督机制；需要审批机关转变行政管理方式，由直接控制向间接控制和高效服务转变，以保证合理回报得到切实贯彻和落实。①

（一）科学制定合理回报政策，厘清民办高校合理回报影响要素

《民办教育促进法》明确了“民办高校在扣除办学成本、预留发展基金以及按照国家的有关规定提取其他的必需费用后，出资人可以从办学节余中取得合理回报”，但并没有对合理回报作出更详细的说明，只是笼统地规定“取得回报的具体办法由国务院规定”。这就要求我们在确定合理回报标准之前，对办学成本、预留发展基金及规定费用等具体要素进行确定，以确定合理回报的标准。

1. 关于民办高校办学成本的确定

教育成本即为提供教育服务而发生的价值牺牲，这一价值只有得到补偿才能保证学校的办学活动继续维持运行。1958 年，约翰·维泽出版了《教育成本》一书，首次提出“教育成本”的概念。但时至今日，世界银行与联合国教科文组织对教育成本的定义和方法仍未能加以规范。从经济学意义上讲，高等学校教育成本是指高校在教育活动中用于培养学生所耗费的教育资源的价值。目前，公办高校可以列入成本的科目国家已有明确规定，但这些规定不完全适用于民办高校。一般来说，民办高校的办学成本主要包括教育基建费和教育事业费两大项，其中事业费包括人员性经费和公用经费。人员性经费主要包括基本工资、补助工资、其他工资、职工福利费、社会保障费以及奖贷助学金；公用经费包括公务业务费、设备购置费、修缮费和其他费用几个部分。目前，民办高校的科研领域基本是空白，因其这方面的支出费用比较少。设备购置费指不够基本建设投资额

---

① 王大泉. 民办教育促进法实施条例解读之十六：合理回报制度的概念与问题浅析[N]. 中国教育报，2004-10-22.

度，属于固定资产的办公用一般设备、车辆、教学用专业设置、图书、文体设备等。修缮费指学校和单位房屋、建筑物及附属设备的修缮、公房租金、不够基本建设额度的零星土建工程费用。建设性成本包括购买固定资产的支出，如能在较长时期带来收益的建筑和设备等。① 以上费用均是民办高校必须支出的费用，应当以实际支出计算成本，从收入总额中扣除。为了防止投资者为追求利润最大化故意削减某项开支，可以在法律解释中对这些成本作出最低标准的限制性规定。

2. 关于预留发展基金、公益金、风险保证金的确定

预留发展基金是要求民办高校保证可持续发展的资金储备。这些资金可用于扩大学校办学规模，增加资产投入，创特色和品牌学校。如目前很多民办高校为了更好地生存和发展，都打出了创建特色或打造品牌的旗号，其实这是民办高校自觉和不自觉地对国内教育市场进行的深度激活。然而，创建特色和打造品牌都不是一蹴而就的，民办高校为此要花费资金成本、人力成本和时间成本，这就需要运用发展基金进行投入。民办高校预留发展基金相当于《公司法》规定的企业公积金，民办高校用于集体福利的公益金也相当于《公司法》规定的企业公益金。这两项基金的提取比例可以参照《公司法》的规定确定。按照《公司法》第一百七十七条的规定，公司分配当年税后利润时，应当提取利润的10%列入公司法定公积金，并提取利润的5%～10%列入公司法定公益金。公司法定公积金累计额为公司注册资本50%以上的，可不再提取。民办高校可按当年收入减除成本（固定资产成本不能完全减除，应将按规定提取的折旧费减除）的余额乘上10%列入预留发展基金；乘上5%～10%列入公益金。民办高校风险保证金也应当有一定的提取比例。当前，民办高校要面临的经营风险主要有政策风险、教育市场风险和自身经营风险。政策风险，如国家相关教育政策调整、对民办高校的收费管理

① 丁笑炯. 民办高校的成本和收费[C]//教育研究新视野：1995—2005[M]//上海：上海人民出版社，2005.

（如某些省取消教育储备金的做法就曾导致很多民办高校面临生存危机）等；教育市场风险，如政府扩大公立学校规模、适龄入学学生减少、学校过多等导致教育市场严重供过于求；自身经营风险，主要包括教师队伍的难以稳定导致学生和家长的不满，个别投资人的急于收回投资等短期行为引发资金危机，校园伤害等突发性重大事件等。所以对民办高校来说，应当提取部分风险保证金以保证学校在经营遇到风险时，可采取紧急措施。

风险保证金应由民办高校专户存储到教育主管部门指定的机构，风险保证金及其利息属于学校资产，任何组织和个人不得侵占和挪用。风险保证金的来源和比例可根据各地区的具体实际制定相应的标准。天津市于2002年在《建立民办教育办学风险储备金制度》中规定，教育机构应当用开办资金的5%，并逐年从学费总收入中提取2%，直至达到当年学费总收入的50%来作为办学风险储备金。黑龙江省于2006年在《关于建立民办高等教育机构风险保证金制度的意见》中规定，民办高等教育机构应当从年度收入中按2%的比例提取风险保证金，风险保证金累计达到学校资产总值的50%时，可不再提取。达到规定设置标准、办学效益较好、社会信誉度较高的民办高等教育机构，可以不按年收入的2%逐年提取风险保证金，而按设置标准规定启动资金的25%一次性提取。江西省于2007年在《关于进一步加强和改进民办普通高等学校工作的若干意见》中规定，每年从民办高校年度学费收入中按1%的比例提取风险保证金用于学校发生意外事故的处理。风险保证金收取年限：民办本科高校根据其学制按照4年一个周期的标准收取；民办专科高校根据其学制按照3年一个周期的标准收取。风险保证金属于学校资产，实行专户储存，由省教育厅、省财政厅监管，利息由民办高校支配。风险保证金及其利息，任何组织和个人不得挪用和侵占。四川省于2007年在《民办教育促进条例（征求意见稿）》中规定，建立民办学校风险保证金制度。民办学校应当从年度收入中按3%的比例提取风险保证金，用于学校发生意外事故或其他相关事宜的处理。风险保证金累计达到学校资产总值的50%时，可不再提取。风险保证金属于学校资产，实行专户存储，由审批机关监控使用。风险保证金的利息属民办学校所有。学校可以将风险保证金临时用于学校的大型项目建设和设备购置等，累计使用不得超过风险保证金总额的50%，且支出部分应在下一年度予以补足。风险保证金及其利息，任何组织和个人不得侵占或挪用。

（二）科学制定合理回报政策，明确合理回报取得的原则和程序

在《民办教育促进法》及其《实施条例》中，“合理回报”的提取原则体现在三个方面：一是民办高校的内部最高决策机构有权决定是否要求取得“合理回报”；二是出资人只能按会计年度从学校办学节余中按确定的比例提取“合理回报”；三是提取“合理回报”的比例应当由民办高校的内部最高决策机构事先作出决定，并载入学校章程。根据《民办教育促进法》及其《实施条例》，民办高校提取“合理回报”的程序依次是：民办高校的内部最高决策机构作出要求“合理回报”的决定，并在学校章程中载明“要求合理回报”；“向社会公布与其办学水平和教育质量有关的材料和财务状况”；依照《实施条例》第四十五条的具体规定，作出确定出资人取得合理回报比例的决定；在民办高校作出出资人取得合理回报比例的决定后的15日内，将学校的决定和向社会公布的有关材料、财务状况报审批机关备案；出资人在每个会计年度结束时，依照学校确定的比例，从学校办学结余中提取“合理回报”。

从这些规定中可以看出，国家法律法规对于民办高校提取“合理回报”的政策和程序都是严格而清楚的，尤其把合理回报比例的决定权交给了民办高校自己，体现了“效率越高，贡献越大，回报越多”的科学发展观，有利于鼓励民办高校自己做强做大。因此，各地在民办教育的地方立法和管理中，应当积极贯彻“民办学校自主依法选择是否要求回报和依法自主确定回报比例”的重要原则，避免回到政府统一确定回报比例的“限制性”回报方案这一旧思路上。①

① 王文源. 民办学校的产权与权益[J]. 中小学管理，2001(6)：12-14.

（三）科学制定合理回报政策，明确合理回报比例和支付期限

关于“合理回报”比例的确定问题，目前理论界有两种观点。一种观点认为，以投资额作为计算基数，具体的比例略高于商业贷款的利率；另一种观点认为，以结余额作为计算基数，再确定具体的计算比例。本书赞同后一种观点。如前所述，民办高校在投资者履行完投资义务后，每年取得的办学收入减除运营成本、“三金”后就是办学结余。国家应当明确学校可以按一定的百分比来向投资者支付“回报”。为了鼓励投资民办教育，具体比例可以略高一些。本书认为，可以按高于目前的社会平均利润率的比例来确定，这样才能既调动投资者投资民办教育的积极性，又不过多影响其他行业的整体平衡。

关于合理回报支付期限的确定问题，投资者往往很关心什么时间能收回投资并获得相应利益。如果民办高校投入资本属集体所有，即使投资者借款投入也要靠投资者自己偿还，只有当学校停办时投资者才能收回投资和取得一定利润，并且往往不能收回现金，只能收回一些房屋和资产而难以变现，这样就会大大地影响投资者投资热情，不利于民办教育事业的发展。因而，国家应当允许投资者在短期内就获得一定的收益，使投资者看到投资回报，更大地激励投资人的投资热情。所以，应当允许投资人在每学年结束时进行投资回报分配，并且不要规定“合理回报”的年限，因为规定年限会导致投资者急功近利，不利于民办高校的长期发展。①

（四）科学制定合理回报政策，明确合理回报的配套政策——民办高校的法人类型问题

在财政部于 2004 年 8 月 18 日公布的《民间非营利组织会计制度》中明确规定：“任何单位或个人不因为出资而拥有非营利组织的

---

① 姜彦君．不同类型的民办学校“合理回报”政策的选择[J]．浙江万里学院学报，2004，17(1)：4-8．

所有权;收支结余不得向出资者分配”;“非营利组织一旦进行清算,清算后的剩余财产应按规定继续用于社会公益事业”。而目前,我国民办学校的法人类型都登记为“民办非企业单位”,并执行《民间非营利组织会计制度》。这一会计制度,意味着出资人对其投入资产所有权的丧失,“合理回报”也难以跨越“收支结余不得向出资者分配”的障碍。本书认为,既然《民办教育促进法》第三条明确规定“民办教育事业属于公益性事业,是社会主义教育事业的组成部分”,《民办教育促进法》和《实施条例》都没有规定民办学校的法人类型属于“民办非企业”单位,民办学校的法人性质就应当可以确定为“事业单位”性质,可以同公办学校一样登记为“事业法人”。如果按照《国务院关于鼓励支持和引导个体私营等非公有制经济发展的若干意见》中“允许非公有资本进入社会事业领域”的有关精神,就更应当突破民办学校不能登记为“事业单位”法人的传统观念和政策障碍,进一步理顺民办学校的法人治理结构和财务会计制度,落实“合理回报”的鼓励扶持政策,真正在经济投入上为民办高校的稳步发展创造条件。

四　税收政策

合理的税收政策不仅能有效激发社会力量举办民办高校的热情,促进民办高校持续健康发展,促进教育领域公平竞争环境的形成,而且能通过合理的税率和税收优惠政策把民办教育投资者、办学者引导到合理的区域,从而达到控制区域内民办高校数量和层次的目的,实现民办高校布局的优化调整。

财政部和税务总局分别于 2001 年 9 月、2004 年 2 月颁布了《关于社会力量办学契税政策问题的通知》与《关于教育税收政策的通知》,两个文件对民办高校税收问题都作了相关规定。其中,《关于教育税收政策的通知》针对涉及教育的营业税、增值税、所得税、城镇土地使用税、印花税、耕地占用税、契税、农业税和农业特产税、关税等 11 个税种专门规定了优惠政策。这一政策是对过去我国法律、法规关于教育税收优惠规定的总结和细化。此外，2002 年 12 月全国人大颁布的《民办教育促进法》、2004 年 4 月国务院颁布并实施的《民办教育促进法实施条例》，也对民办高校税收问题作了纲要性的要求。总体来看，我国大部分法律法规以及政策规定并没有明确区分公办学校和民办学校，只有《民办教育促进法实施条例》提出了捐资助学和不要求取得合理回报的民办高校享有同公立学校同等的税收优惠政策。

（一）当前民办高校税收政策中存在的问题

纵观我国民办高校现行的税收政策，相关税收规定仍然停留在原则性的层面，缺乏具体的可操作性，对民办高校的发展未起到最大化的激励和扶持作用。

一是公办高校和民办高校在税收待遇方面存在较大的差别。在所得税方面，《关于教育税收政策的通知》（以下简称《通知》）第一条第十项规定："对学校经批准收取并纳入财政预算管理的或财政预算外资金专户管理的收取不征收企业所得税；对学校取得的财政拨款，从主管部门和上级单位取得的用于事业发展的专项补助收入，不征收所得税。"依据这一规定，对公办学校的预算内收入和纳入专户管理的预算外资金都免征所得税。而对于民办学校，由于其收入并未纳入预算内也未纳入预算外的资金专户管理，这样一来，即使是对从事学历教育的民办学校的学费收入也应征收企业所得税，这就使得民办学校与公办学校在所得税的待遇方面存在明显的差距。《通知》在税收优惠问题上对于公办高校与民办高校的这种不公平待遇，将产生一系列负面影响。从宏观方面来看，由于《通知》的这种规定明显与《民办教育促进法》中的相关规定相冲突，这将导致社会公众对法律的权威失去信心，从而使《民办教育促进法》的实施失去基本的社会基础。从具体方面来看，为了避免纳税，民办高校会想方设法减少办学经费的结余，这将会导致民办高校缺乏发展的后劲和承担办学风险的能力，甚至可能引发一些违规的办学行为，如为了达到免税或少税的目的，一些民办高校可能会人为地做假账，这些都不利于民办高校的持续、稳定、健康发展。①

二是对要求合理回报和不要求合理回报的两种民办学校的税收政策差别化还比较模糊。《民办教育促进法》关于合理回报的问题是放在"扶持与奖励"一章中加以规定的，由此可见，"合理回报"与民办高校的营利性和非营利性是不同性质的两个问题。然而，在税务执法人员的观念中，却只有营利性和非营利性之分，而且他们对营利性和非营利性的判断也不是依据《民办教育促进法》的有关规定来认定，而是从民办高校财务报表的具体核算中进行裁定——看民办高校经营是否有盈余，如果有，则按对营利性组织的税收征管办法对民办高校征收所得税。允许民办高校取得合理回报，本是《民办教育促进法》鼓励、促进我国民办教育事业最具实际意义的规定，然而，由于法律在允许取得"合理回报"问题上的标准过于笼统，相关的配套政策又迟迟未见出台，这一被认为在《民办教育促进法》中最具突破性、最能体现"促进"精神的条款遭遇到了现实的尴尬。从全国情况看，学历教育阶段要求合理回报的民办高校寥寥无几。以上海市为例，从 2005 年民办高校换证统计情况来看，一百多所民办高校中没有一所要求取得合理回报，而目前《通知》的实行将进一步加剧这种状况。②

三是税收的执行受税收人员主观性的影响较大。一些税法虽然规定教育机构享受减免待遇，但未具体规定哪种教育机构可享受减免税。因而由于执法人员理解程度存在差异，各地执行标准不统一，民办学校税负不均。此外，现行税收制度也不利于捐赠机制的形成与发展。《个人所得税法实施条例》规定，捐赠额未超过纳税义务人申报的应纳税所得额 30% 的部分，可以从其应纳税所得额中扣除。《企业所得税暂行条例实施细则》第十二条规定，公益、救济性的捐赠，是指纳税人通过中国境内非营利的社会团体、国家机关向教育、

① 谢锡美. 民办学校税收政策的问题及合理选择[C]//教育研究新视野：1995—2005. 上海：上海人民出版社，2005.

② 谢锡美. 民办学校税收政策的问题及合理选择[C]//教育研究新视野：1995—2005. 上海：上海人民出版社，2005.

民政等公益事业和遭受自然灾害地区、贫困地区的捐赠。纳税人直接向受赠人提供的捐赠不允许从应纳税所得额中扣除。两个税法对捐赠额度和捐赠步骤的规定与其他国家和地区相比，显得过于严格。如我国台湾地区的“私立学校法”规定的个人所得免税捐赠额度是“不超过所得额的百分之五十”，企业所得免税捐赠额度是“不超过所得额百分之二十五”。①

（二）关于进一步完善民办高校税收政策的建议

1. 在区分营利性与非营利性的基础上调整民办高校税收政策②

在国外很多国家中，营利性和非营利性私立高校的政策是不一样的。如菲律宾私立高校从20世纪初就区分了营利性和非营利性两种学校类型，这是参照该国早期的《公司法》而作出的划分。菲律宾《公司法》允许不少于5个人组成股份（营利）或非股份（非营利）法人，但不论是股份还是非股份教育法人，只要是用于教育目的的收入都可免征税。但对前者的免税则多一些限制性条件：“非股份、非营利的学校真正直接和完全用于教育目的的一切收入和奖金免税。学校法人解散或中止存在时，其资产按法律规定处理。持股学校，包括那些合股的，在受到包括股息限制和有关再投资规定条款的法定限制下，同样可免征上述税收”。③

我国民办高校进行营利性与非营利性的划分后，将呈现营利性民办高校和非营利性民办高校两大类，其中非营利性民办高校又分为要合理回报民办高校和不要合理回报民办高校。由于不要求取得合理回报的非营利性民办高校不为任何私人谋利，具有较强的公益性，其本质特征与公办教育机构非常接近，因此应给予这类民办高校与公办高校同等的税收待遇。要求取得合理回报的非营利性民办高

① 谢锡美. 冲突与完善：争议中的民办学校税收政策[J]. 教育发展研究，2007(2)：40-43.

② 此政策建议是建立在本书在“产权政策”中提出的应允许举办营利性民办高校的政策建议基础之上的。

③ 张国才. 菲律宾私立高校立法问题[J]. 高等教育研究，1991(3)：95-102.

校，亦具有较强的公益性，因此国家有关部门应单独为此类民办高校制定税收优惠管理办法，适当缩小其与公办高校的差别待遇。营利性民办高校机构虽然以获取回报为目的，但也具有公益性特征，因而应在现有民办高校优惠政策的基础上，对营利性民办高校自用的房产和土地免征房产税与城镇土地使用税。在企业所得税方面，对从事普通本专科学历教育的民办高校在开办初期应给予3～5年的免税优惠，免税期满后，依法征收企业所得税。在捐赠税收扣除方面，应对非营利性民办高校的捐赠予以全额扣除，而对营利性民办高校机构的捐赠不允许扣除，鼓励社会捐赠资源向非营利性民办高校提供捐赠。

2. 发挥税收政策的杠杆作用，有效调整区域民办高校的布局

充分利用税收的调节职能，建立合理完善的税收优惠政策，使之在民办教育的合理布局中发挥杠杆作用，具体体现在两个方面：(1)在办学类别方面，对一些急需的办学类别（如职业教育等）放宽税收优惠的范围，加大优惠的幅度，扶持其发展；对于一些区域市场已饱和的学校，可降低优惠程度，甚至取消优惠政策，抑制其发展，从而起到引导办学主体合理确定办学方向的作用。(2)在办学区域方面，起到引导社会资金流向教育的作用。国家可以对边远贫困地区和少数民族的民办高校给予特殊优惠。我国边远贫困地区、少数民族地区低下的经济发展水平制约了教育水平的提高，而低水平的教育质量反过来又影响经济的发展，从而形成了“贫困——教育水平低下——更贫困”的恶性循环。因此，国家应该在这些教育资源匮乏的地区大力扶持民办高校，应该在税收方面给予这些老少边穷地区更加优惠的政策。比如，可以给予这些地区的营利性民办高校与公办高校同等的税收待遇，对投资者用取得的回报追加办学投资的，退还已缴纳的个人所得税等，鼓励社会力量在这些地区举办民办高校，尽快使这些地区摆脱教育落后的面貌，推动其经济快速发展，缩小其与发达地区的差距。

3. 对受教育者予以税收优惠

在教育市场供不应求的今天，人们对接受教育的需求很大，但由

于接受民办高等教育每年需要支付较高的费用，而且民办高校助学金和贷款制度尚未完善，因此经济能力较差的家庭一般难以负担，广大农村的贫困家庭更是无法承受。为此，加大对受教育者的政策优惠（包括税收优惠）力度，满足社会对不同层次、不同形式教育的需求，促进民办教育事业的发展就显得十分迫切。在这方面，美国的做法值得我们借鉴。美国的教育体系高度发达，其教育税收优惠政策主要是向受教育者提供优惠。如终身学习抵税（Lifetime Learning Tax Credit）是指所支付大学、研究生、职业进修等教育费用的20%可以从税款中扣除；教育贷款利息抵减（Deductibility of Interest on Student Loans）则是指纳税人取得教育贷款前60个月的利息费用可以用来抵减应纳税所得额。2001年7月1日开始分阶段实施的《美国减税法案》中也规定：提高教育存款征税门槛，从以前的500美元起征，提高到2 000美元。① 借鉴美国等发达国家的经验，我国应在现有优惠政策的基础上加大对受教育者的优惠力度。在个人所得税方面，对个人和家庭的教育支出给予一定比例的税收扣除，对学生教育贷款利息允许税收扣除；在企业所得税方面，提高职工教育经费的计提比例和扣除标准，鼓励企业、家庭和个人扩大教育消费。②

4. 通过税收政策的调节，鼓励社会对民办高校进行捐赠

对于所有纳税人，无论是法人还是自然人，凡捐赠民办高等教育，都应免除相应的纳税额度并且没有捐赠额度限制，这样可以使不少社会闲散资金投向民办教育；凡把遗产捐赠给民办高等教育基金会的或基于遗产创办教育机构的，应免除遗产税；凡资助青年学生就学的，也应免除相应的纳税额度。③ 在国外，很多国家都注重在税法上给予向私立高校提供捐助者特殊优惠，鼓励为私立高校捐资。西方国家中，美国的高等教育捐赠历史最为悠久，成绩也最卓越。在美国，私人、企业和各种基金会的捐款以及学校利用这些捐款建立的基

① 隋绍楠. 美国减税法案分析[J]. 税务与经济,2002(1):38-40.

② 杨龙军. 民办教育税收问题探讨[J]. 税务与经济,2005(2):17-20.

③ 王宪平. 论现阶段政府对民办高等教育的全面扶持[J]. 复旦教育,2001(2).

金的收入，是私立学校的主要财源。美国"贵族"学校不以其高昂的学费自豪，而以其获得的捐款为荣。① 美国教育部教育统计资料中心的数据显示，1995—1996 年度美国私立高校的各项捐赠收入达到整个高等教育经费构成的 13.5%。② 美国高教捐赠事业的发达，很大程度上有赖于美国政府制定的税收优惠政策。美国联邦政府和州政府的法律都规定，凡是向非营利机构（其中主要是教会和高等学校）捐赠基金、款项、设备、不动产等的机构和个人都可享受一定比例的所得税优惠，这使得更多的非政府机构和个人乐于资助高等教育。再如，日本政府为了鼓励企业、团体和个人向私立高校提供捐助，日本政府规定对向私立学校法人捐赠物品或捐款的个人或团体实行免税或扣除部分所得金额，将捐款行为作为亏损等减免税金的政策。③

5. 加强民办高校税收的监督管理

为了规范民办高校的财务会计制度，政府有关部门应尽快制定出台符合民办高校实际的财务会计管理办法。同时，针对一些民办高校避免征税的一些失范行为，对不同类型的民办高校应制定不同的监督管理办法，加强监督管理的力度。对税务部门来说，必须加强教育税收管理，监督各类民办高校按照规定办理税务登记，并切实保证教育税收征免政策的有效实施。

五　资助政策

中国民办高等教育目前尚处于起步阶段，由于政策和环境方面的原因，大多数民办高校现在的生存发展状态并不稳定，特别是在公

---

① 邢子青. 教育不赚钱？谁来办教育？[N]. 21 世纪经济报道，2002(3).

② 蒋国河. 推进高等教育捐赠事业：价值传承和制度创新[J]. 江苏高教，2005(6)：27-30.

③ 刘国卫. 关于民办高等教育经费来源的研究[J]. 教育与现代化，2003(3)：68-73

办教育与民办教育共存的格局中，两者之间还并不存在一种真正对等的竞争。目前，各地方政府对公办高校似乎都存在着不同程度的"偏爱"，使得公办高校拥有更优厚的发展条件。由政府资助缺位或匮乏而导致的民办高校办学经费紧张的问题，越来越成为民办高校进一步发展的羁绊，严重地制约着民办高校办学条件的改善和核心竞争力的提升。作为公共资源的拥有者——政府，掌握着资源的分配权，政府的政策不应使公办高校与民办高校之间业已存在的差距扩大，而应使公办高校与民办高校在资源配置中处于平等和公平竞争的环境。在民办高校面临激烈竞争的态势下，迫切需要政府进一步完善和落实政府对民办高校的资助政策，这是当前民办高校提升核心竞争力的重要政策需求。

（一）政府实施民办高校资助政策的依据

民办高校具有为社会服务的公共职能，民办高校办学的"产出"是一种公共产品、一项社会公益性事业。《民办教育促进法》总则第三条明确地规定："民办教育事业属于公益性事业，是社会主义教育事业的组成部分。"也就是说，民办高校所承担的是促进社会进步和发展的公益性事业，其办学充分体现了社会公益性和为社会服务原则，政府有责任更有义务资助民办高校的发展。

根据教育成本分担理论，依据"谁受益、谁负担"原则，个人接受高等教育，个人是受益者，同时社会和国家也是当然的受益者。因此，教育成本支付应在政府、企业、家庭、个人等各直接利益人之间合理分担。政府作为社会和国家公共利益的当然代表，必须承担相应的责任和义务，这种责任和义务体现为政府要把国家公共财政收入的一部分通过财政拨款的形式，拨付给包括民办高校在内的高等院校。与此同时，政府的这种公共资助也将有助于弱化民办高校的营利性，强化其办学的非营利性质，进而推动社会公益性事业的发展。[①] 如若国家对民办高等教育采取不资助政策，则可能会导致学生学费大幅增加，这从本质上来说，是国家将其对民办高等教育的资

① 代蕊华，王斌林. 政府资助与民办高校发展[J]. 教育发展研究，2006(1)：14-18.

助责任转嫁到了学生身上。民办高等教育是一种以市场为导向的教育。市场导向的教育会导致某种程度的社会分化,并有可能将那些因社会和地理位置的原因被边缘化的群体排除在竞争和择校的新机制之外。事实上,在我国,择校、教育资源和机会配置的不均衡等问题,部分学生因负担不起学费而辍学的现象等,正是学校教育市场化的体现。我国的民办高校由于筹资渠道单一,主要依赖学费运转,所以办学成本大部分为学生所承担,民办高校的学费也比普通高校高出许多。高昂的学费必然将很多贫困的学生拒于大学校门之外,这导致了新的入学机会的不平等。国家对民办高校进行一定的资助,可以帮助其减轻经费负担,降低学费,扩大入学机会,从更大范围上扩大高等教育的公正与公平。

民办高等教育主要通过市场的手段运营,因而具有一定的盲目性。政府如果放任自流,将会导致教育市场的混乱和失控。政府的调控和管理不应该仅限于控制,还可以通过资金的鼓励和诱导来实现有效的管理,可以通过有条件的资金支持,要求民办高校按照社会和市场需要办学,使民办高校将更多精力集中在教学上,确保教育教学质量,由此达到质量管理的目标。

(二)国外政府对私立大学的资助政策

给予私立高校必要的资助是许多国家发展私立高等教育的重要措施之一,且这种资助的额度还在不断加大。国外政府资助私立大学的目的有三:一是减轻学校的财政压力,促使其把注意力转移到教学上来;二是降低学校的收费标准,促进教育机会均等;三是通过明确获得资助的条件,对私立大学进行必要的管理。

1. 美国对私立大学的资助政策

由于美国没有国立高等教育系统,公立高等教育系统属于各州管辖,因此,联邦政府在公、私立高等教育中没有特殊的利益。联邦政府在制定政策法规和提供资助方面,不刻意偏袒公立或私立高校。如在联邦政府分配赠地拨款、退伍军人资助金、联邦学生补助金和贷款时,公、私立高校都享有同等机会。虽然促进公立高校的发展是州政府的职责，但州政府除向辖区内的公立高校提供固定财政拨款外，在其他方面，州政府对公、私立高校是一视同仁的。显然，美国政府平等对待公、私立高校的态度是受平等价值观念和联邦宪法民主平等精神的影响的。政府平等对待私立高校的态度本身就是对私立高校的一种支持，这种支持不仅保证了私立高校以平等的身份与公立高校进行竞争，而且是对私立高校的极大激励，使其产生对行为结果的良好预期。

除了在政策态度方面给予激励外，联邦政府还通过向私立高校提供各种财政资助进行实质性的激励，如提供补助金、贷款、税收减免等。自 20 世纪 80 年代以来，美国政府对私立高校的资助一直没有间断过，且经费资助力度较大，整个经费资助占学校经费来源的比例一般在 10%～20% 之间，2001 年美国联邦政府对私立高校的资助占学校经费来源的比例为 17.5%。当然，联邦政府向私立高校提供的资助也不是“免费的午餐”，各院校必须通过竞争才能获得，而且联邦政府为了实现特定的目的，在提供资助的同时向接受资助的院校附加了一定的条件。这种以市场竞争机制为基础、以质量和公平为目标的资助模式对接受资助的院校既是一种激励，也是一种约束。但约束并不是强制性的，担心联邦政府干预的院校可以选择放弃联邦资助。① 根据美国教育统计中心的统计，联邦政府对私立高校非限制性的助学金和合同资助从 1980 年度的 5.96 亿美元增长到 1995 年度的 16.49 亿美元，而限制性的助学金和合同资助则从 21.91 亿美元增长至 50.43 亿美元。1980 年联邦政府对高校大学的拨款、非限制性助学金与合同资助、限制性助学金与合同资助以及专项经费 4 项经费资助（前两项为非竞争性资助，后两项为竞争性资助），分别占私立高校经费来源的比例为 1.0%，2.7%，9.9%，5.4%，至 1995 年度分别为 0.3%，2.3%，7.0%，4.5%。② 从比例上看，政府的直接拨款比例最小，下降幅度最大，而限制性助学金与合同资助以及专项

① 张旺. 美国私立高等教育发展的制度环境分析[J]. 比较教育研究，2005(11)：76-80.

② 美国教育统计中心（NCES）网站，http://necs.ed.gov/[EB/OL].[2005-10-20].

经费资助比例较大，下降幅度较小。这一方面体现了联邦政府的压缩高等教育预算政策，另一方面也体现出政府经费资助中大部分经费要通过竞争获得。由此体现出联邦政府经费资助中的一个基本趋势：加强资助体系中的竞争性。①

2. 日本对私立大学的资助政策

（1）经常费补助。日本政府对私立高校经费的补助形式包括“一般性补助”和“特别补助”两种。“一般性补助”是指在学校经常性费用方面的补助，其金额的算法是：以教职员工、学生数为基数乘以人均补助金额，计算出补助金额，再根据教育研究条件的调整情况实行倾斜分配。所谓“特别补助”就是区分不同学校的情况，进行不同金额的补助。第一种情况是根据学生定员以及学费用于教育和研究的比例的不同给予不同的资助。对于学生定员较多、学费用于教育和研究比例较高的学校增加补助，最多可以增加30%，反之减少补助，最多可以减少70%，以保证私立高校把资金更多地用于改善办学条件。第二种情况是根据学校收入状况给予不同的补助。经营情况好的年份少补或不补，经营情况差的年份多补，以保证私立高校每年都有稳定的收入来源。第三种情况是根据学校对补助金的使用情况给予不同的资助。对于在利用补助金完善教育研究条件方面做得较好的私立高校，给予较多的补助金额，对经营管理存在明显不足和没有充分利用补助金的私立高校，实行5年停发补助金的制裁措施，以保证私立高校补助金的利用效率。

（2）科研设施设备资助。为促进私立大学学术研究工作的开展，日本国会于1957年通过了《国家对私立大学科研设备补助法》，建立了“私立大学科研设备费补助金”制度。根据该法及有关政令的规定，私立高校购置基础性研究所需的机械、设备（价格在500元至4 000万日元之间）及1 000万日元到4 000万日元之间的信息处理设备，都可以接受二分之一（研究设备）至三分之一（信息处理设备）

① 周朝成. 美日中私立（民办）高等教育发展的政府经费资助之比较研究［J］. 复旦教育论坛，2007，5（1）：79-83.

的补助。1983 年日本政府又在原来的私立高校科研设备补助金制度之外，建立了私立大学研究生院等教学科研仪器设备等补助金制度，目的在于振兴私立高校的学术研究以及技术教育，实现使研究生拥有最尖端的设备和建立信息处理教育体制的目标。

（3）长期低息贷款。为了振兴私立高等教育，日本政府于 1952 年批准成立日本私立学校振兴会，实施国家对私立学校（尤其私立高教机构）的贷款制度。1970 年建立的日本私学振兴财团，负责发放日本政府给予私立高校补助费的工作。日本私学振兴财团为半官方半民间的特殊财团法人，主要利用民间资金，也从国家筹得约三分之一的资金，作为向私立高校提供的长期低息贷款，贷款年限为 20 年，固定年利息为5.5%，从而使学校法人在因购买建校土地、新建或改建校舍、增添教育研究设施或抵御灾害破坏时得到融资，暂渡难关。截至 1991 年底，政府共向私学振兴财团出资 98 亿日元，而该财团共计向私立学校融资 639 亿日元。1995 财政年度，日本私学振兴财团贷款额为 900 亿日元，以适应私立学校尤其是私立高等院校的发展需求。

（4）育英奖学。日本育英奖学事业分为两种，即国家办的"日本育英奖学事业"和地方政府及民间团体办的"一般奖学事业"。从贷予学生数和金额来看，前者占有绝对优势。根据日本《育英会法》及其实行令，私立高校中学习成绩优秀而经济困难者不仅可同国立、公立高校同类困难学生一样，可以向育英会申请低息或无息贷款，而且每月的贷款金额还可高于国立、公立高校学生。奖学金分为两种，即第一种贷予奖学金（无息贷款）和第二种贷予奖学金（在校期间无息贷款，毕业后年息为 3% 左右的贷款，若增补贷款，其年息为 5.5%），私立高校学生可提出享受这两种奖学金的要求。凡是贷款的学生，毕业 6 个月后开始连本带息分期偿还，偿还期最长为 20 年。此外，私立学校教职员工共济会也是保证私立学校健康发展不可忽视的组织。私立学校教职员工共济会是按照《私立学校教职员工共济会法》成立起来的组织，目的在于促使私立学校教职员工互相帮助，开展私立学校教职员工的福利事业。参加这一组织的成员本人或家属生病、负伤、残疾、死亡、出生、退职、遭灾或病休时，由这一组织提供一定的补助费,增进和提高私立学校教职员工的福利事业。共济会的资金一半是参加者每月缴纳的会费,另一半由学校法人负担,国家也进行一定的补助,同时都道府县负责该共济会日常运转所需的办公经费。①

3. 部分发展中国家对私立大学的资助政策

许多发展中国家对私立大学也有明确的资助政策。1995 年 3 月,泰国政府根据"私立教育投资援助计划",为私立高校设立了 400 亿泰铢(17 亿多美元)的发展基金和奖学金贷款,即使在 1997 年金融危机爆发时,泰国大学部仍能从政府财政预算中争取到 20 亿泰铢,设立私立高等教师进修专项基金。1996 年,政府为年收入 12 万泰铢(约 5 000 美元)以下"低收家庭"的新生提供了每年 76 000 亿泰铢的奖学金。② 印度政府不仅鼓励民间举办私立学院,而且向私立学院提供经费资助。1956 年,印度议会颁布的《大学拨款委员会法》规定,大学拨款委员会有义务对私立高校提供资金和设备补助。因此,印度私立学院,除纯私立学院外,90% 是公助私立学院,它们与公立学院一样,可获得中央政府和各邦政府的财政资助,邦以下的地方政府也有少量投入。阿根廷在 1964 年以政府令的形式规定国家支付私立高校教师工资的 20% 。

(三) 我国政府对私立(民办)学校的资助情况

1. 南宋官府对书院的资助

书院虽不是官学,但在其开办和发展过程中一直能得到官府的支持与帮助。创于宋初的岳麓书院在宋朝时就有学田 50 顷(合 5 000 亩)。明洪武十五年四月下诏统一学田定额三等:"府学一千石,州学八百石,县学六百石,应天府学一千六百石……师生月给廪

① 刘国卫.关于民办高等教育经费来源的研究[J].教育与现代化,2003(3):68-73

② 温如春.亚洲各国对私立高等教育的扶持及其启示[J].科技创业月刊,2004(12):75-76.

膳米一石。”按旧时亩产两石谷折算，明代各级书院官方资助的学田至少400～800亩，当时岳麓书院的学田中由地方政府拨入的“公田比例最大，占总数的74.1%（租谷占总数的64%）”①。此外，官府还通过赠以匾额、皇帝赠书等方式支持书院发展。就岳麓书院而言，大中祥符八年（1015年）宋真宗召见了岳麓书院山长周式，赐书“岳麓书院”；康熙二十五年（1686年）山长丁思孔上书额疏，次年得“学达性天”额及御书《十三经》、《二十史》等；雍正十一年（1733年），得赐银五百两重修书院，1737年又得赐银一千两修书院。这里需要指出的是，书院虽屡受朝廷、官府的表彰和资助，但并没有因此而官学化，其独立的学术研究精神和讲学之风，反而日益光大。

2. 民国时期政府对私立高校的资助

南京国民政府时期，尽管财政捉襟见肘，但政府仍努力支持私立大学的发展。在1936年颁布、1947年修正颁布的《“中华民国”宪法草案》中，都有对“国内私人经营之教育事业成绩优良者予以奖励与补助”的条款。② 特别是1934年国民政府颁布了《私立专科以上学校补助分配大纲》之后，在法律上确定了政府对私立高等学校必须给予经费资助的规定。③ 由于政府的资助政策，很多私立大学都得到了较快的发展。以厦门大学为例，1935至1936年，厦门大学的年度经费总计38万余元，其中中央及地方政府的补助15万元，约占学校经费总数的40%。

无偿划拨土地是国民政府资助私立大学的重要方式之一。民国时期北京的华北大学、吴淞的中国公学、河南的焦作工学院、武昌中华大学、厦门大学、海南大学、广东文化大学最初建立时，都是由中央或地方政府无偿划拨土地。厦门大学创办之时，福建省政府将旧古演武场拨出作为学校的校址。当地县政府发表布告，划定学校地域，严禁居民在地界私自买卖土地，严令业户将校址内的坟墓迁往他处。

---

① 杨慎初，朱汉民，邓洪波．岳麓书院史略［M］．长沙：岳麓书社，1986：8.

② 宋恩荣，章咸．“中华民国”教育法规选编［M］．南京：江苏教育出版社，1990(65).

③ 张随刚．民国时期私立高等教育政策探析［J］．黄河科技学院报，2000(3).

因此，厦门大学才拥有了今日“背山面海，风景佳绝”的美丽校园。①

在抗战非常时期，为维持私立大学发展，国民政府为私立大学追加了大量的办学经费。先后为复旦大学、光华大学、武昌中华大学、朝阳学院、南开大学追加数万或十数万的补助费。② 抗战胜利后，为了私立大学尽快迁校复员并重建校园，国民政府教育部统一规划了私立大学的搬迁，并在“国库奇窘”的情况下，拨发大量经费，帮助私立大学修建校舍、添购设备以及教职员与学生迁校复员。③ 随后，还两次为私立大学追加改良费，并将联合国总署补助的教育器材分配给战时蒙受损失的私立大学。八年艰苦卓绝的岁月里，全国私立大学的数量不但没有减少，反而呈增多的趋势，这得益于政府的鼎力支持。

3. 当前国家对民办高校资助的状况

2000 年，国家教育发展研究中心会同教育部发展规划司社会力量办学管理办公室，对全国的民办高等教育机构进行了一次问卷调查。从被调查的样本民办高等教育机构的经费来源结构看，其主要的收入来源是学费和杂费收入，这两项之和占了总经费收入的 90%，贷款占5.6%左右，政府财政补贴占 5.4%，社会捐赠、校办产业与服务收入以及其他收入则占很小的比重。实际上，5.4%这个数字并不能反映我国政府对于民办高等教育资助的实际状况，因为该调查得出这一结果的很大原因是问卷回收率非常低，1 300 份问卷只有 159 份反馈，回收率只有 12.2%，并且财政这一项内容的样本数只有 8 所。同时，我国民办高等教育的发展起步晚，中央政府几乎没有直接的经费资助，资助主要来自于省、市与地区级的地方政府。

由于各地政府的政策差异以及我国民办高校发展道路的复杂多样性等因素，我国政府对于民办高校微弱的经费资助也显得很不平

① 厦门大学校史编委会. 厦门大学校史(第一卷)[M]. 厦门:厦门大学出版社, 1987:31 - 32.

② 关于私立大专院校经费困难申请贷款的往来文书. 南京第二历史档案馆第 5 全宗第 3003 号档案。

③ 台湾“教育部”.“中华民国”教育年鉴[M]. 台北:宗青出版社,1991:31.

衡。民办高校的性质本身会在某种程度上决定政府资助的情况，完全私立的高校可能很难得到政府的财政资助，而一些如国有民办、民办公助等性质的学校则可能会得到政府一定的资助。如浙江树人大学实际上是一所民办公助性质的高校，在1993—1999年期间一直得到政府较好的经费资助，2000年之后相继合并了4所公立性质的学校，这些公立学校改制后，政府仍向其追加财政补贴。所以，浙江树人大学相对较好地得到了政府的财政资助，1999年以前的政府资助在学校经费来源中的比例一般在10%～14%。1995年达到了22.96%，随后两年资助的绝对数没有增加，比例分别下滑到13.12%和10.2%，但是自2000年以来，政府财政进行追加投入，比例上升到20%左右。由于体制性障碍、政府财政紧张以及我国教育体系庞大等原因，所以政府经费资助在我国民办高等教育发展过程中一直十分微弱，国家一级的财政对于民办高等教育几乎没有直接的拨款。①

（四）关于我国政府资助民办高校的政策建议

1．在经费资助上对公办高校和民办高校一视同仁

政府要把民办高校真正提高到与公立高校同等的地位，政府可不再把公共教育经费直接拨给所有的公办高校，而是通过公开招标的方式允许民办高校与公办高校展开公平竞争，最后择优选取中标者。中标的学校由此获得政府资金，并与政府签订行政合同，政府通过合同对学校进行监督、管理，并具有终止合同的权利。这样做有两大好处：（1）可以鼓励公立高校与民办高校公平竞争，从而提高教育资源的利用效率；（2）可以使政府的公共教育经费有机会投入民办教育领域，扶持民办高校的发展。这方面，美国为我们提供了有益的经验。曾有美国学者指出：由于社会发展的需要，美国公立和私立高校的区别将不断淡化并最终消失。未来的高等教育模式是学校收取

① 周朝成．美日中私立（民办）高等教育发展的政府经费资助之比较研究[J]．复旦教育论坛，2007，5（1）：79-83．

全额学费，而政府通过捐资和贷款的方式帮助学生完成学业。这种不断淡化的区别正是就经费来源而言的。尽管也有少量以营利为目的的私立学校，但是大多数私立高校和公立高校在本质上是相似的。

2. 普遍资助与重点扶持相结合

政府普遍资助民办高校发展的政策，主要体现在如下方面。(1) 由政府免费或低价向民办高校提供建校场地，场地产权仍归国家所有；(2) 在民办高校建校初期，由国家或当地政府拨付建校启动经费；(3) 由国家或当地政府向办学条件较差的民办高校无偿或适度有偿提供教学所需的仪器设备和图书资料，确保民办高校教学活动的有效开展；(4) 坚持效率原则和绩效标准，由国家或当地政府给予部分民办高校以一定比例的直接财政拨款，或者以满足地区发展需求为标准直接资助民办高校。2005 年起，上海市政府每年拨款 4 000 万元作为“民办教育发展政府专项资金”，用于扶持民办学校的发展，改善民办院校办学条件，帮助民办院校调整专业结构，促进民办高校建立上海社会经济发展紧缺的专业。到 2006 年，已经有 10 多所民办高校获得了 200 万到 400 万元的实验室建设经费和高职高专示范专业建设经费，一批高职高专实训基地正在建设之中。①

所谓民办高校发展的重点扶持政策，是指在坚持效率原则和绩效标准的前提下，采取必要的倾斜性政策措施：(1) 由国家和地方政府建立民办高校发展专项基金，对办学绩效显著、具有相当发展潜力的民办高校实施重点扶持，以期激发民办高校的办学绩效行为，提高民办高校的市场竞争能力；(2) 鼓励并大力支持民办高校人才培养和开展科学研究，民办高校申报的研究课题与学科建设项目由国家和地方政府进行倾斜性(主要相对于公办高校而言)投资，以期推动并保障民办高校教育教学质量的不断提高。

---

① 张民选. 热情扶持，规范管理，提升民办高教发展水平[J]. 中国高等教育，2007(6-8).

3. 优化融资环境，实施间接资助

政府对民办高校的间接资助主要体现为为民办高校创造良好的融资环境。如政府鼓励各商业银行对民办高校进行贷款；民办高校在投资固定资产和扩大基础设施时，应给予长期、低息或无息贷款；允许民办高校用学校财产来抵押贷款；对民办高校尤其是西部民办高校和少数民族民办高校，政府应实施担保贷款；政府帮助民办高校向国外银行（如世界银行、亚洲银行等）寻求贷款。此外，政府还可尝试建立政策性的民办高等教育发展银行，一方面民办高等教育发展银行可以管理民办高校的资金，另一方面又可进行贷款业务，扶持民办高等教育。建立政策性的民办高等教育发展银行是一种投资小、见效大的好办法，可以广为吸纳民间资金，用金融信贷手段为民办高等教育提供大量的发展资金。①

为提高民办高校融资的效率，国家可尝试允许民办高校介入资本市场。当前在各国高等教育经费来源中，资本市场融资只占很小的一部分。但是应该看到的是，在高等教育大众化的背景下，私立高等教育巨大的发展空间将吸引越来越多的社会趋利资本的介入。各国政府都在探索如何推动私立高校与资本市场结合，以实现高等教育融资渠道多样化。美国是高等教育介入资本市场最早的国家。20世纪70年代以来，美国政府将私立高校分化为非营利性私立高校和营利性私立高校，并以不同的法律法规和政策进行管理。这一系列措施保证了趋利资本进入高等教育领域的资本收益率，为营利性私立高校介入资本市场创造了条件。美国的私立学校从1990年起开始上市，在纳斯达克股市教育股已达200多种，私立教育超过了普通教育。美国利用资本市场办学有两种方式：一种如洛杉矶大学等公立大学，将资金投入市场买股票，进行保值增值；另一种则是私立学校发行股票，通过直接融资将私立学校变成大众资本参股的公众学校。② 我国民办高校的公益性、非企业法人性质，决定了直接上市融

① 王宪平. 论现阶段政府对民办高等教育的全面扶持[J]. 复旦教育,2001(2).

② 邢建华. 民间资本与民办教育的结合之道探析[J]. 兰州学刊,2004(4):286-287.

资仍然存在法律障碍。

目前在我国资本市场上，还没有明显的以学校教育为主体的“高等教育板块”，但事实上，已经出现了“隐形”的高等教育板块，即那些资本市场上的上市公司举办的高等教育机构，这些实践与探索打开了民办高校多渠道融资的思路。第一个案例是重庆海联职业技术学院借壳上市。重庆海联职业技术学院是中国第一所集高等教育和普通教育为一体的 16 年直通车模式的新型高校。该校创建于 2000 年，获重庆市人民政府批准在重庆海联专修学院基础上设立而成，为专科层次的民办高等职业学校。2002 年 8 月 28 日，该校通过借壳上市公司艾木耐特公司（Amnet）在澳大利亚成功上市。第二个案例是大连商务职业学院红筹上市。大连商务职业学院通过成立管理公司于 2006 年 3 月在伦敦三板（PLUS）上市融资（股票代码 DBIO）。第三个案例是上市公司人福科技投资民办高校。2004 年起，人福科技与武汉理工大学合作举办独立学院——武汉理工大学华夏学院，总投资 3 亿元，2007 年在校生达 9 800 人，2008 达 11 800 人。① 采用发行债券的方式直接融资在国外高等教育领域已不罕见，但我国尚无先例。美国的高等教育债券主要是由高等教育机构为学校大型建设、周转资金等筹资计划而发行的附息证券。高等教育债券有两种类型，即普通债券和免税债券。债券按偿还期分为中长期和长期两种，中长期债券的期限一般在 25 ~ 30 年，年息率在 5% ~ 6% 之间，长期债券的期限更长，年息率更高。例如，耶鲁大学在 1996 年发行的“跨世纪债券”为一百年期的债券。②

4. 尝试推行教育凭证制度

教育券（Education Voucher）是指政府将补贴学费以教育券的形式发给家长，家长可以用教育券来为子女支付所选学校的学费，教育券的数额一般为当地当年的生均教育费数。教育券制度最早由诺贝

---

① 石邦宏. 民办高校直接融资战略分析[J]. 教育发展研究，2008(10)：8-18.

② 石钧. 发达国家高等教育与资本市场对接的经验[J]. 高教发展与评估，2007，23(5)：63-67.

尔经济学家弥尔顿·费里德曼(Milton Frideman)于1955年提出,而真正被重视和在实践上推行则是在20世纪90年代。这一政策为私立学校提供了经费资助。对于许多优质私立学校来说,虽然其学费可能高于教育券上的数额,其超出部分要由家长支付,但这一政策保证了私立学校学生与公立学校学生享受同等政府资助待遇,也保证了私立学校与公立学校享受政府的公平对待。这一政策的推行,有力地促进了私立教育的发展。① 美国密尔沃基的家长选择计划是第一个通过立法程序推行教育券计划的,从1990年开始一直实施至今,每个学生所拿的教育券价值,1993—1994学年为2 987美元,1994—1995学年为2 967美元。②

当前,我国也可以尝试在市场发育成熟度高的地区推行教育凭证制度,由政府向学生发放"教育券",即政府给予那些愿意进入不同类型高校的学生以经济资助的凭证,由学生凭此种教育凭证自主地在公私立高校中进行选择。学生凭政府发放的教育凭证进入高校就读,并抵偿所须交纳的学费。高校则通过与政府部门折价兑换,获得政府的财政资助。

5. 完善民办高校学生奖励和助学政策

在美国,各类学校的学生凡符合条件的都可申请联邦或州政府的奖学金或贷款。因私立高校的学费较高,通过评估组织评估的私立高校享受奖学金和贷款的学生较公立学校也较多。取得联邦和州政府的资助,是使一部分家庭经济不十分富裕的学生进入私立名牌学校的重要条件。在菲律宾,政府对私立高校的学生实施了国家奖学金计划、私立教育学生资助计划、今日学习还债计划、国家一体学习资助计划、有选择的民族群体教育资助计划等一系列的奖励和助学政策,对私立高校的发展起到了重要的促进作用。国家奖学金计

---

① 秦虹.发达国家推进民办教育发展的启示[J].职业技术教育:教科版,2005,26(28):69-71.

② 丁笑炯.民办教育服务产业的理论与实践[C]//教育研究新视野:1995—2005.上海:上海人民出版社,2005.

划自1969年就已立法确定，向“贫困的但值得资助的菲律宾学生”提供文、理科的国家奖学金。国家奖学金获得者学习的是按国家发展需要而确定的优先专业课程。私立教育学生资助计划(PESFA)只资助私立高校的学生，这项计划是为了扭转以往资助受益者大多是中上阶层出身学生的偏向。今日学习还债计划旨在向贫穷但成绩良好的学生提供贷款，用于支付学杂费和其他费用，贷款将在10年后(学位课程学生)和5年后(非学位学生)偿还。国家一体学习资助计划(NISGP)是按照受资助者的志向和所在文化社区的人力需求而进行的研究生课程教育。有选择的民族群体教育资助计划(SEG-EAP)是向非穆斯林文化社区(山地民族)有领导潜力者提供教育机会，这些人将会帮助本族人改善社会经济条件。①

借鉴美国、菲律宾等国家的经验做法，我国政府一方面可在财政支出中列入专款用于奖励民办高校中那些品学兼优的学生；另一方面可充分利用市场机制的作用，广泛发动社会力量设置丰富充足的学生贷款，并以国家的名义为学生贷款提供各种担保。同时，可建立配套的信誉机制和偿还机制，把学生还贷与参加社会公益性工作结合起来，凡是能在学习期间或毕业后从事国家和社会提倡的公益性、紧缺性工作的，就可免除还款或抵消贷款。这样做可以在真正意义上放开助学贷款对民办高校学生的实际限制，使民办高校中迫切需要经济援助的学生能够获得贷款，以保证他们顺利完成学业。从2005年起，上海市教委在市财政局、市金融办、市卫生局和中国人民银行以及多家商业银行的支持下，为上海民办高校学生设置了国家奖学金等资助项目，使民办高校的学生享受到与公办院校学生完全相同的社会奖励和资助的待遇，受到了学生、家长和民办高校的普遍欢迎。

6. 民办高校接受资助必须与履行义务相一致

政府对民办高校进行资助，接受资助的民办高校必须与政府签

① 秦国柱.私立大学之梦——中国民办高教的过去、现状、未来[M].福州：鹭江出版社，2000：176.

订合约，以确保民办高校按照国家的教育方针规范办学，实现政府资助的目的。法国绝大部分私立学校都签有合约并接受政府的资助，与政府签订合约的学校可以接受政府在教师工资和师资培训方面的资助，可以与公立学校一样享受运行费用方面的资助。但是所有签有合约的学校都必须遵守国家在教学设施、健康和安全、学生人数、教学时间、课程、教材和时间表等方面的要求，其学生必须参加国家资格考试。《韩国私立学校法》也对政府资助作了详细的规定，其中第四十三条规定，国家和地方自治团体可以依法对私立法人或者私学团体给予赞助。但是接受赞助的私立学校必须向监督厅提交有关业务或会计方面的报告，学校编制的预算必须同赞助目的相符合；必要时，管理部门可以指令学校提出报告，检查其有关账目、文书，学校在取得赞助后效益比较差时，或没有按照上述规定执行时，监督厅有权中断赞助。

六　收费政策

目前，我国各地民办高校基本上实行的是“准成本收费”。从现实情况来看，规模大的民办高校和规模小的民办高校，聘用兼职退休教师的民办高校和聘用全职且为其办理养老、医疗等社会保障的民办高校的办学成本是不一样的。如果依据每一具体学校的办学成本来确定其收费标准，那毫无疑问是合理的，但也有许多地方是把所辖全部民办高校的成本加起来计算平均值，实行收费标准“一刀切”。这种做法不适当地限制了民办高校的收费自主权，错误地解读了“按成本收费”。① 此外，我国民办高校的收费行政管理体制也存在问题，收费由物价部门统一定价，实行收费标准审批制，这使得民办高校在收费问题上受到来自物价部门的阻力比得到来自教育行政部门的扶助要大得多。因此，当前迫切需要对民办高校的现行收费政

① 胡卫，谢锡美. 中国民办教育的发展困境及其对策[C]//教育研究新视野：1995—2005. 上海：上海人民出版社，2005.

策进行改革。

（一）建立以市场调控为主的收费标准政策

根据收费与办学体制相适应的原则，学费标准应与办学主体在兴办教育事业中所负的责任相衔接，应与筹资方式相适应。公办高校主要由政府投入，所以其收费主要属教育成本分担补偿性质。民办高校主要是自筹经费办学，所以其收费主要体现出教育的服务价格。韩国在1980年改变了此前实行的国家控制学费的政策，实行私立大学学费自律化政策，增大了学校的投入，使学校的办学条件得到了改善，学生得到了更好的服务。① 借鉴韩国之做法，我国应允许民办高校与公办高校的收费有差别，逐步放开民办高校的收费审批，建立以市场调控为主的收费方式。至于收取的学费是大大高于成本还是略高于成本，国家没有必要作硬性规定，而应该将其放在市场上加以解决。当然，在当前民办高校发展的初级阶段，政府有关部门也可以提供本地指导性收费幅度，不限定最高收费标准，但可以限定最低收费标准。因为如果民办高校确定的学费偏高，与其办学条件、办学质量不相符合，生源自然会减少，办学效益也会降低。政府制定最低收费标准的目的，是使民办高校的办学质量和水平与同级同类公办学校同步发展有可靠的物质保证，如果低于这个标准，势必造成民办高校的收费混乱，出现无序状态，甚至陷入恶性竞争。20世纪90年代中期，西安市属的一些民办高校为了拉拢生源竞相降价，无法形成积累，最终全面崩溃。由于民办高等教育的学费是一变量，调整变动的因素包括：生源市场的供需关系、成本效益、专业回报率、入学难易度以及学生学力等。因此，不同的学校和专业可据情况对收费标准作以下相关调整：基准额 $\times[1+B+B'+(1-C)\times C']$。其中：$B=$ 年度专业生均预算内事业费/年度人均国民生产总值 + 专业毕业生平均收入/职工平均收入；$C=$ 年度学生成绩/年度同专业学生平均成绩；B'：修正参数1，简化公式时设 $B'=0$；C'：修正参数2，学习成

① 杨金成. 韩国私立大学的学费政策评析[J]. 外国教育研究，2000，27(6)：49-54.

绩－学费相关级差数。①

（二）试行差别收费政策

根据管理经济学有关原理，差别定价法是同一种产品对不同的服务对象采用不同的价格，即对价格弹性大的对象②，价格定得低一些，对价格弹性小的对象，价格定得高一些。③ 民办高校可以针对不同空间（地区）、不同产品（院校、专业）和不同消费者（教育对象）分别实行不同的收费标准，促进高等教育机会均等。

1．不同经济发展水平的地区实行差别收费标准

由于我国地区间经济发展不平衡，根据不同地方的经济发展水平和老百姓的经济收入状况实行不同的收费标准是非常必要的。当前有一种说法：我国居民完全可以承受较高的学费，理由是我国人均存款余额2003年已达到7 000余元。但透过表面现象，我们应该注意到贫富差距和地区差距是个不可忽视的问题，尤其在中西部地区，人均收入很低，与东部发达地区和沿海地区相比差距很大。据卡斯特经济评价中心1997年在北京、上海、重庆、广州、武汉对消费者进行调查的结果显示，17.8%的人认为学费不高，24.6%的人认为学费较高。又据新浪网的一项调查，在对10 944人进行的调查中，认为收费合理的人数占13%，勉强可以接受的占24%，难以接受的占63%。由此可见，社会公众对收费的不满程度在增加。民办高校的学生中有相当一部分来自于中小城镇及农村，其家庭支付学费的能力比大中城市家庭更低。④ 因此，民办高校可以根据地区间的差异制定不同的收费标准，这一标准除考虑教育成本之外，还要注意当地百姓的承受能力。中西部民办高校的学费应当与发达地区民办高校

① 丁笑炯．民办高校的成本和收费［C］//教育研究新视野：1995—2005［M］．上海：上海人民出版社，2005.

② 需求价格弹性是指某种产品的需求量对价格变动的反应。

③ 刘兰平．民办高等教育成本分担主体的比较研究［J］．高等教育研究，2005（3）：30-30.

④ 李维民．民办教育的创新与发展［M］．西安：陕西人民出版社，2005：114.

的学费适当拉开距离，以吸引本地的优秀生源，保证本地人才和资金不流失，为学校的持续发展储备力量。

2002 年全国部分省份公办高校和民办高校收费标准①

单位:元

省或直辖市	公办高校	民办高校
浙江	3 960 ~ 4 800	8 800 ~ 17 000
上海	5 000	9 500
湖北	3 600 ~ 4 140	10 000
河南	3 500 ~ 5 000	5 300 ~ 7 600
北京	4 800 ~ 6 000	7 500 ~ 8 500
天津	4 200 ~ 5 000	13 000 ~ 15 000
四川	3 500 ~ 4 500	7 500 ~ 8 000
吉林	3 800 ~ 4 900	8 500 ~ 12 000
云南	2 200	8 000 ~ 8 500
黑龙江	3 000 ~ 4 000	6 000 ~ 9 000
辽宁	3 000 ~ 4 200	8 500 ~ 12 000
广西	3 800 ~ 6 000	12 000
江西	3 790 ~ 4 020	8 000 ~ 10 000
江苏	4 600	12 000 ~ 13 000

2. 不同的学校和专业可采取差别收费政策

由于各学科的教育成本不同，所以高校不应按照同一标准收取学费。在日本，各私立高等学校，因其条件各异，收取的学费标准也不尽相同。一般说来，学校的名气愈大，收取的学费愈高。比如，早稻田大学、庆应义塾大学的学费都远远高于一般私立高等学校的学

① 参见江苏省招生委员会办公室编印的《2002 年江苏省普通高校招生计划》。

费。不仅如此，日本同一私立高校中不同的学科收费也有较大的差异，热门学科的收费通常高于相对冷门的学科，如日本医齿科类收费为430.3万日元，理工科类为119.8万日元，文科类为81.9万日元，其他科类为186.7万日元。在韩国，私立大学均按不同学科收取不同的学费，除入学注册金相同外，人文社会学科为258.9万韩元，理学和体育学科为309万韩元，工科和艺术学科为421万韩元，药学为362.8万韩元，医学和牙科学科为393.3万韩元。①

借鉴日本韩国私立大学的学费政策，我国在制定民办高校学费政策的时候也应避免"一刀切"的做法，按照"优质优价"的原则制定收费标准，这样可以促进民办高校竞相提高教育教学质量。如艺术类专业由于实施小班化教学，成本较高，收费可以适当提高；经济类、计算机类专业就业前景比较好，回报率高，学费也可适当提高。需要说明的是，日本、韩国私立大学各类学科的学费多不相同，有些学科间的差距还很大，这已导致了一些不良现象的产生，即高学费的学科招不满，而低学费的学科又人满为患。在我国，由于人们对于各学科的选择多数趋向于社会的需求及价格的低廉，而这一自发调节有很大的盲目性，民办高校相对于公办高校更多地接近市场，市场化的倾向更明显，因而价格这一经济活动的杠杆在民办高校的发展中应起到更重要的作用，利用价格来调节人们的选择倾向，有利于保证各学科按比例协调发展。

3. 不同地区和不同高校采取不同的收费制度

在国外，私立大学的收费方式（主要针对缴费时间而言）丰富多样，这有利于教育成本补偿的有效实现。比较成熟的成本补偿形式主要有实时收费制、预付学费制和延迟付费制三种。实时收费制是指学生在每学期或学年初一次缴纳学费的补偿形式。这种形式较为流行和成熟，被绝大多数国家所采用。预付学费制是指在学生接受高等教育之前就由家长按现行价格为子女付清全部学费或以储蓄形

---

① 罗道全. 日韩私立大学的收费政策及对我国的启示[J]. 北京教育：高教版，2004(7-8)：65-67

式为孩子预先储备学费。这种形式有利于缓解民办高校资金筹集压力,促进民办高校经费的良性运行。因此,我们可以在经济发达地区、质量较高的民办高校试行这一制度。延迟付费制是指学生以未来的收入或服务形式来支付现期的学费,主要形式有学生助学贷款、毕业生税、服务合同、社会奖学金等。①

(三) 建立与收费政策相配套的奖励和补助政策

民办高校由于没有政府财政投入,只能通过收取学费将办学成本转嫁到学生身上。但家庭和学生个人分担成本过高,又带来一系列的矛盾和问题。首先,它直接导致学费绝对水平过高。成本分担主要与学杂费及政府或学校提供住宿的使用费相联系,其最主要的特征就是学费和杂费的上涨。据调查,绝大多数民办高校的学费相当于公立高校学费的 2 ~3 倍。以湖南省的标准测算,一个家庭负担一个子女读完四年制民办大学,约需支付学杂费及生活费 6 万 ~7 万元;而依浙江省的标准, 则大约需 10 万元。这样的收费标准显然违背了高等教育成本分担的“能力支付”原则。2005 年我国城镇居民人均年度支配收入为 10 493 元,农村为 3 265 元。年均 1 万元学费约为城镇居民年收入的 100% ,农村居民年收入的 300% ,再加上住宿费、生活费、教材费等,将远远超出一般家庭的经济承受能力。其次,高额的学费以及助学贷款政策的不配套,致使不少家庭困难的学生放弃升学的机会或中途辍学。② 因此,建立与收费政策相配套的奖励和补助政策,显得尤为迫切和重要。

日本和韩国私立大学采取的是高学费政策,但都十分重视与之相配套的各项政策,以减轻家长的负担。为了保证教育机会均等,两国政府都设有奖学金制度。在日本奖学金制度主要有两种形式:一是日本育英会奖学金制度。育英会奖学金实际上是一种贷学金,贷

① 张剑波. 我国民办高等教育成本分担中存在的问题和对策[J]. 当代教育论坛,2007(1):49-52

② 张剑波. 我国民办高等教育成本分担中存在的问题和对策[J]. 当代教育论坛,2007(1).

款形式分为无息和有息两种，但有息贷学金的利息只有3%，该奖学金由国家财政补贴，还款期限长达20年。[①] 二是勤工俭学制度。学生可通过日本研究部在各大城市设立的学生中心、校内的学务部和社会上的职业介绍所等渠道免费得到勤工俭学的机会。韩国在尽可能不提高学费的同时，扩大学生奖学金的范围和额度，奖学金的种类有无偿奖学金、贷款奖学金和工作奖学金（相当于勤工俭学）；在奖学金的额度上，私立大学比国立大学高。当前，我国不少民办高校也面临因学费高而导致很多学生无法继续就学的问题。借鉴日韩的经验，政府及民办高校都应进一步加大对民办高校中优秀贫困学生的奖励和补助力度，并尽可能为学生提供低息或无息贷款，保证学生顺利完成学业。

七　评估政策

教育评估是根据一定的教育目标和教育理论，在充分占有信息资料的基础上，运用定性与定量分析相结合的科学方法，对教育活动、教育过程以及教育效果进行价值判断的过程。教育评估不仅是政府保障高等教育质量、引导民办高校健康发展的必要手段，也是政府引导民办高校自觉提升核心竞争力、走可持续发展之路的重要途径。世界上许多国家都把对民办高校的认可与评估作为促进民办高校质量提高的重要手段。有效的评估不仅有利于净化办学市场，推动民办高校自身不断地完善与发展，而且有利于政府、社会对民办高校的了解、认同与接受。近年来，民办高等教育在取得巨大发展的同时，还存在着诸如办学水平不高、教育质量达不到标准和制度管理不规范等一系列问题。因此，迫切需要建立一套对民办高校教育教学质量和办学水平的社会评价与反馈机制，以保证民办高等学校质量，提高社会的认可程度，从而为民办高等教育的持续、健康发展创造良

① 罗道全. 日韩私立大学的收费政策及对我国的启示[J]. 北京教育：高教版，2004(7-8)：65-67.

好的社会竞争环境。

由于我国民办高校发展历史的特殊性，我国民办高校与公办高校在教育教学活动的许多方面都存在着巨大差别。在办学类型上，我国公办高校大都是办学层次相对较高的教学型、研究型大学，而绝大多数民办高校是较低层次的高等职业教育学校。从办学投入来说，公办高校不仅有较多的国家拨款，学费收入也相对充足和稳定，加上多年的投入积累，学校各项设施档次较高，而民办高校在没有任何国家资助的情况下，大部分仅靠不稳定的学费收入滚动发展，发展时间短，积累不足，因此在办学条件各方面都逊色很多。从培养目标上来看，我国公办高校尚未彻底摆脱传统的精英教育模式，而民办高校从一开始就将自己定位成为社会各岗位培养“蓝领”或“灰领”等实用性职业技术人才的学校。因此，民办高校在教学内容、教学方法、师资要求等方面与公办高校都有很大区别。

关于高等教育的质量，根据研究者视角的不同，其衡量标准也不尽相同。有学者认为，高等教育质量是指高等教育机体在运转发展过程中满足其自身特定的内在规定要求与社会的外在规定需要的一切特征的总和。它是内适性需要与外适性需要、内在质量与外在质量的有机融合和统一。内适性需要指学术的创新与发展、科学和真理的需要，学生个体发展与提高的需要，以及高等教育自身发展规律的需要；外适性需要是指家长的期望、社会的需要。高等教育本身也存在不同的类型和层次，从不同的角度有不同的划分。因此，评价高等教育质量的标准不一样，其高等教育质量的内涵和要求也不同。① 著名的高等教育专家潘懋元教授认为，对待民办高校的教育质量，应有一个公正的、辩证的态度，不能以公办高校的标准来评价当前一般民办高校的质量。他认为不同的层次、不同的培养目标、不同的社会适应面，应当有不同的规格、不同的质量标准。一所民办高校只要能够对准社会的实际需要，培养“适销对路”的专门人才，办出自己的特色，就应当承认其有较高

① 陈新民.构建民办高校教育教学质量管理保障体系[J].浙江树人大学学报，2008,8(1):10-14.

的教育质量。传统的精英高等教育所形成的单一的学术性质量标准已经不能适应对大众化高等教育的质量评估，我们更不能纯粹地用它来衡量民办高校的质量水平。事实上，即使在市场经济高度发达的美国，学校众多质量标准亦各有不同，社区大学的质量不会与研究型大学的质量进行攀比，私立文理学院的质量标准与州立大学的质量标准根本就不在“同一跑道”上。鉴于我国民办高校与公办高校存在诸多差异的现象，迫切需要针对民办高校发展现状及其特点，出台贴合民办高校实际的评估政策和制度。

（一）确立正确的民办高校质量观

1. 要从满足社会需求的角度考察民办高校办学质量

社会需要及其得到满足的程度是高等教育质量检验的标准，适应性是高等教育质量的本质属性。只要是能适应社会需要的人才，就是高质量人才。因此，能够培养这种“适应社会需要”的“高质量人才”的高等教育自然就是高质量的教育。对民办高校的质量评估主要看其是否能满足社会的需求和个人的需要，民办高校只要能培养出满足社会需求、得到社会认可和高度评价的高素质人才，就是高质量的教育。相反，如果培养的人才仅仅具有比较丰富的理论知识或某种精湛的技能，但与社会需求相去甚远，就算不上是高质量的教育。此外，高等教育在满足社会需求、服务社会的同时，也为学习者个人提供一种服务，学习者个性差异较大，其学习的需求也不尽相同。高等教育属非义务教育阶段，实行缴费上学，因而应该满足个性发展的要求，评价民办高校的质量应以满足学习者个人需求的程度为标准。

2. 要用发展的眼光来考察民办高校办学质量

发展是硬道理，高等教育质量标准必须要随时代的发展、外界环境的变化而发展变化。民办高校只有具备了适应环境变化的能力，才能持续不断地发展，成为一个动态的开放系统。因此，发展性也是民办高等教育质量的衡量标准。我国民办高等教育从 20 世纪 70 年代末80年代初起步，至今也不过30年左右的历史。其间，由于法规不健全、政策不完善、政府不资助、社会不重视、学生不认可等原因，其发展又大受限制。所以，在如此短的时间内、如此复杂的背景中，我国民办高等教育能够取得这么快的发展，达到这么高的水平已经相当不易。

我们应该从历史发展的角度，从民办高等教育整体和各个民办高校的发展进程来考察民办高等教育的质量，不能用今天公办高等教育的水平来要求民办高等教育。对民办高等教育质量的评价要从有利于鼓励和支持民办高等教育发展这一角度出发，要充分考虑到民办高等教育这些年的发展进步。正如潘懋元教授所说，在评估民办本科院校教学相关条件的过程中，既要注意横向比较的评估，也要关注自身纵向（历史）条件的评估，关注动态的、发展的、增长的速度和趋势。

3. 要用整体性的质量观考察民办高校办学质量

民办高校作为高等教育不可或缺的组成部分，具有高等教育的共性功能。评价民办高校的质量也应考虑它在培养人才、服务社会、发展科学技术等方面的贡献大小，进行综合性的整体评价，而不能用某种单项指标来衡量其教学质量。当前，民办高校教学质量中存在着许多问题，如整体生源较差、教学设备滞后、教师资源紧张、课程设置不合理等，这些都是发展中的问题，但不可一概而论，如何采取切实措施提升民办高等教育质量才是当务之急。①

（二）选择适当的民办高校评估形式

目前，我国民办高校的评估形式大致有以下几种：(1) 政府委托或授权直属专门评估机构对民办高校进行评估。(2) 政府独立运作的专门评估机构对民办高校进行评估。(3) 政府委托民间评估机构开展评估。民间教育评估机构必须是非营利性的，只有这样才能保

① 高伟云. 质量、特色、创新：民办高校可持续发展的保证[J]. 兰州大学学报，2004，32(2)：133-136.

证其对学校评估的客观、科学、公平和公正，以取信于社会和学校。（4）由政府认证的民间评估机构组织评估。政府只负责对民间教育评估机构的资质认证，民办高校的整体评估和学科专业领域评估完全由民间评估机构负责。

这种民间评估机构是纯民间的、非营利性的；政府不参与、不干预其评估工作；其运转和工作经费没有政府资助，完全依靠评估组织会员的会费和受评学校必须交纳的费用；承担评估的专业人员，全部是志愿人员，不取报酬；专职工作人员很少。这样有助于保证评估的客观、公正、公平和社会公信力。应该说，这 4 种评估形式各有其利弊。选择何种评估形式，关键是要结合当地民办高校的实际和教育管理体制的状况。潘懋元教授认为，高校评估一定要从政府评估向社会评估转变，可以借鉴商业化调查机构的合理之处以提高评估的效率。浙江树人大学副校长徐绪卿教授认为，在民办高校教学评估中，长远来看应注重发挥中介机构的作用，以克服行政性评估中难以避免的种种缺陷，作出较为客观、公正的价值判断。

民办高校内部开展的以教学为主要内容的经常性自我评估活动，是整个教育评估活动的主体和基础，也是学校提高教育质量的重要手段，应建立健全学校教学工作的自评制度，增加评估的主动性，从“要我评估”变为“我要评估”。

教育部评估专家、黑龙江科技学院利民校区吕其诚教授认为，单靠政府组织评估，即政府包办的评估，在评估主体上是有缺陷的。我们不妨从试点开始，实施由多元主体负责的评估，既要有“中央政府＋地方政府（教育行政部门）＋区域高校联盟＋半官方中介组织＋社会中介组织”的各种组合，也要有社会各界关注教育的有识之士参加，以避免评估主体的单一化，避免“政府包打天下”。与此同时，要由政府授权，评估结果由政府予以认定。本书认为，从长远来看，对民办高校的评估应向第四种方式转变，即由政府认证的民间评估机构组织评估。这样不仅有利于政府通过对评估机构的认证和管理实现控制评估质量的目的，而且有利于保证评估机构的独立性，提高评估的公正性。

（三）确定科学的民办高校评估内容

1. 评估民办高校的管理体制

我国民办高校从恢复之日起，就是作为单一的国家办学体制的突破者出现的。民办高校利用社会资金，顺应市场需求，采用多样的、完全市场化的经营模式自主办学，这是我国民办高校区别于公办高校最本质的特点，是民办高校最大的优势。民办高校管理体制直接反映民办高校的性质，特别是民办高校投资体制的性质，这应该是评估的基本内容。通过评估促进学校完善管理体制和运作机制，包括董事会机构是否健全，董事会是否正常开展活动、履行职责，董事会和校长关系是否清晰，校长是否符合国家规定的任职条件等。公办高校的校长多属于职务型，而民办高校的校长属于职业型，其评价标准有很大差别。职业型校长除要具备教育科研能力、教育管理能力外，更重要的是要具有教育经营能力。

2. 评估民办高校的基本办学条件

考虑到民办高校发展过程的特殊性，考虑到我国民办高校正处于发展的"初级阶段"，因而要着眼于民办高校完成基本积累后的发展前景，给予民办高校一个良好的发展空间，应通过评估给民办高校一个推动力，引导其向高水平、高质量、特色化的方向发展。在2008年4月24日至28日由中国高等教育学会举办、中国高教学会民办普通高教分会（筹）和浙江树人大学承办的第三届中外民办（私立）高等教育发展论坛暨全国民办本科院校教学评估研讨会上，就有代表建议民办本科院校的评估也可分为两类。一类是新建或升格后未满3届毕业生（一般为6年）的本科院校，由于其办学起点较低，条件相对差一些，经验相对少一些，应通过评估促进其改善办学条件、规范教学管理，确保达到国家规定的本科教育基本办学条件和合格质量标准，对其评估可在现有本科教学工作水平评估方案的合格等级上进行适当调整；另一类是新建或升格后已培养3届以上毕业生（一般为6年）的民办本科院校，由于其已有一定的办学积累和本科人才培养经验，因而应通过评估促进其进一步提高办学水平和人才培养质量，对其评估也可在现有本科教学工作水平评估方案的基础上进行。

关于民办高校的图书建设，会上有不少代表提出了自己的观点，认为我国民办高校起步较晚，发展历史较短，图书藏量需要一个积累过程，大量复本或低价值甚至废旧图书的采购，既对完善办学条件无益，也对资金造成浪费，制约了其他办学条件的改善，更不符合节约型高校建设的精神。有代表认为，应该从实际情况出发，适当降低新建本科院校评估中图书藏书量的标准。许多代表提出，在当今数字（电子）图书日益兴盛的时代，高校图书馆建设应该顺应发展趋势，相关部门应该将电子图书列入图书数量的指标之一。还有代表提出，高校图书不仅要看藏书量，还要看流通量和图书馆的使用效率。浙江树人大学副校长徐绪卿教授建议，鉴于我国民办本科院校大多是新建本科院校的实际情况，在评估中既要看存量，也要看增量。具体来说，对藏书既要有一定的数量要求，又应考核升本以来生均图书的年增量，用评估来促进民办本科院校图书馆藏书的基本建设。

3. 评估民办高校的教师队伍

目前相当一批民办高校利用的是公办高校的教师资源。如何通过对教师队伍的评估促使民办高校建设一支专兼职结构合理的教师队伍，是制定评估政策需要考虑的重要问题。在第三届中外民办（私立）高等教育发展论坛暨全国民办本科院校教学评估研讨会上，代表们在发言中高度肯定了民办高校师资队伍建设的机制优势，认为“专兼结合，以专为主”是民办高校师资队伍的一大特点，要求在评估中得到认可。安徽新华学院副院长梁金喜教授认为，高校办学水平和教育质量，关键是看师资队伍的水平。民办高校是社会力量办学，这不仅是一种投资方式，更是一种观念。动员和利用社会各方面的人、财、物资源，投入民办教育，当然包括吸引社会上的人才资源作为民办高校师资的重要来源之一。特别是在高校和科研机构相对集中的城市，大量退休的高级专业技术人才正处于发挥作用的第二个黄金时期，他们有丰富的经验，较少有家庭负担，是一支非常重要的办学骨干队伍，他们可以对民办高校的学科建设和师资队伍的培养发挥不可替代的作用。在计算师资队伍时，应该把这一部分“专聘教师”和“专职教师”一样对待，都作为“专任教师”队伍看待，这样做有利于民办高校教师队伍的建设和成长。浙江树人大学副校长徐绪卿教授认为，对民办高校的教师队伍，既要承认部分使用“专聘教师”的合理性，允许部分外聘教师列入计算，同时，为稳定教学秩序，提高教育质量，促进学校可持续发展，也应区别学校的办学区域、办学类型等，对专职教师的数量和结构提出明确的要求，作出具体规定。政府有关部门也应落实相关政策，划出专门编制，为民办高校专职教师队伍建设提供条件。

4. 评估民办高校的人才培养质量

潘懋元教授认为，传统的教育质量观是以能给学生灌输多少知识作为衡量标准的，认为知识学得多水平就高，学得少人才质量就低，而不问这些知识是否有用，接受知识的人是否用得着。其实如果不能学以致用，知识传授得越多，人的头脑反而会越僵化。很显然，我们现在需要的人才和教育质量，不能按这样的标准衡量。我们应转变传统的人才观与传统的唯知识质量观；树立高素质的人才观与包括知识、能力在内的素质教育观。人们爱说知识就是力量，它之所以有力量，条件是掌握它的人必须将它转化为能力，内化为稳定的素质。因此，我们要树立以培养学生知识、能力、素质为标准的质量观。目前许多专科学校毕业生找工作困难的因素有很多，其中很重要的一条是学校没有按照培养目标来培养人才，一味向本科看齐，让学生多学理论，却缺乏岗位操作能力的实践，其结果是所培养的学生理论水平不如本科生，而动手能力又不如中专生。根据《教育大辞典》中关于“教育质量”条目的释文，“衡量的标准是教育目的和各级各类学校的培养目标。前者规定受培养者的一般质量要求，也是教育的根本质量要求；后者规定受培养者的具体质量要求，是衡量人才是否合格的质量规格”。由此可见，这第一层次的要求是衡量人才质量的统一标准，即德、智、体、美全面发展；而第二层次是说学校合格人才培养要以符合质量规格为标准。因此，对民办高校人才培养质量的评估应该侧重于两个方面：一方面对普适性质量因素，如德育、智育、体育等进行教育质量的评估；另一方面紧密结合学校的培养特色，对学生的能力素质进行评估，其外部效应则通过学生就业率来显现。

八 课程政策

课程是向学生提供的一种教育产品。课程建设是高等学校最基本的教学建设，是学科专业建设和发展的基础，是提高教育教学质量的关键，是实现高等学校人才培养目标的重要途径，也是提高教学质量和整体办学水平、促进教学改革深入发展的重要保证。民办高校课程设置状况和教学水平是教育质量水平的直接体现，依据国家、社会和市场的需求对课程门类、课程结构、课程内容以及教学活动的方式等进行全面规划和设计，并形成独具特色的课程教学体系，是构建民办高校市场竞争力的重要环节。要提高民办高校课程设计的质量，必须从改革课程模式入手，规范课程设计组织，完善课程设计过程，加强课程设计结果的评估。

（一）完善民办高校课程政策的必要性

正如美国学者伯顿·克拉克所说："无论哪里，高等教育的工作都按学科和院校组成两个基本的纵横交叉的模式。"学科是大学的基本元素，以学科为基础的专业课程建设是高等学校具体开展人才培养、科学研究和社会服务三大职能活动的平台。随着民办高校办学档次的不断提高、办学规模的不断扩大，专业课程建设的好坏将最终决定民办高校人才培养质量的高低，是影响民办高校能否长期获得竞争优势的根本因素。一项对陕西省 5 所民办高校"学生对学校基本情况评价"的调查显示：对"课程结构适合就业需要"评价为较好以上的占 43.8%，认为一般和较差、很差的占 56.2%；对"教材开发与选用"评价为较好以上的占 34.5%，认为一般和较差、很差的占

65.5%。①

课程是教育思想和观念的本质体现，是教育价值取向的集中反映，也是社会经济发展以及学习者对教育需求的重要载体，直接决定着人才培养的规格和质量。现代社会的发展以知识经济为特征，科技进步与社会发展加快了职业的分化和综合，对人才培养的规格、质量和人的终身学习提出了新的要求，因而迫切需要通过课程的革新与发展，为学习者的个性化、多样化、终身化发展提供可能。对于民办高校来说，要适应这样的趋势，必须加大课程改革的力度，真正形成独具特色的课程体系。

美国是一个崇尚价值多样化和个性化的国家，没有自由的课程，私立大学就没有生命力。美国各州对课程设置有明确的规定，但并不要求私立大学执行，采取的是宽松政策，私立大学的课程教材、教学方式完全由教师自行决定，教师在宪法框架内的任何活动都能得到法律的保护。正是因为这一点，美国的私立大学具有极大的办学活力和强大的市场吸引力，其办学成就和良好声誉举世公认。韩国私立学校虽然必须依法办学，但政策和法规支持、鼓励每一所私立学校都有自己的办学精神与理念，保持自己的特殊性和办学的多样性。英国在1985年的教育“白皮书”中指出：私立学校对英国学校制度的多样化和有选择性的特点作出了重大贡献，政府承诺保护并发展私立学校的这种贡献保障了私立学校的教育自由和权益。

我国在《民办教育促进法》第一章总则第四条中指出，民办学校应当遵守法律、法规，贯彻国家的教育方针，保证教育质量，致力于培养社会主义建设事业的各类人才；第五条指出，民办学校与公办学校具有同等的法律地位，国家保障民办学校的办学自主权。《民办教育促进法实施条例》第二十二条规定，实施高等教育和中等职业技术学历教育的民办学校，可以按照办学宗旨和培养目标自行设置专业、开设课程，自主选用教材。但是，民办学校应当将其所设置的专业、开设的课程、选用的教材报审批机关备案。总体来看，国家对民

① 朱为鸿.问题和对策：我国民办高等教育的转型与发展[J].现代教育科学，2007(2)：37-40，81.

办高校的课程政策尽管在形式上不断加大民办学校的自主权，但实际上所采取的态度是以控制为主，对于民办高校来说，解决课程问题主要和简洁的办法就是沿袭公办高校的课程设置、课程结构和课程内容。但对于课程这样一个被称为“民办学校生命线”的问题上，民办高校如果没有突破性的发展，就注定只能在整个高等教育发展格局中充当配角。因此，基于国家政策，从提高民办高校的核心竞争力角度来说，一方面必须作出相应的完善，进一步提高民办高校的课程自主权，为民办学校的自主发展解除思想上和制度上的束缚；另一方面，要出台相关的政策鼓励和支持民办高校强化课程意识，建立课程不断创新的有效机制，不断提高课程能力，通过课程革新来提供特色型的教育服务，激发民办高校办学的活力和吸引力，使其在教育市场上真正占据优势地位。

（二）完善民办高校课程政策的建议

1. 课程制订应该符合经济发展和社会需求。民办高校应设立专业课程建设委员会，成立以行业权威人士为成员的专业建设咨询小组，进行专业设置、课程计划的制订和实施。在市场经济条件下，课程的设置是以人才市场为导向的，只有通过深入企业、社会进行调研，了解行业需求，有针对性地设置专业和制订课程计划，才能保证专业设置和课程设计科学合理。这样，不仅学习者的能力结构、知识结构、素质结构能够得到优化，学校的办学也能够得到行业、企业和社会的广泛欢迎。因此，民办高校的课程设置应满足多元需求，即民办高校在设计课程时既要满足地方的需要，又要满足行业标准的要求，还要满足个人提高的需要，避免课程设计中的过分功利化。需要指出的是，民办高校属于高等教育范畴，不同于一般的职业培训，更不同于中等职业教育，必须考虑到受教育者的全面和可持续发展。一定比例的人文、社会、艺术类课程的开设是必要的，提高学生的综合素质，变一次性就业教育为人力资源开发，适应当今社会职业流动性大的特点，为学生在以后的职业经历中实现岗位顺利转移提供良好的基础。

2. 课程建设应体现知识传授和能力培养的双重目标。当今世界各国职业技术教育的课程模式主要有两种,即"知识本位"的课程模式和"能力本位"的课程模式。前者以传授职业知识为中心,后者以培养从业能力为中心。民办高校应该顺应当今国际上职教课程模式综合化的潮流,吸收各种模式的优势,构建多元化的科学模式。这种多元化的科学模式实际是把学科模式和能力本位模式加以融合,发挥这两种模式的优势,为民办高校的人才培养提供科学的课程。其具体表述为:对于理论性较强的课程模块,如公共基础课模块,采用学科中心模式;对于专业基础理论,也以学科中心为宜,但要对课程加以改造,尽量优化课程内容,提高效益,避免教学内容偏多偏深、教学周期过长、内容重复等现象的出现。对于应用性和针对性较强的专业方向课程和实践科目,则提倡从能力培养出发组织课程内容。①

3. 在民办高校大力推行学分制。学分制是学生根据自己的经济承受能力、兴趣爱好、学习潜质自主安排学习的制度,无论是攻读一个学位还是两个学位、提前毕业还是推后毕业、半工半读还是工学交替,以及是否跨专业、跨系科选修课程都由学生自己选择。这种制度能最大可能地实现可选择性,促进教育公平,是遵循教育规律、贯彻因材施教原则、满足经济建设和社会发展对人才多样化需求的必需。推进学分制改革有利于民办学校大力发展优质课程,促进课程管理方式改革;有利于学校的内涵建设,对提高民办高等教育质量大有裨益。学生根据自己的实际情况来选择学时和课程,真正达到学有所好、学有所成,同时,学生选课、选教师能够使教师产生一定的压力,这就促使教师必须不断更新知识、提高教学质量。

4. 建立科学的课程质量标准和评估体系。现行的教育政策并没有规定民办高校课程教学评价的方式与步骤,只是对民办高校学历授予状况进行了一个极其宏观的总结性评价的规定。似乎学历证书的授予标准是评价民办学校课程教学质量的最为重要的标准,其实学生接受民办高校的教育,并非只有获得学历证书这一目的。在

---

① 何小微. 民办高校教学质量问题与对策思考[J]. 浙江树人大学学报,2007,7(4):12-15.

当今社会，学历只是体现学习者素质的一个方面，客观的评价必须建立在正确的人才观和质量观之上，通过学习者综合素质、能力的发展水平反映出课程教学的质量。因此，民办高等教育的相关政策必须对民办高校课程教学质量作出更为细化的规定，构建科学的课程质量评估体系，形成民办学校重质量轻学历、重能力轻文凭的评价导向，加强对学习者能力和素质的考核，引导民办学校走到内涵建设的道路上去。例如，为有效实现对民办高校学生知识和技能的考核，必要对课程的考核形式也进行一系列改革，变原先单一的考核形式为多样化的考核形式。尝试运用多种多样灵活的考核方式，尤其对实践性强的科目有意识地结合社会、生产的实际问题进行考核，以解决技术问题、实践问题代替原有的单一的课程考核形式，重点考察学生对实用技术、实用技能的掌握与运用，通过课程考核推动学生动手能力、实践能力的提高。

九　教师政策

当前，师资队伍建设已成为绝大多数民办高校发展的瓶颈。通过政策的调控来改善民办高校师资状况，必定能为民办高校核心竞争力的提升创造良好的条件。

（一）完善教师政策的必要性

劳动力市场分割理论认为，社会制度等因素将劳动力市场分割成两个不同的部分：主要劳动力市场和次要劳动力市场。在主要劳动力市场上，工资和待遇较好，工作条件较好，就业稳定，职业过程中晋升机会较大，工作程序有适当的行政管理制度作保证。在次要劳动力市场上则相反，工资待遇低，就业无保障，工作过程中可能遭到随意克扣工资和严苛的限制，晋升机会较少。根据劳动力市场分割理论，民办高校目前显然仍处于次要劳动力市场。这主要表现在公办、民办高校教师在体制上存在显著差异。

从教师身份上看，民办高校教师与学校的关系是一种市场经济条件下的契约关系。作为民办非企业单位,民办高校教师的人事关系主要挂靠人才交流中心,因而进入民办高校工作意味着教师随时可能被学校解聘,职业风险比较高。而在公办高校,尽管教师人事聘任制度改革已经实施,但总体而言,公办高校教师与学校的关系是一种由计划经济延续而来的行政隶属关系。进入公办高校工作,也就意味着教师可能终生拥有"准公务员"甚至国家干部身份,其人事关系挂靠教育行政主管部门并有完整的人事档案,职业风险比较低。

从个人发展上看,尽管《民办教育促进法》及其《实施条例》对民办高校教师的合法权益作了简要的、提纲挈领式的法律规定,例如《民办教育促进法》第三十一、三十二条规定,民办学校应当依法保障教职工的工资、福利待遇,并为教职工缴纳社会保险费。民办学校教职工在业务培训、职务聘任、教龄和工龄计算、表彰奖励、社会活动等方面,依法享有与公办学校教职工同等权利。但时至今日,民办高校教师权益保障的法律依据仅限于上述法律法规中的抽象的、原则性的相关规定,教育部未曾出台具体的实施细则与配套的规章文件,从而致使民办高校教师权益保障在实践中缺乏可操作性。对一些与民办高校教师权益保障密切相关的问题,《民办教育促进法》及其《实施条例》都没有作出相应的具体明晰的法律规定。事实上,正是由于现行教育立法对保障民办高校教师权益的规范还只停留在原则性表述的层面上,相关规定较为粗糙而模糊,才使得民办高校教师权益的维护在实践中遭遇到了诸多难以化解的问题,民办高校教师往往不能享受到应有的公平待遇。

从社会保障机制(主要是医疗保险金、养老保险金、失业保险金、公积金等"四金")的情况看,公、民办高校教师之间也存在显著差异。民办高校的优势之一是可以灵活运用经济杠杆,对教师实行优教优酬,以吸引优秀教师。但高工资并不等于高保障,大多数民办高校的教师仍面临缺少社会保障和失业的高风险。尤其当民办高校进入缓慢增长和调整磨合期时,这种风险会日益凸显,从而导致民办高校"工资优势"的吸引力逐渐丧失。表6-1是当前公办、民办高校教职工职位相关情况的比较。

表 6-1　当前公办高校教职工与民办高校教职工职位比较

	公办高校教职工	民办高校教职工
单位性质	事业单位	民办非企业单位
保障系统	事业保险、财政出资	企业(商业)保险、学校出资
	携带保险、自由流动	携带保险、圈内流动
人事关系	组织部(人事局)管理	人才交流中心存档
干部政治待遇	可横跨到党政机关	不可能
	有资格报考副县级以上职位	不可以
社会地位	职位具有吸引力	自由职业者职位

应当认识到,法律制度建设不完善是影响民办高校教师权益保障的一个核心因素。为了确保民办高校教师的合法权益能得到有效的维护,相关立法必须对包括民办高校教师的工资福利待遇标准、社会保险费的缴纳方式、与公办高校教师待遇对等的实现方式等诸多问题作出统一明确、具体细致的法律规定。教育部应在教育法律相关原则性规范的指导下制定保障民办高校教师合法权益的具体细则与配套的规章,对以往涉及民办高校教师权益保护的政策法规进行认真研究和梳理,对不适当的政策法规条文及时修改,通过构建完善的法律保障机制维护民办高校教师的合法权益。除了在国家层面上保障民办高校教师的合法权益外,各地政府也应当在《民办教育促进法》及其《实施条例》的法律框架内,结合当地实际情况加快制定地方性政策法规,充分发挥地方政府的积极性和首创性,形成区域性民办高校教师的权益保障机制。目前,陕西、河北、贵州、黑龙江、山西、辽宁、四川等省份都已出台了规范民办教育发展的相关地方性法规,这些法规的颁布实施不仅为各地民办教育事业的持续健康发展创设了良好的法律制度环境,更为民办高校教师合法权益的保障提供了直接意义上的、具体明确的法律依据。

(二)完善教师政策的相关建议

1. 明确界定民办高校教师身份,构建完善的社会保障机制

受传统计划经济体制的影响,我国公办高校作为公办事业单位,

教师享有国家事业单位的编制，而民办高校被划为民办非企业性质，教师就不能享有国家事业单位的编制。由于民办高校教师与公办高校教师身份上的不同，两类学校教师的社会保障被纳入到不同的体系中，这造成了民办高校教师最终享受的待遇与公办高校教师有很大差异。民办高校教师即使缴纳相同数额的社会保险资金，到退休时其所能享受的待遇也要大大低于公办高校教师，这种差异已成为制约民办高校教师队伍稳定的主要因素之一。从世界各国教师身份的界定来看，主要有两种：一种是公务员，一种是雇员。我国目前教师的身份定位是传统计划经济体制的产物，已明显不适应社会发展的要求，教师身份制度的改革已成为必然。解决我国目前教师身份问题的方案有两种：一是把民办高校的教师纳入事业编制，使他们和公办教师具有相同性质的身份，只是公办教师与民办教师取得收入和社会保障的经费来源渠道不同，前者由政府财政拨付，后者由学校支付。但退休时又殊途同归，都由社会保障部门同等负担其退休金和其他保障。这一方案既落实了《民办教育促进法》规定的“同等法律地位”，又兼顾了公办和民办两种不同性质学校的特点，同时，也不增加国家财政的负担。然而，这一方案虽不复杂，但不是仅靠教育部门就能实施的。国家层面上需有国务院，地方层面上需有省级政府牵头，会同人事、财政、编委、教育、劳动等部门协同解决。另一种是对现行的教师身份进行改革，实现教师由单位人向社会人的转变。改变现在这种由单位性质决定教师身份性质的状况，应依教师所从事职业的性质决定身份性质。①

2. 以发展教师能力建设为核心，建立民办高校完善的教师培训进修机制

当前，不少民办高校对教师的使用和培养往往缺乏战略性的科学规划，忽略教师劳动的特点和职业的特性，加之受到民办高校教师队伍稳定性差、流动性大等因素的影响，因而未能积极构建以能力建

---

① 胡卫，谢锡美. 中国民办教育的发展困境及其对策[C]//教育研究新视野：1995—2005[M]. 上海：上海人民出版社，2005.

设为核心的教师发展机制。因此,依照国家法律的相关规定,政府有关部门应督促民办高校建立规范化的教师培训进修制度,力求在三个问题上通过探索和实践有所突破和创新:一是应考虑在教育部的指导下,统筹民办与公办高校的教师培训计划,大力推进有组织、有计划、有步骤的教师培训工作,重视全国性的师资培训网络体系的建设,最大限度地利用公共教育资源;二是应逐步创新工作理念,将以民办高校为主体的教师培训制度转变为以教师为主体的教师发展制度;三是应逐步实现民办高校教师培训工作重点的转变,将以基础性培训和学历补偿教育为核心的继续教育体系转变为以能力建设为核心的终身学习体制。①

3. 在民办和公办高校之间建立起合理有序的教师流动机制

民办高校教师队伍老龄化、兼职多、流动性强等问题的存在,主要是因为公办高校与民办高校的关系尚未理顺,难以形成两种教育体制公平竞争的环境和机制,阻碍了教师在公办、民办高校之间的合理流动,造成一方面部分公办高校人员超编,另一方面民办高校教师紧缺和流动性大的局面。开放的、市场化的师资流动可以使教师个人减少盲目择校,使学校减少盲目择师。合理的师资流动市场不仅可以为民办高校提供专门的平台来招聘专职教师,还可以保持民办高校中兼职教师的流动性与稳定性的统一,使民办高校的教师队伍在流动中达到动态平衡。因此,消除公办高校与民办高校之间教师流动的制度性障碍,实现教师合理有序的流动,是教育行政部门为创造公平的教育发展环境所必须解决的一个重要问题。《民办教育促进法实施条例》第四十三条规定,教育行政部门应会同有关部门建立、完善有关制度,保证教师在公办高校和民办高校之间的合理流动。应当看到,在我国现行的立法框架下,公办高校与民办高校的教师之间已经具备了合理流动的基础。当然,合理有序的教师流动机制的构建所涉及的问题是多方面的,需要通过全面实施教师资格制

---

① 尹晓敏,陈新民. 构建民办高校教师合法权益的保障机制[J]. 辽宁教育研究,2006(7).

度，真正实行教师聘任制，建立统一的教师社会保障制度，为搭建公办高校与民办高校教师合理流动的平台创造基本条件。此外，政府有关部门有必要制定民办高校专职教师队伍建设的标准细则和计划措施，可确定若干所公办高校作为民办高校教师培养和提高的培训基地。在明确支持公办高校教师兼职的基础上，进一步鼓励企业、事业单位的专业技术人员成为兼职的民办高校"双师型"教师。

4. 制定科学的民办高校教师评价标准和监督机制

在民办高校教师的评价和监督方面，我们应借鉴美国私立大学教师的监督评价机制，制定出我国民办高校教师的外部评价标准和监督机制，确保民办高校的师资质量。外部监督是美国私立大学师资质量保障的重要环节，主要来自于政府行政或行业的规定、地区或专业性的资格评审认证及新闻媒体。政府行政或行业的规定主要针对专业设置的教授人数和资历以及硬件设施。例如某所大学计划新开办社会工作（Social Work）硕士专业，其基本要求包括至少应拥有5名已获博士学位的教授和固定的实习基地。另一常见的规定就是，给本科生上课的教师至少在相应的专业选修过6门以上的研究生课程。以上规定常常也体现在区域或专业性的资格评审中。除此之外，区域或专业性的资格评审委员会还就师资质量的保障和提高从以下一些方面重点考查各个院校：(1) 全校全职教师和兼职教师的比例；全职教授中拥有博士学位人数的百分比；全职教授中已获得终身教授资格人数的百分比。(2) 学校着眼于未来在师资质量保障上的投入。学校必须展示如何有效地开发其人力资源以迎接未来的挑战。(3) 学校必须展示其对高质量教学的重视和支持。这主要通过以下一些具体内容来确认：课程内容及教学规划由高水平的教授决定；学校明确支持为提高教学质量而设置的各种教师业务进修活动；教师主动参与各种专业性、学术性组织。(4) 各种教学评估的结果须应用于课程设计、教学质量、教师质量、教学资源、学生服务质量的提高上。(5) 学校各级预算充分突出提高教师质量这一重点。(6) 学校的长远规划和相应的经费分配，突出体现对通过不断学习来提高教师队伍质量的重视。新闻媒体对教师质量也起到一定的监督作用，可以对教师质量上出现的问题进行曝光。①

5. 建立民办高校教师科研基金资助机制

建立民办教育发展基金或专项资金是《民办教育促进法实施条例》的规定，也是促进民办教育发展的有效途径之一，其中尤其重要的是建立民办高校科研基金，对民办高校教师参加科研活动进行资助，这是鼓励民办高校开展科研工作的需要。民办高校属于高校序列，民办高校只有接触到了科研这一层面，高深学问这一大学本质才会得以体现。受经费的限制，我国绝大多数民办高校无法顺利地开展科研工作，这对其提高办学水平和质量具有很大的影响。因此，我们应该借鉴西方科研活动中的基金制度，通过政府设立民办高校科研基金，对有科研能力和科研条件的民办高校及其教师进行资助，促进民办高校逐步形成良好的科研氛围。此外，政府还可以通过一定的财政拨款，直接支持民办高校进行重点学科和实验室建设，使一批民办高校能在某些学科领域达到国内领先水平。②

十　招生政策

生源与高校发展有着密不可分的关系。一是生源录取分数的高低，在一定程度上体现了高校的办学质量、办学层次及其社会影响力，即录取到优秀的生源就意味着高校的办学水平较高，办学质量得到了社会认可；二是高素质生源对于高校的教学质量提高可产生积极影响，有助于高校树立良好的品牌和社会形象；三是生源的多寡是决定高校生存能力的最主要因素，如果学校招不到足够数量的生源，也就意味着高校在市场竞争中面临被淘汰的危险。因此，高校为了自身的发展，必然要竞争生源，尤其是优秀生源。对创办时间较短、

---

① 宁斌.美国私立高校保障师资质量的办法[J].中国高等教育，2005(12)：46-47.

② 周国平.浅议我国民办高等教育经费资助问题[J].浙江树人大学学报，2005，5(3)：28-31.

亟须塑造社会形象和品牌的民办高校来说，招生政策具有至关重要的作用。对所有民办高校而言，招生是民办高校赖以生存和发展的基础工作，自主招生权利是民办高校开辟生源、维护学校正常运转和促进学校发展壮大的重要保障。

我国民办高等教育发展的时间比较短，政府还没有形成具有针对性的管理规范，仍习惯性地用管理公办高校的模式来管理民办高校，忽视了民办高校的特殊性，因而民办高校办学招生的自主权难以体现，政府主管部门在招生计划、招生批次、招生分数、招生区域等方面都对民办高校有诸多的限制。实施高等学历教育的民办学校的招生仍采用计划方式，招生被纳入国家统一招生计划，在招生标准和招生方式上要严格遵守国家相关规定。这的确有利于保障高等学历教育的质量和国家学历学位的权威性与严肃性，但同时也在客观上束缚了民办高校的发展。如很多省份将民办高校的招生放在公立高校招生之后，民办高校只得录取分数较低的学生，难以吸引优秀生源。生源是民办高校的生命线，保持并不断开拓生源是民办高校面临的重要任务，这不仅需要民办高校通过加强内部管理、提高办学质量来吸引生源，更需要政府有关部门进一步规范民办高校的招生配套政策。

1. 进一步扩大民办高校的招生自主权

虽然《民办教育促进法》第二十七条明确规定，民办高校享有与同级同类公办高校同等的招生权，可以自主确定招生的范围、标准和方式；县级以上地方人民政府教育行政部门、劳动和社会保障行政部门应当为外地的民办学校在本地招生提供平等待遇，不得实行地区封锁，不得滥收费用。但在相应的政策文件中却加以不同程度的限制，如教育部《关于进一步做好民办高等教育机构招生工作的意见》中规定：“民办高等教育机构主要面向本地区招生，确需跨省（自治区、直辖市）招生的，须经教育机构所在地和生源所在地的省级教育行政部门审核同意。各地教育行政部门要严格审定民办高等教育机构的招生资格。”在此类政策文件的限制下，民办高校所能拥有的招生自主权是相当有限的。此外，有些地方政府的管理限制和地方保护主义，更使民办高校的招生“自主”流于形式。一些地方教育行政部门为了防止生源外流，随意压减民办高校统招指标，对外地民办高校以较为苛刻的广告宣传的审批、范围、方式等为条件加以排挤甚至压制。①

由于民办高校不占用国家财政性教育经费，不需要国家安置毕业生，学校依照社会人才需求和自身办学能力自主办学、自主创新、自担风险，学生依照个人志向与家庭经济状况自主选择学校和专业，自担费用，自谋职业。本着促进民办高校发展的目的，在扩大办学自主权方面，政府有关部门应该实施一定的政策倾斜，如在确保具备合格办学条件的前提下，逐步放开民办高校招生计划，由民办高校根据自身办学条件和社会人才需求状况来自主确定招生专业、招生规模和录取办法（需实行主管部门备案制）。为尊重民办高校的办学自主权，上海市率先开展“依法自主招生”改革，使民办高校成为高等教育改革的排头兵。2005 年，在上海市人大、政协、监委、科教党委的支持和全程监督下，三所民办高校经市政府批准开始实施依法自主招生改革，当年招收高职学生 850 名。2007 年参加依法自主招生的民办高校已达 9 所，计划招生人数为 5 160 名，占依法自主招生总人数的 91.2%。三年来，这项招生改革工作公平公正、平稳有序，做到了政府、社会、高校、中学、学生和家长都满意，为上海市的高校招生考试制度的改革作出了贡献。②

2. 改革民办高校的招生考试模式

目前，民办高校的招生制度是和普通高考融合在一起的。民办高校招收的学生，大部分来自参加普通高考的普通高中毕业生，都排在最后录取批次且录取分数较低。不仅社会上对民办高校不看好，而且民办高校的教师和学生也有一种“低人一等、已不如人”

① 黄藤，王冠. 关于民办高等教育理论研究及发展问题的宏观思考[J]. 民办教育研究，2005，4(1)：9-20.

② 张民选. 热情扶持，规范管理，提升民办高教发展水平[J]. 中国高等教育，2007(9)：6-8.

的感受，心理上受到严重挫伤。为解决这个问题，应依据民办高校的特色建立独立招生考试体系，真正发挥为民办高校选择合适生源的功能。以民办高等职业教育为例，通过单独命题考试，试题相应增加职业知识和技术技能的比重，体现民办高等职业教育的特点，根据独立的录取标准录取学生，不需要排在公办院校录取批次的最后录取学生。这样的考试与普通高考有质的区别，其最大好处就在于使二者在分数上失去了可比性，不再有分多分少之争，也不再有你高我低、你强我弱之别，便于提高民办高校的地位。2005年，上海三所民办高校已开始实现高考自主命题招生：杉达学院考英语；建桥职业技术学院文科考语文、英语，理科考数学、英语；新桥职业技术学院考语、数、外。① 如果不能在短期内实现这样的改革目标，也可以在国家统一考试、由省控制招生规模和录取分数线的前提下，让学校直接组织生源，让学生直接选择学校，由省招生部门审查新生入学资格。同时，可以选择个别条件好的学校，进行"独立考试、独立招生"的试点。总之，民办高校将来招生录取改革的方向是教育主管部门或中介机构只评价办学条件和教学质量，而学校完全自主考试招生。

3. 为民办高校拓宽多渠道办学的通道

到2007年底，我国有民办高等教育机构906所，而具有独立颁发文凭资格的民办高校只有297所，具有颁发本科文凭的民办高校更是为数不多。民办高校缺乏文凭授予权，是制约其招生的一大瓶颈。因此，政府要努力为民办高校开辟新的办学渠道，上伸下延，为不同层次的考生提供新的升学平台。如允许初中毕业生通过考试直接升入民办高校读五年制大专；允许中等职业学校与民办高校联合办学，通过"二三分流"，实行"3 + 2"或"2 + 3"模式，实现学历衔接，共同发展；允许民办高校之间学生正常转学，在转出学校、转入学校、学生与家长4方意见达成一致的情况下，应为学生合理流动提供方便，减少学生流失；允许民办高校开展成人继续教育和下岗员工培

① 赵一枫，金羽．"破冰之旅"春意渐浓［N］．中国教育报，2005-4-15．

训，充分挖掘办学潜力，扩大生源，尝试让没有颁发普通高等教育学历文凭资格的民办高校举办成人学历教育；允许民办高校改三年制大专为二年，降低办学成本，减轻学生负担，让学生提前就业，缓解就业压力；允许符合条件的民办专科院校升格为本科院校，增加招生吸引力。

4. 为民办高校的招生工作做好引导和监管

在民办高校的准入资格问题上，要严格控制民办高校总量，统筹规划，合理布局，防止一哄而上、一哄而起、一哄而乱、一哄而散，从而避免重复建设和浪费的现象。省会城市所在地一般批建 2 ~ 3 所民办高校为宜，一般地级城市所在地批建 1 所为宜，减少民办高校之间竞争压力，避免出现民办高校吃不好、吃不饱，先天性"营养不良"的现象。此外，政府主管部门应加强对民办高校教育成本的核算，对已失去办学能力或违规办学的民办高校应要求其减少招生或停止招生，情况严重的应予以注销或合并。民办高校招生应突破区域计划垄断，打破地区间的招生"防火墙"，本着总量平衡、鼓励交流、相互支持、共同发展的原则，让生源实现合理流动。

针对部分民办高校招生宣传不规范的问题，要切实加强监管，努力规范民办高校招生市场，树立民办高校诚信形象。江西省教育厅于 2007 年 4 月下发了《江西省民办高校招生简章和广告备案审查和管理办法》，并发布了《关于做好 2007 年民办高校及高等教育机构招生简章和广告备案审查工作的通知》和《关于江西省民办普通高校 2007 年秋季招生政策的公告》，从广告内容、审查程序、印制发布、监督管理等方面切实规范民办高校的招生行为。江苏省教育厅每年定期对民办高校的办学条件、财务管理、教育教学等情况进行全面检查。2007 年江苏省教育厅把民办高校法人财产权的落实情况作为年检的重要内容，对已经完成资产过户的民办高校，按照民办高校名下的资产状况核定下一年度的招生计划；对没有完成资产过户或没有资产的民办高校，核减下一年度的招生计划或暂停招生。广东省政府在下发的《关于加强民办教育规范管理促进民办教育健康发展的若干意见》中，提出要建立和完善各级各类民办学校准入制度，严格执行各级各类民办学校设置标准，建立和完善民办学校招生广告备案制度，切实加强民办学校招生管理；建立和完善各级各类民办学校年度检查制度，自 2007 年起，各级教育行政部门要根据管理权限建立和完善各级各类民办学校年度检查制度。

第七章

结　　语

近年民办高校规模数量实现了跨越式发展，因此关于民办高校发展的研究越来越受到学术界的关注，民办高等教育研究取得了累累硕果，但在众多的研究著述中关于民办高校核心竞争力问题的研究却尚不多见。关于民办高校核心竞争力的内涵和提升路径的研究中，尽管有些已经触及一些实质性的问题，但对构建"民办高校核心竞争力理论研究"的整体框架来说，还有待进一步加强。总体来看，当前对民办高校核心竞争力问题的研究主要存在三个方面的不足：一是理论研究的系统性不强，研究成果的创新性有待提高。从前面关于企业核心竞争力和民办高校核心竞争力的文献综述的比较中可以看出，企业核心竞争力研究的理论丛林丰富、流派纷呈，已经呈现出"百花齐放、百家争鸣"的态势，而且理论成果很快可以应用于战略管理实践。相比之下，民办高校核心竞争力研究不仅起步晚，而且大多数尚停留在某个具体的局部操作层面上。造成这种反差的原因在于企业总是处在激烈的竞争之中，要求管理工作者和理论工作者考虑的大多是生存与发展问题，"逼"着他们寻求提高效益、增强竞争力的理论成果和方法；而民办高校之间的竞争在国内则是近几年的事，人们才刚刚感受到竞争的压力。二是理论研究落后于实践探索，实证研究尚未起步。从文献综述中可以看出，在理论成果并不太多的情况下，已有许多民办高校管理工作者在积极探索提升竞争优势的途径，尽力去厘清什么是民办高校的核心竞争力，但是这种探索往往又不够系统全面。三是理论研究的时代感尚需进一步凸现，研究空白点较多。民办高校核心竞争力的内涵是直接移植还是彻底创新更适合我国民办高校的"校情"，民办高校核心竞争力理论模型和评价体系等课题尚少有人涉及。在知识经济和教育国际化的浪潮中，民办高校如何融入世界私立高等教育发展，提升自身核心竞争力，必须由理论和实际工作者作出正面回答。

导致民办高校核心竞争力研究中出现以上问题的原因，除民办高校发展历史短的客观原因外，还有学术界研究者的主观原因。如很多研究者认为，民办高校底子薄、起点低、条件差、生源少、规模小、经费缺、师资弱，加上政府对民办教育发展的政策不完备、管理不到位等原因，民办高校不可能形成核心竞争力，因此也就没有从学术理论上研究探讨民办高校核心竞争力的必要。实际上,正是因为民办高校目前没有形成自己的核心竞争力,才更需要学术界针对民办高校的发展现状和特征,研究民办高校如何培育自身的核心竞争力。也许当前民办高校还不能与公办高校相抗衡,但是从民办高校长远可持续发展来看,也十分有必要从现在就着手研究民办高校核心竞争力问题。此外,从民办高校与民办高校之间的竞争来看,民办高校的整体发展水平虽不高,但他们之间的竞争依然存在,一所民办高校要超越其他民办高校,也必须形成其自身的核心竞争力。因此,无论从民办高校的长远发展来看,还是从当前民办高校之间的竞争来看,目前加强民办高校核心竞争力的研究都迫在眉睫。我们已经欣喜地看到,我国一些民办教育研究专家和学者已开始关注并研究这样的问题,其中关于民办高校核心竞争力内涵、特征以及提升路径的研究呈现出观点碰撞、融合的形势,这必将对民办高校核心竞争力理论体系的构建大有裨益。

基于民办高校核心竞争力的提升,本书提出了十大发展战略。实际上,每所民办高校自身的情况和面临的形势均有差异,其实施的发展战略也应有所不同。民办高校的战略实施必须综合考虑各方面的相关要素。一是考虑战略实施的背景。民办高校必须针对经济全球化、教育国际化和教育大众化的趋势,充分发挥体制优势,结合学校自身的资源、特色、优势、外部需求制定和选择合理的发展战略。二是考虑战略实施的环境。民办高校发展战略要与国家和地区的总体发展战略相结合,要与国家高等教育的法律、法规相统一,要与国家和地区的经济社会发展相协调,要与校区周边自然生态、人文环境相和谐。三是考虑学校的办学定位。办学定位内涵丰富,涉及诸多方面,包括层次定位、类型定位、学科定位、人才定位、面向定位和规模定位等。任何一所高校要想在激烈的竞争中占有一席之地,关键就在于培育具有自身特色的、同竞争对手相区别且难以移植的核心竞争力。对民办高校而言,增强核心竞争力必须解决两个问题:本校的核心竞争力在哪里?本校应培养什么样的核心竞争力?这两个问题其实即学校的定位问题。增强核心竞争力是科学定位的归宿,科学定位是增强高校核心竞争力的前提。定位问题圆满地解决了,才能比较顺利地培育学校核心竞争力。① 四是考虑学校的发展规划和目标。发展规划是一个组织特定时期的发展总纲,或者说是实施组织一定时期发展战略的前瞻性、指导性、方向性的发展蓝图。学校发展目标是发展战略中的核心,是在规定的历史时期内要达到的总要求、总水平,包括总目标和具体目标。战略目标不仅包括数量和规模方面的目标,还包括质量、结构和效益方面的目标。发展战略的制定与实施应服从于发展规划和发展目标。总之,民办高校发展战略的实施要体现其适应性和有效性,发展战略不应也不可能拘泥于本书提出的十大战略,特别是伴随经济社会的发展和变化,民办高校发展战略应适时作出调整和创新。

如前所述,中国民办高校是在中国高等教育资源不能满足广大人民群众接受高等教育需求的情况下发展起来的,同时也是为适应社会主义市场经济体制改革需要、打破公办高校单方垄断、创设高等教育发展的竞争机制、提升高等教育发展活力的需求发展起来的。经过若干年的发展,中国民办高校的基础条件、发展模式、管理方式和办学水平有了很大改善。但与此同时,也有不少民办高校(主要是实施非学历教育的民办高校)陷入办学困境,甚至倒闭或终止。无论民办高校是兴盛还是倒闭,都受到国家政策和制度变化的强烈影响,这是我国民办教育发展中的一个重要特点。由于我国民办高校存在的时间很短,如果从 1982 年中华社会大学创建开始算起,到今天也只有不到 30 年的时间。因此,与民办高等教育相关的法律还难以对民办高等教育发展中出现的所有问题进行明确规定,只能"摸着石头过河",关于民办高等教育的法律和规章不可能非常完善,法律和制度的变更和改变也是不可避免的事情。② 面对新的历史形势,特别是未来可能发生的高等教育新一轮的资源整合和结构调整,对目前还是"弱势群体"的民办高校来说,为适应新的竞争环

---

① 何彬生.民办高等教育发展的战略思考和实践探索[J].当代教育论坛,2006(9):126-127.

② 王一涛,董圣足.民办高校倒闭的现状、原因及对策分析[J].浙江树人大学学报,2008,8(3):6-11.

境必须进行一定程度上的政策安排,这不仅是民办高校作为新生力量的诉求,也是政策制定主体为优化高等教育市场环境所必须承担的责任。如果说过去国家政策对于民办高校主要是扶持和促进的话,那么对于今天民办高校的发展来说,政策导向的着眼点已经发生改变,从社会主义市场经济体制的高度来看,就是要创设一种清晰的、稳定的、均衡的民办高校的制度政策环境,让民办高校在公平、有序的社会主义市场经济环境中逐步培育和发展竞争优势与比较优势,不断提高核心竞争力,实现民办高等教育的稳定、健康、可持续发展。

当前,国际上许多市场经济国家在越来越把高等教育的发展、革新和多样化的责任转移到各私立高校并创造良好市场环境的同时,十分重视政策对私立高校发展的作用,通过制定广泛的政策对私立高校的发展进行调控,依照私立教育政策审批新设私立高校,为私立高校的发展治理市场环境,依法监督、管理私立高校。就政策对于私立高校发展的地位而言,西方学者有一个形象的比喻:一定意义上,政策法规的综合为私立高等教育发展设定了"软道"(trajectories),同时也是各国政府管理和指导私立高等教育发展制度化的"工具箱"(toolboxes),直接规约和指引着私立高等教育的发展。①

在美国私立大学发展进程中,对其影响比较重大的法律有5部:(1)《权利法案》,此法案不仅为美国教育管理分权制奠定了法律基础,而且是美国高等教育多样化和私立大学存在与发展的基础。(2)《达特茅斯学院案》,此法案确立了美国私立大学的法律地位,具有比较显著的历史地位。比尔德(Charlcs Beard)在其所著的《美国文化的勃兴》一书中提出:"这项判决给私立高校和州立院校的前进都廓清了道路。它使教会掌握的学院在风暴中感到安全,又提醒政府不得违反原有学院的意志,把它们改为州立学府,在这里法治精神在教育领域显示了威力。"(3)《俄勒冈法律违宪案》,1925年联邦最高法院对俄勒冈法律违宪案的判决确立了两个基本点:一个是父

① James Marshall, Michael Peters. Education Policy. Cheltenham, U. K: Edward Elgar, 1999:5.

母有为孩子选择学校的自由;另一个是私立学校特有的地位和价值受联邦法律保护。虽然这项法律是针对私立中小学提出的,但对私立大学同样适用。(4)1958年美国政府通过的《国防教育法》,该法规定"向非营利的私立学校提供贷款",用于开设新的数学、外语等课程并资助科研。(5)1963年美国政府通过的《高等教育设施法》,规定向公私立非营利大学提供联邦补助金和贷款,以促进自然科学、数学、外语的教学研究和图书馆建设。1965年通过的《高等教育法》,在美国历史上第一次规定联邦政府要向公私立高等学校提供长期资助。1972年又通过了《高等教育法修订案》,在美国历史上国会第一次决定由联邦政府向全国所有高等学校(包括私立大学在内)提供不带任何条件的资助,而且所有家庭经济困难的学生(无论是公立学校的学生还是私立学校的学生),均可申请联邦学生资助;不论公私立大学,均可申请联邦科研经费,联邦政府对公私立大学一视同仁,平等对待。美国政府通过一系列法令,廓清了政府与私立高校的关系,并不断调整和改善这种关系,实际上是从人民大众的历史文化价值观念和现实需求出发,在尊重私立学校自身发展规律的基础上,为私立高等教育存在和自由健康发展奠定了坚实的基础,使得私立高校成为美国高等教育质量和水平的象征,甚至成为世界高等教育发展的榜样。①

日本与中国一衣带水,在文化传统和价值观念上具有很多共同点。日本在私立高校的发展中,也高度重视运用立法的手段实现宏观调控,有关私立高等教育的法规数量多、覆盖面广,形成了严整、完备和系统的私立高等教育法规体系。早在1899年,日本政府就颁布了《私立学校令》,对私立学校的设置、办学、管理等作出了明确的规定。二战之后,日本政府制定了新的《私立学校法》(1949年)。《私立学校法》成为战后包括私立高校在内的日本私立学校办学、发展的基本法律根据。其后,日本政府又相继制定了《关于给予私立大学研究设置国家补助的法律》(1957年)、《日本私学振兴财团法》

① 姚云.美国高等教育立法研究——基于立法制度的透析[D].上海:华东师范大学高等教育研究所博士论文,2003.

(1970年)、《私立学校振兴助成法》(1975年)等有关私立学校的法律,文部省也为执行《私立学校法》下发了《私立学校法施行令》(1950年)和《私立学校法施行规则》(1950年)。这些法律、法规构成了二战后日本私立学校教育法规体系,有力地促进了日本私立高等教育的发展。

近年来,亚洲许多国家的私立高等教育实现了快速发展,核心竞争力不断提升,这也得益于私立高等教育法规政策的不断完善和成熟。在泰国,1969年就通过了《私立大学法》,该法规定,私立高等院校一旦经国家通过法律程序认可,便获得了与国立大学相同的设课权和学位授予权。该法通过后,泰国的私立高校在短期内就获得了较大发展。特别是1988年以来,泰国在不到10年的时间里就建立了22所私立大学,平均每年批准两所。目前泰国私立高等学校在数量上已经超过国立大学,招生人数与公立大学不相上下。韩国于20世纪60年代发布了《私立学校法》,加强了私立高等教育办学的规范化,为韩国经济发展成为“亚洲四小龙”之一作出了巨大贡献。1997年马来西亚政府通过了《私立教育法》,为私立高等教育的发展提供了法律保障。

从我国民办高校的发展轨迹来看,政策法规的作用贯穿于整个民办高校管理的全过程,引领着民办高校的发展方向,不断调整民办高校体系内部的各种教育机构和教育形式的发展重心。对于民办高校核心竞争力的提升来说,由于教育政策是一切办学行为的具体行动准则,因此有缺陷和不完善的政策成为存在的制约因素中最大的桎梏。公办高校总是希望政府出台倾斜政策为其发展构建有利的环境,甚至希求政府通过人、财、物的投入直接拉升公办高校的办学实力,政策俨然成为其提升竞争力的关键力量。对于公平环境下的民办高校来说,同样有权利希望政府再进一步完善相关政策,理清各种模糊的关系和概念,保障民办学校合法、合理的权利,在构建一个公平的市场环境的同时,能从构建社会主义市场经济体制的高度出台相关的扶持政策,给予一定的人、财、物上的支持,并为其发展打开合理、合法而又充足的空间,促进其不断提高核心竞争力,在实现“健体”的过程中不断实现“强魂”。从这个意义上说,构建一个完善、清晰、稳定、均衡的政策法规体系，并针对性地作出适当的政策安排，是政府对民办高校提升核心竞争力的最大、最有力的支持。

中国民办高校规模虽然有了迅速扩大，但就世界范围来看，它的实际规模还十分有限。美国耶鲁大学 Rogger L. Geiger 教授曾根据私立高等教育在一国高等教育中所占的招生比例将国家分为三个类型：普及型、双轨型、补充型。在普及型国家，私立高等学校数量多，招生数量多，招生数量超过公立学校（私立高校招生人数比例为70%左右）；在双轨型国家，私立和公立高等院校的招生人数大致相当；在补充型国家，私立高校数量少，规模一般较小，招生人数受到国家控制，因此在国家的高等教育中仅起到补充作用。按照上述划分，我国民办高等教育的发展还属于补充型，其作用还远没有得到充分发挥。目前中国民办普通高校数量占全国普通高校总数的15.57%，民办高校在校生人数仅占全国普通高校在校生总数的8.65%。台湾学者杨景尧认为："中国大陆民办大学的发展，乃是21世纪中国高等教育能否持续高速发展之所寄，也可以说中国大陆的下一波再创高教佳绩，非靠民办大学不可。因为公办大学的发展规模，已经达到极限了。"（杨景尧《中国大陆民办大学发展现状之研究》）

当前，我国高等教育进入大众化门槛后，面临着来自规模进一步扩大和高等教育体制创新的双重使命，民办高校或民办运行体制在高等教育领域也同时面临着极富挑战性的改革实践。从高等教育对国家全面建设小康社会目标的战略高度，从高等教育对国家创新体系建设和综合竞争力提升的战略高度，从高等教育对全面提升国家人力资源水平的战略高度，从高等教育体制改革深化对我国市场体制建设的战略高度，在广泛研究并认真汲取发达国家与发展中国家成功经验和教训的基础上，探索一条具有中国特色的高等教育可持续发展道路的伟大进程中，民办高校将充分实现民办高校和民办运营机制的功能与价值。据测算，2005—2020年，我国高等学校在校生规模将达到2 000～3 000万人。按2010年民办高校在校生人数达到高校学生总数25%的标准测算，按生均事业性经费8 000元计，通过发展民办高校每年可吸纳各类社会资源500多亿元；再加上每年新增数十所民办高校所需的基础性投入200亿~300亿元，每年共可吸纳社会资金700多亿元。若2020年民办高校在校人数达到高校学生总数的50%，则每年可吸纳社会资金（包括运行经费和新建校的基础性投入）1 500亿元以上，这对加快我国高等教育的大众化发展具有不可低估的作用。① 可以说，发展民办高校和引入民办运行机制是今后5到15年我国高等教育体制创新的重要途径。在进一步办好民办高校的基础上，民办高校的数量和在校生规模也将有一个较大的发展：一方面作为我国现阶段民办高等教育的一条特殊道路，独立学院在今后相当一段时间内仍将继续成为发展高等教育的主要路径之一，部分独立学院将逐步转为独立设置的民办高校；另一方面，有些地区将进一步推进办学体制和运行机制改革试验，加大公办高校的转制力度，探索体制改革与机制创新，即投资—体制—机制“三位一体”改革的有效途径。“十一五”期间，在整体数量和规模进一步扩大的基础上，众多民办高校将进一步重视学校的内涵建设，着手研究并启动以现代大学制度建设为核心，以引进民办运行机制为特征，以推进高校面向社会自主办学为目标的高等教育新体系。

总之，未来的10年，将是中国民办高等教育发展的重要战略机遇期，民办高校不仅在规模数量上将实现大的发展，而且在水平、质量上也将实现质的飞跃。同时也可以预见，民办高校在整体加快发展的同时，将面临更激烈的竞争。民办高校只有面向市场，找准定位，始终适应市场需求不断变化的形势，不断提高教育教学质量，创出品牌特色，才能在竞争中取胜。竞争是无情的，优胜劣汰是不可改变的竞争规律。在这场竞争中，那些缺乏核心竞争力的民办高校必将首先被淘汰出局，那些具备核心竞争力的民办高校必将在激烈的竞争中崭露头角，实现新时期新阶段的大发展！

---

① 2005—2010年中国民办教育发展思路与对策研究报告[C]//胡卫. 教育研究新视野：1995—2005[M]. 上海：上海人民出版社，2005.

参考文献

[1] M. Schnerider. Information and Choice in Education Privatization[M]//Henry M. Levin. Privatizing Education: Can the Marketplace Deliver Choice, Efficiency, Equity and Social Cohesion. Oxford: Westview Press, 2001.

[2] Lawrence White. Decontructing the Public-Private dichotomy in higher education[J]. Change, 2003(5-6).

[3] Lyndon Furst, Charles Russo. The Legal Aspects of Nonpublic School[M]. Berrien Spring: Andrews University Press, 1993.

[4] U. S. Department of education national center for education statistics. Digest of Education[EB/OL]. [1999-03-20] http://www.ed.gov.360.

[5] Prahalad C. K. , Hamel G. The core competence of the corporation[J]. , Harvard Business Review, 1990(3): 68.

[6] Stephen Haag, Maeve Cummings, Amy Phillips. Management Information Systems for The Information Age[M]. New York: McGraw-Hill Company, 1998.

[7] Cliff Bowman. The Essence of Strategic Management[M]. Englewood Cliffs: Prentice Hall Europe, 1997.

[8] David F. R. . Concepts of Strategy Management[M]. Englewood cliffs: Prentice Hall, 1997.

[9] Peter Ferdinand Drucker, et al. Harvard Business Review on Knowledge Mangement[M]. Cambridge, MA: Harvard Business School Press, 1998.

[10] Roger L. Geiger. Private Sectors in Higher Education: Structure, Function and Change in Eight Counties[M]. Ann Arbor: The University of Michigan Press. 1986.

[11] Frank R. Baumgartner, Bryan D. Jones. Agendas and Instability in American Politics [M]. Chicago: University of Chicago Press, 1993.

[12] Prahalad C. K, Cary Hamel. The core competence of the corporation[J]. Harvard Business Review, 1990, 68(5/6): 79-91.

[13] Leonard Barton D. Core capability and core rigidities: A paradox in managing new product development [J]. Strategic Management Journal, 1992(13): 111-125.

[14] Levine, Arthur. Privatization in Higher Education [M]//Levin, Henry. Privatizing Education: Can the Marketplace Deliver Choice, Efficiency, Equity and Social Cohesion? Boulder: Westview Press, 2001.

[15] Norena Badway, Patricia J Gumport. For-profit higher education and community colleges. [EB//OL]. http://www. stanford. edu. group.

[16] Sperling, John. Rebel With a Cause: The Entrepreneur Who Created the University of Phoenix and the For-Profit Revolution in Higher Education[M]. New York: John Wiley & Sons, Inc. 2002.

[17] Jorge de Alva. "For-profit and non-profit higher education" presentation at the annual conference of the council for higher education accreditation[J]. Washington, D. C. 2002(1).

[18] Joseph R. Mixen Principles of Professional Fundraising: Useful Practice[M]. New Hersey: John Wiley & Sons, 1993.

[19] William W. Tromble. Excellence in Advancement: Applications for Higher Education and Non-Profit Organizations[M]. Massachusetts: Jone & Bartlett Publishers, 1998.

[20] 国家高级教育行政学院. 中国高等教育体制改革世纪报告[M]. 北京:人民教育出版社,2001.

[21] 金忠明. 中国民办教育史[M]. 北京:中国社会科学出版社,2003.

[22] [美]伯顿·R. 克拉克. 高等教育新论——多学科的研究[M]. 王子绪,等译. 杭州:浙江教育出版社,1988.

[23] [美]谭劲松,张阳.战略管理[M].北京:中国水利水电出版社,1998.

[24] 张学敏.教育经济学[M].重庆:西南师范大学出版社,2001.

[25] 胡卫,丁笑炯.聚焦民办教育立法[M].北京:教育科学出版社,2001.

[26] 陈永明.当代日本私立教育[M].太原:山西教育出版社,1996.

[27] 吴宣恭.产权理论比较——马克思主义与西方现代产权学派[M].北京:经济科学出版社,2000.

[28] 梁忠义.日本教育发展战略[M].长春:吉林教育出版社,1993.

[29] 吴畏主.民办教育的改革与发展[M].北京:教育科学出版社,2002.

[30] 谢安邦.比较高等教育[M].桂林:广西师范大学出版社,2002.

[31] 侯德富,曹秋苇.私立华联大学对教育股份制的探索:民办教育的研究与探索[M].北京:北京师范大学出版社,1999.

[32] 陈桂生.中国民办教育问题[M].北京:教育科学出版社,2001.

[33] 陈宝瑜.民办高教硕果盈庭[M].北京:国际文化出版公司,2001.

[34] 杜作润.高等教育的民办与私立——比较研究[M].上海:上海科学技术文献出版社,1993.

[35] 顾美玲.中国民办教育探索[M].成都:四川教育出版社,1999.

[36] 胡卫.民办教育的发展与规范[M].北京:教育科学出版社,2000.

[37] 侯小娟.中国民办教育的政策法律研究[C]//民办教育研究与立法探索.广州:广东高等教育出版社,2000.

[38] 刘培鸿.开拓民办教育的空间[M].上海:华东师范大学出

版社,2000.

[39] 卢干奇. 民办教育的规范:从政策到立法[C]//中国教育政策评论. 北京:教育科学出版社,2000.

[40] 刘莉莉. 中国民办高等教育发展的现状和展望[D]. 武汉:华中理工大学,博士学位论文,2000.

[41] 项秉健. 中国社会力量办学研究[M]. 上海:上海社会科学出版社,1996.

[42] 吴忠魁. 私立学校比较研究[M]. 北京:北京师范大学出版社,1999.

[43] 杨智瀚. 中国民办大学20年[M]. 北京:光明日报出版社,1999.

[44] 张志义. 民办教育的研究与探索[M]. 北京:北京师范大学出版社,2000.

[45] 张志义. 私立民办学校的理论与实践[M]. 北京:中国工人出版社,1994.

[46] 张健. 中国社会力量办学大辞典[M]. 北京:红旗出版社,1997.

[47] 潘懋元. 抓住有利时机 实现民办高教可持续发展[J]. 中国高等教育,2001(5).

[48] 王文源. 首都民办高等教育发展定位及特色创新[J]. 前线,2003(12).

[49] 杜云月,蔡香梅. 企业核心竞争力研究综述[J]. 新华文摘,2002(9).

[50] 赖德胜,武向荣. 论大学的核心竞争力[J]. 教育研究,2002(7).

[51] 刘国卫. 关于民办高等教育经费来源的研究[J]. 教育与现代化,2003(3).

[52] 胡建华. 试析研究型大学的本质——学问的生产能力[J]. 南京航空航天大学学报:社会科学版,2002(4).

[53] 马士斌. "战国时代"高校核心竞争力的提升[J]. 学海,2000(5).

[54] 孙霄兵，周为，胡文斌. 巴西的私立教育[J]. 比较教育研究，2002(4).

[55] 王晓辉. 法国私立教育的基本特点[J]. 比较教育研究，2002(9).

[56] 宁本涛. 关于民办学校投资回报问题的再探讨[J]. 教育评论，2002(1).

[57] 贾西津. 对民办教育营利性与非营利性的思考[J]. 教育研究，2003(3).

[58] 陈武元. 日本政府资助私立大学现状及存在的问题[J]. 高等教育研究，1999(4).

[59] 张玉阶. 民办高校在教育振兴中肩负的历史使命[J]. 教育发展研究，1999(7).

[60] 金同康，顾志跃. 澳大利亚高等教育质量保障体系及启示[J]. 云南教育，2002(24).

[61] 李毅. 马来西亚私立高等教育法规探析[D]. 厦门：厦门大学，2003.

[62] 裴云. 我国民办院校评估刍议[J]. 民办教育研究，2003(5).

[63] 韩骅. 发达国家大学收费与资助制度的变革[J]. 中国教育报，1998(4).

[64] 周建明. 美国高校的经费来源和财务管理[J]. 中国教育报，1999(4).

[65] 邬大光. 中国民办高等教育发展状况分析[J]. 教育发展研究，2001(3).

[66] 许项发. 做好内部公关 提高民办高校竞争实力[J]. 中国高教研究，2001(3).

[67] 姜文杰. 基于民办普通高校核心竞争力的战略探讨[J]. 浙江树人大学学报，2003(11).

[68] 贾少华. 民办高校的核心竞争力及提升[J]. 西南民族大学学报，2004(10).

[69] 邹长城. 社会公信力——中国民办高校的核心竞争力[J]. 船山学刊，2005(2).

[70] 何峻.基于核心竞争力的民办大学知识管理研究[J].杨凌职业技术学院学报,2005(3).

[71] 高伟云.基于核心竞争力的民办高校品牌战略构建[J].黑龙江高教研究,2005(4).

[72] 刘丽辉.论我国民办高校竞争力现状及提升思路[J].中山大学学报论丛,2006(6).

[73] 曾小军.民办高校核心竞争力的新制度经济学分析[J].广州大学学报,2006(7).

[74] 许华春.努力提高民办高职院校核心竞争力[J].红旗文稿,2006(9).

[75] 郭瑾莉.核心竞争力视角下我国民办高校的宏观环境分析及建议[J].中国科技信息,2006(23).

[76] 罗道全.民办体制是民办高校核心竞争力之所在[J].浙江树人大学学报,2006(6).

[77] 柏土兴.美国联邦政府对私立高等教育的管理[J].外国教育研究,1997(1).

[78] 陈思明.关于产权理论问题的若干思考[J].学术界,1995(3).

[79] 常思亮.论我国民办教育管理基本原则[J].湖南师范大学学报:社会科学版,1999(4).

[80] 丁笑炯.美国公私立学校的区别[J].民办教育动态,2001(2).

[81] 冯建军.民办教育的成本与收费分析[J].教育与经济,1997(3).

[82] 黄新茂.培育新的教育增长点——发展浙江民办教育的几点思考[J].浙江教育科学,1998(6).

[83] 殷一璀.上海市民办教育的发展与策略选择[J].民办教育动态,2000(7).

[84] 李连宁.民办学校的性质与地位[N].光明日报,1993-07-15.

[85] 李哉平.论教育股份制的运行及其机制[J].教育与经济,2000(2).

[86] 彭虹斌. 日美私立教育营利问题分析与启示[J]. 比较教育研究,2001(1).

[87] 潘懋元. 关于民办高等教育体制的探讨[N]. 光明日报,1998-06-22.

[88] 汤林春. 试论民办教育的管理机制[J]. 河北师范大学学报:教科版,1998(2).

[89] 王东桦. 中国民办教育与国外私立教育比较[J]. 河南教育学院学报,1998(3).

[90] 吴兆熊. 民办学校教师队伍的问题及其对策[J]. 民办教育动态,1999(9).

[91] 谢毅敏. 我国民办高等教育发展前景浅探[J]. 盐城工学院学报,1999(4).

[92] 杨丽娟. 关于教育产权若干问题的探讨[J]. 教育与经济,2000(1).

[93] 张铁明. 论民办教育运作的成本[J]. 教育评论,1999(2).

[94] 纪德奎,李玉泉. 民办高校可持续发展战略构建[J]. 教育发展研究,2006(10).

[95] 李霞. 民办高校的办学定位与特色探析[J]. 华北水利水电学院学报,2006(4).

[96] 方铭琳. 明晰民办高校产权关系[N]. 光明日报,2005-07-06.

[97] 陈搏. 民办高校教育服务营销战略初探[J]. 教育科学,2004(6).

[98] 侯德富. 政府和市场是民办高校生存发展的两大决定因素[J]. 黄河科技学院学报,2005(9).

[98] 张剑波. 民办高等教育可持续发展的战略思考[J]. 现代大学教育,2004(3).

[99] 张亚珍,夏江峰. 我国民办高校融资渠道及国际比较[J]. 浙江树人大学学报,2003(1).

[100] 王军胜,刘喜琴. 努力构建民办高校毕业生就业工作新模式——民办高校与社会就业服务机构合作模式探讨[J]. 黄河科技学院学报,2004(9).

[101] 徐绪卿. 首批民办高校发展经验的思考[J]. 浙江树人大学学报,2002(2).

[102] 石慧霞. 民办高校的投入机制初探[J]. 黄河科技学院学报,2003(9).

[103] 余东. 美日民办高校教育经费来源剖析[J]. 交通高教研究,2003(6).

[104] 杨炜长. 书院的办学特色及对我国民办高校特色建设的启示[J]. 船山学刊,2004(2).

[105] 徐绪卿."十五"期间民办高校教育的发展与若干政策问题[J]. 浙江树人大学学报,2006(3).

[106] 戴士权,王雪燕. 日本私立高校经费筹措及其对我国民办高等教育的启示[J]. 现代教育科学,2006(4).

[107] 陈文联. 特色化:民办高校可持续发展的基本策略[J]. 黄河科技学院学报,2006(2).

[108] 杜灿. 试析民办高校的发展动力[J]. 西安欧亚学院学报,2006(4).

[109] 刘晶,柯佑祥. 中国近现代私立高等教育的发展[J]. 青岛化工学院学报:社会科学版,2000(4).

[110] 高怀,赵宇平. 国内外企业竞争力理论研究现状分析[J]. 重庆工学院学报,2004(4).

[111] 贾少华. 民办高校赖以生存的主要内部运行机制[J]. 浙江树人大学学报,2002(11).

[112] 肖云,陈敏. 民办高校经营与管理新探[J]. 黄河科技学院学报,2004(6).

[113] 胡卫. 对民办教育未来发展的思考[J]. 黄河科技学院学报,2004(9).

[114] 徐绪卿. 积极开展科研工作,提高民办高校整体办学水平[J]. 浙江树人大学学报,2004(11).

[115] 王鹤,万俊毅. 论我国民办高校融资的多元化路径[J]. 黄河科技学院学报,2003(12).

[116] 陈笃彬,吴瑞阳. 中国大陆民办高校的发展进程及特点评

析[J].民办教育研究,2005(4).

[117] 饶爱京.民办高等教育政策及其对民办高等教育发展的影响[J].黑龙江高教研究,2006(10).

[118] 贺修炎.比较优势与中国民办大学的发展[J].浙江树人大学学报,2006(9).

[119] 柯佑祥.试析民办高校资源配置的重组性[J].高等教育研究,2006(9).

[120] 陈新民.我国民办高等教育的转型:动因、问题及对策[J].教育发展研究,2006(9).

[121] 王旭.民办高等教育公平缺失:政府的角度[J].教育发展研究,2006(9).

[122] 汤保梅.中国民办高等教育发展的历史与现状[J].黄河科技学院学报,2006(3).

[123] 郑文谦.民办高校的经费筹集及运作模式[J].教育评论,2004(6).

[124] 黄新建,陈楠.浅谈民办高校资本运营新思路[J].高等工程教育研究,2006(1).

[125] 苗庆红.论政府在民办高等教育市场中的作用[J].中国行政管理,2006(8).

[126] 何彬生.民办高等教育发展的战略思考和实践探索[J].当代教育论坛,2006(9).

[127] 刘文华,史秋衡.我国民办院校排行初探[J].企业家信息,2006(8).

[128] 娄春辉.我国民办高校发展优势及制约因素分析[J].渤海大学学报:哲学社会科学版,2006(7).

[129] 林峰.对民办高校收费问题的若干思考[J].统计观察,2006(5).

[130] 王保华.领先服务:民办高校与公办高校竞争的策略——西安欧亚学院个案研究[J].西安欧亚学院学报,2006(1).

[131] 顾美玲,卢德生.日本私立大学的质量评估及其对我国的启示[J].比较教育研究,2006(8).

[132] 宁斌. 美国私立高校保障师资质量的办法[J]. 中国高等教育,2005(12).

[133] 张清献. 国外私立高校内部管理体制研究及启示[J]. 黄河科技学院学报,2006(3).

[134] 张旺. 美国私立高等教育发展的制度环境分析[J]. 比较教育研究,2005(11).

[135] 张爱华,于洪波. 战后日本资助私立高等教育的策略与模式[J]. 山东师范大学:人文社会科学版,2005(3).

[136] 占盛丽,钟宇平. 我国民办高等教育需求市场信息状况分析[J]. 浙江树人大学学报,2006(9).

[137] 冯军. 民办高等教育发展动因探析[J]. 浙江科技学院学报,2003(6).

[138] 王德林. 发展性质量观视野中的民办高等教育质量[J]. 黄河科技学院学报,2003(12).

[139] 曹勇安. 未来十年是民办高等教育发展的重要战略机遇期[J]. 黄河科技学院学报,2003(12).

[140] 马学斌. 美国私立高等教育的特征及其启示[J]. 怀化学院学报,2004(6).

[141] 胡大白,张锡侯. 新世纪我国民办高校的生命活力在创新[J]. 黄河科技学院学报,2003(6).

[142] 彭安臣,曾洁. 教育公平与国家对民办高校的资助[J]. 煤炭高等教育,2004(7).

[143] 邬大光. 民办高等教育介入资本市场的思考[J]. 中国高等教育,2003(24).

[144] 李钊. 民办高校可持续发展应树立"经营学校"理念[J]. 湖南城市学院学报,2005(3).

[145] 何淑贞. 民办高等教育发展的制约因素与对策研究[J]. 浙江学刊,2001(3).

[146] 陈国维. 民办高等教育投资风险的理性分析[J]. 教育与经济,2004(3).

[147] 时煌军. 民办高教发展基本对民办高校办学资金筹集的

探索[J]. 江苏高教,2001(1).

[148] 金劲彪. 民办高校校园文化建设探析[J]. 黑龙江高教研究,2005(3).

[149] 王斌林. 美日中私立高等教育相关政策分析比较[J]. 民办教育研究,2004(2).

[150] 杨炜长. 完善民办高校法人治理结构的现实思考[J]. 高等教育研究,2005(8).

[151] 马发生. 民办高校与公办高校协调发展途径研究[J]. 高等工程教育研究,2006(1).

[152] 姜红. 用 SWOT 分析法探究民办高校发展战略[J]. 浙江树人大学学报,2002(9).

[153] 孔淘. 书院经费筹措对我国民办高校融资的借鉴意义[J]. 军工高教研究,2004(2).

[154] 刘兰平. 民办高等教育成本分担主体的比较研究[J]. 高教探索,2005(1).

[155] 杨伟宏. 试论民办高校的战略管理理论[J]. 经济师,2004(11).

[156] 任万钧. 以就业市场为导向提升民办高校竞争力[J]. 中国高等教育,2004(24).

[157] 温如春. 亚洲各国对私立高等教育的扶持及其启示[J]. 科技创业,2004(12).

[158] 廖华跃. 略论民办高校的市场营销策略[J]. 浙江树人大学学报,2005(3).

[159] 周国平. 浅议我国民办高等教育经费资助问题[J]. 浙江树人大学学报,2005(5).

[160] 杜灿. 试析民办高校的发展动力[J]. 西安欧亚学院学报,2006(4).

[161] 王培英,张世金,黄玉枝. 持续发展民办高等教育的制约因素与措施[J]. 现代教育科学,2006(1).

[162] 张锡侯. 国外私立高等教育的定位研究及启示[J]. 黄河科技学院学报,2006(3).

[163] 胡卓君.提升大学师资队伍的核心竞争力[J].教育论坛,2005(8).

[164] 王培英,张世全.我国民办高等教育的历史使命——创建世界一流大学[J].现代教育科学,2004(6).

[165] 代蕊华,王斌林.政府资助与民办高校发展[J].教育发展研究,2006(1).

[166] 陈宝瑜.应对转型期民办学校要把握发展战略[J].北京城市学院学报,2005(3).

[167] 张秀国.对我国高等教育发展战略的几点思考[J].中国特色社会主义研究,2005(6).

[168] 王乾坤.以科学发展观指导制定大学发展战略[J].理工高教研究,2006(2).

[169] 罗道全.民办体制是民办高校的核心竞争力之所在[J].浙江树人大学学报,2006(11).

[170] 郭瑾莉.核心竞争力视角下我国民办高校的宏观环境分析及建议[J].中国科技信息,2006(23).

[171] 张艺,鲍威.民办高等院校教育满意度的实证分析[J].中国高教研究,2005(3).

[172] 曾小军,邓云洲.民办高校核心竞争力的新制度经济学分析[J].广州大学学报:社会科学版,2006(7).

[173] 甘金球,等.试析民办高校复兴的必要性与可能性[J].民办教育研究,2005(3).

[174] 杨全印.关于我国20年民办教育政策的思考[J].黑龙江高教研究,2002(2).

[175] 饶爱京.中国民办高等教育发展的当下之思——民办高等教育政策及其对民办高等教育发展的影响[J].黑龙江高教研究,2006(9).

[176] 焦小丁.对现行《民办教育促进法》的修改建议[J].教育发展研究,2006(2).

[177] 张新杨.浅谈民办高校的招生市场开拓政策与规范[J].福建高教研究,2005(4-5).

[178] 周国平.浅议我国民办高等教育经费资助问题[J].浙江树人大学学报,2005(5).

[179] 罗道全.日韩私立大学的学费政策及对我国的启示[J].北京教育,2004(7).

[180] 曲艺.我国民办高等教育政策的价值分析[J].浙江树人大学学报,2001(9).

[181] 杨龙军.民办教育税收问题探讨[J].税务与经济,2005(2).

[182] 姜彦君.不同类型的民办学校"合理回报"政策的选择[J].浙江万里学院学报,2004(2).

[183] 邬大光.民办高等教育与资本市场的联姻——国际经验与我国的道路选择[J].民办教育研究,2004(5).

[184] 赵小和,等.民办高校办学机制分析[J].苏州城市建设环境保护学院学报,2002(3).

[185] 陈洁.民办高校构筑核心竞争力的若干措施[J].浙江树人大学学报,2004(5).

[186] 张韵军.论民办高等学校办学特色的战略选择[J].高教探索,2003(4).

[187] 杨伟宏.试论民办高校的战略管理理念[J].经济师,2004(11).

[188] 崔波.论民办高校的核心竞争力战略[J].民办教育研究,2004(6).

[189] 柯佑祥.力戒过度竞争 创设有利民办高教发展的制度环境[J].中国高等教育,2004(5).

[190] 谢可滔.中国民办高等教育的发展问题与政策[J].广东白云学院学刊,2005(13).

[191] 贾少华.民办高校的核心竞争力及提升[J].西南民族大学学报:人文社科版,2004(10).

[192] 郭建如.民办高等教育的市场化特征初探[J].中国高等教育,2003(15).

[193] 王金瑶.美国私立高等教育发展的资金支撑体系及启示[J].高等工程教育研究,2003(4).

［194］胡建华.中国高等教育大众化过程特点探析［J］.高等教育研究,2002(3).

［195］姜文杰.基于民办普通高校核心竞争力的探索［J］.民办高校视窗,2003(15).

［196］高伟云.民办高校创品牌探析［J］.无锡教育学院学报,2004(1).

［197］陈博.民办高校教育服务营销战略初探［J］.教育科学,2004(3).

［198］胡卫.关于民办教育发展与规范的思考［J］.教育发展研究,2000(3).

［199］刘志文.民办高等教育产业化发展面临的问题及其对策［J］.教育发展研究,2000(1).

［200］陈晓宇.我国高等教育个人收益率研究［J］.高等教育研究,1998(6).

［201］潘东明.美国私立高校经费筹措渠道及其启示［J］.交通高教研究,2001(4).

［202］万燕生.陕西民办高等教育发展存在的问题及对策［J］.西北大学学报:哲学社科版,2004(3).

［203］瞿延东.关于民办学校的资金自筹［J］.民办教育动态,2002(9).

［204］朱永新.中国教育缺什么?［J］.民办教育研究,2003(2).

［205］黄戈芬,黄福伟.民办高校师资队伍建设管窥［J］.浙江树人大学学报,2001(7).

［206］谢小燕.关于民办高校数量与质量问题的思考［J］.南京理工大学学报:社会科学版,2002(3).

［207］李健.中日私立高等教育相关政策比较研究［J］.现代大学教育,2003(1).

［208］刘卫国.关于民办高等教育经费来源的研究［J］.教育与现代化,2003(3).

［209］房剑森.我国民办高等教育发展的目标与政策选择［J］.民办教育动态,2001(9).

[210] 瞿延东.政策扶持、资助与民办教育的发展[J].民办教育参考,2001(5).

[211] 盖格.私立高等教育公共政策:私立高等教育在经济现代化过程中的角色[J].北京大学教育评论,2003(3).

[212] 高伟云.质量·特色·创新:民办高校可持续发展的保证[J].兰州大学学报:社会科学版,2004(2).

[213] 何雪莲.前苏东国家私立高等教育研究——以俄罗斯、匈牙利、波兰、捷克、罗马尼亚为个案[D].厦门:厦门大学博士论文,2006.

[214] 毛勇.中国公办、民办高校公平性透析:竞争的视角[J].教育学术月刊,2008(8).

附录 1

部分国家和地区公、私立高等教育发展情况表①

国 家或地区	年 份	全国高校数/所	私立高校数/所	私立高校所占比 例	全国高校在校生数（万人）	私立高校在校生数（万人）	私立高校在校生所占比例
巴西	1998	973	764	78.50%	212.59	132.11	62.10%
智利	1994	270	245	90.74%	32.71	17.55	53.65%
俄罗斯	2002	1 039	384	37.00%	718.80	195.93	27.26%
泰国	1998	65	41	63.08%	42.22	19.56	46.32%
韩国	1998	1 013	819	80.80%	260.57	203.93	78.20%
日本	2002	1 227	987	80.44%	305.31	229.03	75.01%
马来西亚	2002	728	712	97.80%	57.69(2001)	28(2001)	48.50%
菲律宾	1995	1 185	950	80.20%	170（入学新生）	130（入学新生）	78.00%
印尼	2000	1 932	1 808	93.58%	62.83	44.63	71.04%
中国台湾	2001	154	101	65.58%	90.64	58.81	64.88%
中国内地	2004	3 423	1 415	41.34%	1 333.50	245.08	18.38%

资料来源：巴西数据来自王留栓. 巴西的私立高等教育. 教育科学，2004(2)；智利数据来自王晓辉. 国际高等教育私有改革及其借鉴意义. 现代大学教育，2001(1)；俄罗斯数据来自杨广云. 俄罗斯私立高等教育初探. 现代大学教育，2004(1)；泰国数据来自赵守辉. 泰国发展高等教育的经验. 外国教育资料，2000(5)；韩国数据来自刘昌明. 论韩国高等教育大众化进程中的办学主体. 当代韩国，2003(冬季)；日本数据来自王留栓. 日本私立高等教育对高等教育大众化与普及化的贡献. 浙江树人大学学报，2004(5)；马来西亚数据来自李毅. 马来西亚私立高等教育法规探析. 厦门大学高教所 2000 级硕士论文；菲律宾数据来自张随刚. 东南亚国家私立高等教育政策比较. 黄河科技学院学报，2002(2)；印度尼西亚数据来自袁本涛. 亚洲三国高等教育新政策述略. 高等工程教育研究，2004(2)；中国台湾数据来自台"教育部". 教育统计，2002；中国数据来自教育部规划司司长韩进在 2005 年第三次教育新闻发布会上的讲话。

① 潘懋元，林莉. 2020：中国民办高等教育的前瞻[J]. 浙江树人大学学报，2005，5(3)：1-4.

附录 2

1992—2007 年我国民办高校数及在校生数一览表①

年份	民办普通高校数（普通本专科高校）（万人）	民办普通高校在校学生数（万人）	民办高教机构注册生数（非学历民办高校）（万人）
1992 年	6	—	—
1993 年	13	—	—
1994 年	16	—	—
1995 年	21	1.2	—
1996 年	21	1.6	106.4
1997 年	20	1.6	119
1998 年	21	2.2	—
1999 年	25	2.2	118.4
2000 年	37	6.8	98.2
2001 年	89	14	113
2002 年	133	32	140.4
2003 年	173	81	100.4
2004 年	228	139.75（含独立学院）	105.3
2005 年	252	105.17	109.2
2006 年	278	133.79	93.9
2007 年	297	163.06	87.33

① 此数据根据历年教育部公布的数据整理。

附录3

我国部分地区倒闭和濒临倒闭的民办高校状况①

北京	概况:20世纪90年代北京创办的13所民办高校,现在依然存活的只有2所,在所登记的120余所民办高校中,有实际招生能力的只有35所左右。 案例:2002年3月28日,北京市教委向在评估中不合格的北京同兴专修学院、北京中国驻颜美容学院、北京中国烹饪专修学院、北京中美工商管理研修学院和北京国际商务学院5所学校出示"红牌",取消其招生办学资格;前进大学由于在2002年更换新校区时原有生源大面积流失,新生招生不足,加上该校新校区基建项目过大,导致资金断链,从而在2003年被北科昊月集团兼并,又由于兼并前该校债务存在黑洞,北科昊月集团已正式申报注销该校;北京外语研修学院2004年因大面积基建负债累累且新生招生不足而停办;北京工商管理专修学院2005年从途锦教育集团易手到北京市建筑工程集团第四建筑公司;北京外事研修学院2005年因扩张过快而陷入窘境,面临倒闭。
陕西	概况:在1984年以来的20多年中,共成立民办高校180余所,到2005年仍存在的有51所,淘汰率达70%左右,平均寿命9.1年。 案例:2001年陕西工商培训学院、陕西职业技术培训学院、西安天森高等职业技术培训学院、陕西科贸培训学院、陕西康庄科技专修学院、陕西计算机专修学院、西安和平使者模特艺术培训学院、陕西现代音乐专修学院、西安资产评估培训学院、西安远东专修学院等10余所省属社会力量举办的教育机构被注销;2004年西安华西大学等4所民办高校被取消办学资格。
河南	概况:民办高校数量从2000年的118所降至2004年的10所。 案例:因2002年国家取消医学类学历文凭考试,大专不能继续招生,郑州中山医学专修学院、郑州敏达医专等民办高校纷纷倒闭;2004年民办中原职业技术学院并入公办黄淮学院。
上海	案例:上海中侨职业技术学院因连年招生不好,濒临倒闭,于2002年被上海致达公司收购重组。

① 周国平,谢作栩.我国民办高校倒闭问题之思考[J].高等教育研究,2006,27(5):46-53.

续表

江西	概况:2005 年江西承担非学历教育的民办高等教育机构办学规模急剧萎缩,有 6 所学校没有学生,9 所学校不到 100 人,7 所学校不到 300 人,许多民办高等教育机构正处于被淘汰出局的境地。 案例:2003 年江西电信学院出现了 2003 级大专班空班现象,面临困境。
广东	概况:近年来,广东 40 多所具有独立颁发文凭资格的民办高校、专修学院等民办高等教育机构,大约有 1/3 基本处于招生困难、入不敷出的困境。其中几所已倒闭,60 家专修学院,只剩下 6 家在苦撑。
山西	概况:山西倒闭的民办高校有 56 所。 案例:2002 年,民办河东大学与运城师范学院、运城职业高专合并为公办运城大学。
甘肃	概况:甘肃的民办高校基本上都被挂靠到公办大学作二级学院。 案例:陇桥学院、长古学院挂靠到兰州商学院;知行学院挂靠到西北师范大学;博文学院挂靠到兰州铁道学院(现兰州交通大学);东方学院挂靠到政法学院;兰州外语学院因未挂靠到兰州教育学院,学历教育部分被勒令停止招生,只剩非学历教育部分继续招生。
湖南	案例:湖南九嶷职业学院因 2002 年引资不当面临停办;2002 年湖南外语外贸进修学院、长沙理工专修学院等 35 所民办教育机构因达不到基本办学要求或有违法、违章、违规情况,被通知停办。
江苏	案例:江苏培尔职业技术学院 2004 年因投资方无力承担巨额亏损而停办,后地方政府付给台湾投资者 8 000 万元,由具有政府背景的投资公司接收其固定资产,交由江阴职业技术学院使用,并决定把培尔学院的现有两届学生继续培养到毕业。
四川	案例:2004 年四川天一学院被西安欧亚学院并购,欧亚学院董事长兼任天一学院董事长。
海南	案例:2004 年海南国科园职业技术学院停办。
浙江	概况:浙江倒闭的民办高校接近百所。 案例:2003 年民办金华职业技术学院转为公办。
河北	案例:1999 年石家庄中南医学专修学院陷入困境,该校学生被转给了另外一所民办学校。
辽宁	案例:2004 年大连商都学院倒闭。
黑龙江	案例:2001 年 19 所民办高校因不合格被停办;从 1996 年到 2002 年,牡丹江科技专修学院、牡丹江社会大学、黑龙江省政法学院、哈尔滨科技专修学院、黑龙江社会大学、黑龙江北方联合大学、北方职业培训学院、黑龙江东方学院、民盟黑龙江职业培训大学、学府大学、黑龙江职业技术培训学院、黑龙江国际商务专修学院等民办高校纷纷倒闭。

附录4

民办高等学校办学管理若干规定

中华人民共和国教育部第25号

2007年2月3日

第一条　为规范实施专科以上高等学历教育的民办学校（以下简称民办高校）的办学行为，维护民办高校举办者和学校、教师、学生的合法权益，引导民办高校健康发展，根据民办教育促进法及其实施条例和国家有关规定，制定本规定。

第二条　民办高校及其举办者应当遵守法律、法规、规章和国家有关规定，贯彻国家的教育方针，坚持社会主义办学方向和教育公益性原则，保证教育质量。

第三条　教育行政部门应当将民办高等教育纳入教育事业发展规划。按照积极鼓励、大力支持、正确引导、依法管理的方针，引导民办高等教育健康发展。

教育行政部门对民办高等教育事业做出突出贡献的集体和个人予以表彰奖励。

第四条　国务院教育行政部门负责全国民办教育统筹规划、综合协调和宏观管理工作。

省、自治区、直辖市人民政府教育行政部门（以下简称省级教育行政部门）主管本行政区域内的民办教育工作。对民办高校依法履行下列职责：

（一）办学许可证管理；

（二）民办高校招生简章和广告备案的审查；

（三）民办高校相关信息的发布；

（四）民办高校的年度检查；

（五）民办高校的表彰奖励；

（六）民办高校违法违规行为的查处；

（七）法律法规规定的其他职责。

第五条 民办高校的办学条件必须符合国家规定的设置标准和普通高等学校基本办学条件指标的要求。

民办高校设置本、专科专业，按照国家有关规定执行。

第六条 民办高校的举办者应当按照民办教育促进法及其实施条例的规定，按时、足额履行出资义务。

民办高校的借款、向学生收取的学费、接受的捐赠财产和国家的资助，不属于举办者的出资。

民办高校对举办者投入学校的资产、国有资产、受赠的财产、办学积累依法享有法人财产权，并分别登记建账。任何组织和个人不得截留、挪用或侵占民办高校的资产。

第七条 民办高校的资产必须于批准设立之日起 1 年内过户到学校名下。

本规定下发前资产未过户到学校名下的，自本规定下发之日起 1 年内完成过户工作。

资产未过户到学校名下前，举办者对学校债务承担连带责任。

第八条 民办高校符合举办者、学校名称、办学地址和办学层次变更条件的，按照民办教育促进法规定的程序，报审批机关批准。

民办高校应当按照办学许可证核定的学校名称、办学地点、办学类型、办学层次组织招生工作，开展教育教学活动。

民办高校不得在办学许可证核定的办学地点之外办学。不得设立分支机构。不得出租、出借办学许可证。

第九条 民办高校必须根据有关规定，建立健全党团组织。民办高校党组织应当发挥政治核心作用，民办高校团组织应当发挥团结教育学生的重要作用。

第十条 民办高校校长应当具备国家规定的任职条件，具有 10 年以上从事高等教育管理经历，年龄不超过 70 岁。校长报审批机关核准后，方可行使民办教育促进法及其实施条例规定的职权。

校长任期原则上为 4 年。报经审批机关同意后可以连任。

第十一条 未列入国务院教育行政部门当年公布的具有学历教育招生资格学校名单的民办高校，不得招收学历教育学生。

第十二条　民办高校招生简章和广告必须载明学校名称、办学地点、办学性质、招生类型、学历层次、学习年限、收费项目和标准、退费办法、招生人数、证书类别和颁发办法等。

民办高校应当依法将招生简章和广告报审批机关或其委托的机关备案。发布的招生简章和广告必须与备案的内容相一致。未经备案的招生简章和广告不得发布。

第十三条　民办高校招收学历教育学生的，必须严格执行国家下达的招生计划，按照国家招生规定和程序招收学生。对纳入国家计划、经省级招生部门统一录取的学生发放录取通知书。

第十四条　民办高校应当按照普通高等学校学生管理规定的要求完善学籍管理制度。纳入国家计划、经省级招生部门统一录取的学生入学后，学校招生部门按照国家规定对其进行复查，复查合格后予以电子注册并取得相应的学籍。

第十五条　民办高校自行招收的学生为非学历教育学生，学校对其发放学习通知书。学习通知书必须明确学习形式、学习年限、取得学习证书办法等。

民办高校对学习时间 1 年以上的非学历教育学生实行登记制度。已登记的学生名单及有关情况，必须于登记后 7 日内报省级教育行政部门备案。备案后的学生名单在校内予以公布。

第十六条　民办高校应当按照民办教育促进法及其实施条例的要求，配备教师，不断提高专职教师数量和比例。

民办高校应当依法聘任具有国家规定任教资格的教师，与教师签订聘任合同，明确双方的责任、权利、义务。保障教师的工资、福利待遇，按国家有关规定为教师办理社会保险和补充保险。

第十七条　民办高校应当加强教师的培养和培训，提高教师队伍整体素质。

第十八条　民办高校应当按照国家有关规定建立学生管理队伍。按不低于 1∶200 的师生比配备辅导员，每个班级配备 1 名班主任。

第十九条　民办高校应当建立健全教学管理机构，加强教学管理队伍建设。改进教学方式方法，不断提高教育质量。

不得以任何形式将承担的教育教学任务转交其他组织和个人。

第二十条 民办高校应当建立教师、学生校内申诉渠道，依法妥善处理教师、学生提出的申诉。

第二十一条 民办高校依法设置会计机构，配备会计人员。会计人员必须取得会计业务资格证书。建立健全内部控制制度，严格执行国家统一的会计制度。

第二十二条 民办高校必须严格执行政府有关部门批准的收费项目和标准。收取的费用主要用于教育教学活动和改善办学条件。

第二十三条 民办高校应当在每学年结束时制作财务会计报告，委托会计师事务所进行审计。必要时，省级教育行政部门可会同有关部门对民办高校进行财务审计。

第二十四条 民办高校的法定代表人为学校安全和稳定工作第一责任人。民办高校应当加强应急管理，建立健全安全稳定工作机制。推进学校安全保卫工作队伍建设，加强对学校教学、生活、活动设施的安全检查，落实各项安全防范措施，维护校园安全和教学秩序。

第二十五条 建立对民办高校的督导制度。

省级教育部门按照国家有关规定向民办高校委派的督导专员应当拥护宪法确定的基本原则，具有从事高等教育管理工作经历，熟悉高等学校情况，具有较强的贯彻国家法律、法规和政策的能力，年龄不超过 70 岁。督导专员的级别、工资、日常工作经费等由委派机构商有关部门确定。

督导专员任期原则上为 4 年。因工作需要的，委派机构可根据具体情况适当延长其任期。

第二十六条 督导专员行使下列职权：

（一）监督学校贯彻执行有关法律、法规、政策的情况；

（二）监督、引导学校的办学方向、办学行为和办学质量；

（三）参加学校发展规划、人事安排、财产财务管理、基本建设、招生、收退费等重大事项的研究讨论；

（四）向委派机构报告学校办学情况，提出意见建议；

（五）有关党政部门规定的其他职责。

第二十七条　省级教育行政部门应当建立健全民办高校办学过程监控机制，及时向社会发布民办高校的有关信息。

第二十八条　省级教育行政部门按照国家规定对民办高校实行年度检查制度。年度检查工作于每年 12 月 31 日前完成。省级教育行政部门根据年度检查情况和国务院教育行政部门基本办学条件核查的结果，在办学许可证副本上加盖年度检查结论戳记。

年度检查时，民办高校应当向省级教育行政部门提交年度学校自查报告、财务审计报告和要求提供的其他材料。

第二十九条　省级教育行政部门对民办高校年度检查的主要内容：

（一）遵守法律、法规和政策的情况；

（二）党团组织建设、和谐校园建设、安全稳定工作的情况；

（三）按照章程开展活动的情况；

（四）内部管理机构设置及人员配备情况；

（五）办学许可证核定项目的变动情况；

（六）财务状况，收入支出情况或现金流动情况；

（七）法人财产权的落实情况；

（八）其他需要检查的情况。

第三十条　民办高校出现以下行为的，由省级教育行政部门责令改正；并可给予 1 至 3 万元的罚款、减少招生计划或者暂停招生的处罚：

（一）学校资产不按期过户的；

（二）办学条件不达标的；

（三）发布未经备案的招生简章和广告的；

（四）年度检查不合格的。

第三十一条　民办高校违反民办教育促进法及其实施条例以及其他法律法规规定的，由省级教育行政部门或者会同相关部门依法予以处罚。

第三十二条　省级教育行政部门应当配合相关主管部门对发布违法招生广告的广告主、广告经营者、广告发布者和非法办学机构、非法中介进行查处。

第三十三条 教育行政部门会同民政部门加强对民办高等教育领域行业协会的业务指导和监督管理。充分发挥行业协会在民办高等教育健康发展中提供服务、反映诉求、行业自律的作用。

第三十四条 教育行政部门配合新闻单位做好引导民办高等教育健康发展的舆论宣传工作,营造有利于民办高校健康发展的舆论环境。

第三十五条 教育行政部门及其工作人员滥用职权、玩忽职守,违反民办教育促进法及其实施条例规定的,依法予以处理。

第三十六条 本规定自 2007 年 2 月 10 日起施行。

附录5

国务院办公厅关于加强民办高校规范管理引导民办高等教育健康发展的通知

（国办发[2006]101号）

各省、自治区、直辖市人民政府，国务院各部委、各直属机构：

为进一步贯彻落实《中华人民共和国民办教育促进法》及其实施条例，加强民办高校规范管理，引导民办高等教育健康发展，维护社会和谐与稳定，针对当前我国民办高校的实际情况，经国务院同意，现就有关事项通知如下：

一、充分认识加强民办高校规范管理的重要性和紧迫性

近年来，我国民办高校发展迅速并取得很大成绩，成为高等教育事业的重要组成部分。这对于满足人民群众接受高等教育的多样化需求，为国家培养各类适用人才，以及深化高等教育办学体制改革，具有重要的积极作用。同时，必须清醒看到，一些民办高校在招生、管理、教学等方面存在不少混乱现象和严重问题。近一段时间来，有些地方的民办高校相继发生因学籍、学历、收费等问题而导致的学生群体性事件，经过地方党委、政府和高校的努力，这些事件已经平息，正常的教学秩序已经恢复。这些事件的发生，既是民办高校发展进程中出现的问题，也是民办高校深层次矛盾长期积累的结果，集中反映了一些民办高校办学指导思想不端正，内部管理体制不健全，法人财产权不落实，办学行为不规范，也反映了一些地方政府对民办高校疏于管理、监管不到位。这些问题如不引起高度重视并及时解决，势必影响民办高等教育的健康发展和社会稳定。各级政府要按照党的十六届六中全会关于引导民办教育健康发展的要求，全面落实《中华人民共和国民办教育促进法》及其实施条例，把规范管理民办高校、促进其健康发展，作为当前的一项重要工作抓紧抓好。

二、依法规范民办高校办学行为和内部管理

当前和今后一个时期，加强民办高校规范管理的重点是：

民办高校要贯彻国家的教育方针，坚持社会主义办学方向和教育公益性原则。严格按照国家规定标准充实和完善办学条件。健全教学管理机构，改进教学方式方法，不断提高教育教学质量。加强教师队伍建设，保障教师的工资、福利待遇，按国家有关规定为教师办理社会保险和补充保险，为教师全身心投入教育教学活动创造良好的条件。

民办高校要按照国家有关规定开展招生工作，招生简章和广告必须经审批机关备案后方可发布，发布的招生简章和广告必须与备案内容相一致。学校法人要对学校招生简章和广告的真实性负责。

民办高校要建立健全党团组织。充实包括辅导员、班主任在内的党务干部队伍和思想政治工作队伍，加强对学生的服务、管理和思想政治教育，依法维护学生合法权益，建立健全维护学校安全稳定的工作体系。

民办高校要依法健全内部管理体制。学校理事会（董事会）为学校决策机构，依法行使决策权；校长依法行使教育教学和行政管理权。理事长、理事（董事长、董事）名单必须报审批机关备案；校长必须具备国家规定的任职条件，并报审批机关核准。

依法建立政府对民办高校的督导制度，省级政府教育主管部门向民办高校委派督导专员。督导专员依法监督、引导学校的办学方向和办学质量，向政府主管部门提出工作建议，同时承担有关党政部门规定的其他职责。

民办高校要落实法人财产权，出资人按时、足额履行出资义务，投入学校的资产要经注册会计师验资并过户到学校名下，任何组织和个人不得截留、挪用或侵占。民办高校应当依法设置会计机构和会计人员，会计人员必须取得会计业务资格证书。建立健全内部控制制度，严格执行国家统一的会计制度。严格执行价格部门批准的收费标准和收、退费办法。收取的各项费用应按规定予以公示。

三、依法落实民办高校有关扶持政策

要依法落实民办高校的税收优惠政策。出资人不要求取得合理

回报的民办高校，依法享受与公办高校同等的税收优惠政策。出资人要求取得合理回报的民办高校，享受的税务优惠政策由财政、税务部门会同有关部门尽快制定。财政部门要依据《中华人民共和国民办教育促进法》及其实施条例规定的原则与程序，制定民办高校合理回报的标准和办法。

各地政府人事部门所属人才交流服务机构负责管理民办高校教师的人事档案。民办高校教师职称评定纳入省级高校教师职称评定工作范围，参照同级同类公办高校教师评聘办法和有关政策规定执行。

民办高校学生在升学、就业、档案管理、评奖评优等方面，与同级同类公办高校学生享受同等的权利。

县级以上各级人民政府可设立专项资金，对为民办高等教育事业作出突出贡献的集体和个人，按照有关规定给予表彰与奖励。

四、切实加强对民办高校规范管理工作的领导

各省、自治区、直辖市人民政府要切实加强民办高校的规范管理工作，把民办高校发展的重点转移到稳定规模、规范管理、提高质量的轨道上来。要建立促进民办高校健康发展的工作协调机制，明确有关部门对民办高校的监督和管理职责，定期研究、协调解决工作中的重要问题。积极构建政府依法管理、民办高校依法办学、行业自律和社会监督相结合的民办高校管理工作格局。

教育部门要配备专职人员做好民办教育管理工作。要实行民办高校年度检查制度，定期发布民办高校的办学信息。加强对招生工作的指导和督查，抓紧完善学生的学籍和学历证书电子注册制度。

财政部门要会同教育、审计等有关部门加强对民办高校财务状况的监管。有关部门对不按照国家规定收费、退费的民办高校，进行查处并追究有关责任人的责任。

工商部门要对发布违法招生广告的广告主、广告经营者、广告发布者依法查处，教育部门要对违反国家规定发布未经备案的招生简章的民办高校进行查处。有关部门对民办高校违法违规办学、欺诈招生、管理混乱、损害学生利益并造成严重后果的，应依法追究有关责任人的责任；对情节特别严重的，责令停止招生、吊销办学许可证；

对构成犯罪的，依法追究刑事责任。

公安部门要会同教育、民政等有关部门依法查处非法办学机构和非法中介，对涉嫌犯罪的，依法追究刑事责任。各有关部门要履行在学校及周边治安综合治理工作中的职责任务，持续开展民办高校及周边环境整治工作。

民办高等教育行业组织要加强自身建设，充分发挥在民办高等教育发展中提供服务、反映诉求、规范行为的作用。

新闻单位要坚持正确导向，遵守新闻宣传纪律，大力宣传党和国家关于促进、引导和规范民办高等教育健康发展的方针政策，积极宣传有关部门和各地加强民办高校规范管理的措施办法，宣传民办高等教育为我国经济社会发展作出的积极贡献，营造有利于民办高校健康发展的舆论环境。各类媒体不得刊发未经教育部门备案的民办高校招生简章和广告。

各省、自治区、直辖市人民政府要落实领导责任制，抓好本通知精神的贯彻落实。要迅速组织有关部门负责人和民办高校法人、管理者等认真学习本通知精神，统一思想认识，明确目标任务，落实各项工作。近期要对本地区所有民办高校中存在的不稳定因素和工作薄弱环节进行一次彻底的排查，及时排除不稳定因素。对问题比较突出、管理薄弱的学校，要派出精干力量到校具体指导，并督促排查和整改工作。要制定和完善相关应急预案，健全应急处置联动机制，对可能发生的问题做到早发现、早处置，切实把矛盾和问题化解在萌芽状态，确保高校和社会的稳定。

请各省、自治区、直辖市人民政府于2007年2月10日前将有关工作落实的情况报国务院办公厅。

本通知所称民办高校是指实施本、专科学历教育的民办高等学校。独立学院及其他民办高等教育机构参照本通知规定执行。

国务院办公厅
二〇〇六年十二月二十一日

附录6

财政部　国家税务总局关于教育税收政策的通知

财税[2004]39号

各省、自治区、直辖市、计划单列市财政厅(局)、国家税务局、地方税务局,新疆生产建设兵团财务局:

为了进一步促进教育事业发展,经国务院批准,现将有关教育的税收政策通知如下:

一、关于营业税、增值税、所得税

1. 对从事学历教育的学校提供教育劳务取得的收入,免征营业税。

2. 对学生勤工俭学提供劳务取得的收入,免征营业税。

3. 对学校从事技术开发、技术转让业务和与之相关的技术咨询、技术服务业务取得的收入,免征营业税。

4. 对托儿所、幼儿园提供养育服务取得的收入,免征营业税。

5. 对政府举办的高等、中等和初等学校(不含下属单位)举办进修班、培训班取得的收入,收入全部归学校所有的,免征营业税和企业所得税。

6. 对政府举办的职业学校设立的主要为在校学生提供实习场所、并由学校出资自办、由学校负责经营管理、经营收入归学校所有的企业,对其从事营业税暂行条例“服务业”税目规定的服务项目(广告业、桑拿、按摩、氧吧等除外)取得的收入,免征营业税和企业所得税。

7. 对特殊教育学校举办的企业可以比照福利企业标准,享受国家对福利企业实行的增值税和企业所得税优惠政策。

8. 纳税人通过中国境内非营利的社会团体、国家机关向教育事业的捐赠,准予在企业所得税和个人所得税前全额扣除。

9. 对高等学校、各类职业学校服务于各业的技术转让、技术培训、技术咨询、技术服务、技术承包所取得的技术性服务收入,暂免征收企业所得税。

10. 对学校经批准收取并纳入财政预算管理的或财政预算外资金专户管理的收费不征收企业所得税；对学校取得的财政拨款，从主管部门和上级单位取得的用于事业发展的专项补助收入，不征收企业所得税。

11. 对个人取得的教育储蓄存款利息所得，免征个人所得税；对省级人民政府、国务院各部委和中国人民解放军军以上单位，以及外国组织、国际组织颁布的教育方面的奖学金，免征个人所得税；高等学校转化职务科技成果以股份或出资比例等股权形式给与个人奖励，获奖人在取得股份、出资比例时，暂不缴纳个人所得税；取得按股份、出资比例分红或转让股权、出资比例所得时，依法缴纳个人所得税。

二、关于房产税、城镇土地使用税、印花税

对国家拨付事业经费和企业办的各类学校、托儿所、幼儿园自用的房产、土地，免征房产税、城镇土地使用税；对财产所有人将财产赠给学校所立的书据，免征印花税。

三、关于耕地占用税、契税、农业税和农业特产税

1. 对学校、幼儿园经批准征用的耕地，免征耕地占用税。享受免税的学校用地的具体范围是：全日制大、中、小学校（包括部门、企业办的学校）的教学用房、实验室、操场、图书馆、办公室及师生员工食堂宿舍用地。学校从事非农业生产经营占用的耕地，不予免税。职工夜校、学习班、培训中心、函授学校等不在免税之列。

2. 国家机关、事业单位、社会团体、军事单位承受土地房屋权属用于教学、科研的，免征契税。用于教学的，是指教室（教学楼）以及其他直接用于教学的土地、房屋。用于科研的，是指科学实验的场所以及其他直接用于科研的土地、房屋。对县级以上人民政府教育行政主管部门或劳动行政主管部门审批并颁发办学许可证，由企业事业组织、社会团体及其他社会和公民个人利用非国家财政性教育经费面向社会举办的学校及教育机构，其承受的土地、房屋权属用于教学的，免征契税。

3. 对农业院校进行科学实验的土地免征农业税。对农业院校进行科学实验所取得的农业特产品收入，在实验期间免征农业特产税。

四、关于关税

1. 对境外捐赠人无偿捐赠的直接用于各类职业学校、高中、初中、小学、幼儿园教育的教学仪器、图书、资料和一般学习用品，免征进口关税和进口环节增值税。上述捐赠用品不包括国家明令不予减免进口税的20种商品。其他相关事宜按照国务院批准的《扶贫、慈善性捐赠物质免征进口税收暂行办法》办理。

2. 对教育部承认学历的大专以上全日制高等院校以及财政部会同国务院有关部门批准的其他学校，不以营利为目的，在合理数量范围内的进口国内不能生产的科学研究和教学用品，直接用于科学研究或教学的，免征进口关税和进口环节增值税、消费税（不包括国家明令不予减免进口税的20种商品）。科学研究和教学用品的范围等有关具体规定，按照国务院批准的《科学研究和教学用品免征进口税收暂行规定》执行。

五、取消下列税收优惠政策

1. 财政部 国家税务总局《关于企业所得税若干优惠政策的通知》[（94）财税字第001号]第八条第一款和第三款关于校办企业从事生产经营的所得免征所得税的规定。其中因取消所得税优惠政策而增加的财政收入，按现行财政体制由中央与地方财政分享，专项列入财政预算，仍然全部用于教育事业。应归中央财政的补偿资金，列中央教育专项，用于改善全国特别是农村地区的中小学办学条件和资助家庭经济困难学生；应归地方财政的补偿资金，列省级教育专项，主要用于改善本地区农村中小学办学条件和资助农村家庭经济困难的中小学生。

2.《关于学校办企业征收流转税问题的通知》（国税发[1994]156号）第三条第一款和第三款，关于校办企业生产的应税货物，凡用于本校教学科研方面的，免征增值税；校办企业凡为本校教学、科研服务提供的应税劳务免征营业税的规定。

六、本通知自2004年1月1日起执行，此前规定与本通知不符的，以本通知为准。

财政部　国家税务总局

二〇〇四年二月五日

附录 7

2007 中国民办大学排行榜评价指标及权重分配①

序号	一级指标	二级指标	三级指标	权重
1	办学设施	投入资金	1 固定资产总值	3.05%
		硬件设施	2 学校占地面积	1.12%
			3 教学科研用建筑面积	4.75%
			4 教学科研用生均建筑面积	7.10%
		硬件设施	5 图书馆藏书量	4.07%
			6 图书馆生均藏书	7.12%
			7 教学仪器设备价值	4.07%
2	人才培养	培养数量	8 全日制在校学生人数	5.09%
			9 非全日制在校学生人数	3.05%
		培养质量	10 近三年毕业生平均就业率	6.11%
			11 学生获国家级、省部级各类竞赛奖励	2.04%
		师资力量	12 专任教师总数	6.11%
			13 专任教师师生比	7.12%
			14 专任教授、副教授数	4.07%
			15 专任教授、副教授占专任教师比例	5.09%
			16 专任外籍教师	3.05%
			17 省市级、校级教学名师优秀教师	1.02%
		学科建设	18 学历教育本科专业数	6.31%
			19 学历教育专科专业数	4.39%
			20 省部市级和校级重点学科、重点建设专业与精品课程	1.53%
3	综合声誉	综合声誉	21 国家声誉(高考录取批次,学士学位授权资格、国家办学条件评估结果等)	3.05%
			22 社会声誉(网络搜索网页数、网络搜索新闻数等)	5.6%
			23 人均学费(本、专科人均学费)	5.09%

① 此表由中国校友会网、《大学》杂志社、《21 世纪人才报》联合编制。

后　记

2007 年 6 月就完成了博士论文答辩，但直到 2008 年下半年才有将博士论文进一步修改完善并出版的想法，主要原因是自己确实在做博士论文的时候花费了很多的精力和时间，查阅了若干的资料，访谈了数十所民办高校（含书面访谈）。在做论文的一年多时间里，每天工作之余都在为做好论文或沉思或疾书，此书的出版也算自己辛勤付出的一个纪念吧！

由于在教育行政部门工作，并具体从事过民办高校的管理工作，既目睹了一些民办高校的不断发展壮大，同时也看到一些民办高校在艰难苦撑。我一直在憧憬，中国的民办高校能与世界私立大学同步，中国能出现像哈佛、早稻田、剑桥那样的国际一流大学。只要能，哪怕数十年甚至更长时间的等待，那也是值得大家期盼的。也许这样的民办高校现在就已经出现在我们身边了，但需要我们去见证她的成长，需要大家给她阳光和雨露。当前，国家在政策方面不断加大对民办高校的扶持力度。作为一名研究者，能为民办高等教育的未来发展去探索，哪怕只有一点建议能被借鉴或采纳，那也非常有意义的。在攻读博士之前，我也曾写过关于民办高校发展的调研报告和学术文章，但并没有深入、系统地去研究。在确定博士论文选题的时候，我向导师朱永新教授提出了研究民办高等教育专题的想法，得到了朱老师的鼓励和支持，这大大增强了我研究的信心和勇气。因为民办高校的大发展也就在最近10年左右的时间，尽管关于民办高校的学术专著或其他文献确实很多，但是与我的研究课题相关的民办高校核心竞争力问题之研究尚不多见，所以只能在借鉴企业核心竞争力和高校核心竞争力理论的基础上，努力去探究和摸索了。好在学术研究崇尚自由，鼓励创新，在大量参阅有关文献的基础上，我在本课题的研究中提出了民办高校核心竞争力的影响支持要素及构成要件，并立足于民办高校核心竞争力的提升提出了十大发展战略和十大政策需求。需要说明的是，本课题纯属学术探究，其中有些内容还不够成熟，有些问题的研究还不够深入，有些观点和提法也可能有失偏颇，因而作为一名年轻的研究者，恳望能得到更多的包涵和理解。

能在三年的时间中顺利完成课程学习和论文撰写，得益于很多老师的帮助和指导。在写作博士论文的过程中，朱永新老师在论文选题、写作思路、研究方法等方面给了我详尽的指导，并对论文逐字逐句修改，这次又欣然为本书作序，令我深感师恩之重。周川、许庆豫、程晋宽、母小勇、崔玉平、唐斌、宋维红、赵蒙成等老师，他们高深的学问不断为我打开新的知识视界。袁雪峰、黄水林、王青、陈亦强等老师，在我的求学路上亦给了我许多的支持和帮助。南京师范大学教育科学学院院长胡建华教授作为我博士论文答辩委员会的主席，对论文提出了许多极有价值的意见和建议。在此，向他们表达我深深的谢意。

对已经参加工作的我来说，能有机会再回母校攻读博士学位，不能不感谢单位给我的支持。我的领导和同事不仅在工作安排上使我有充裕的时间继续学习，而且在博士论文的撰写中给了我很多有益的建议。感激之情难以言表，唯有默默铭记在心。在我撰写论文的过程中，还得到了很多民办高校的支持和帮助，对这些民办高校的访谈使我受益匪浅，他们提供的一手资料使我的论文充实了许多。华东师范大学李金春博士、江苏省教育科学研究院冯志军、南京工程学院邵波、南京特殊教育职业技术学院李颖、南京人口管理干部学院刘元芹、省委党校叶绪江、江苏教育学院张亮、《民办教育》编辑部副主编马行提等师友，多次参与我论文的讨论，对论文的不断完善起到了重要作用。在本书的出版过程中，江苏大学出版社社长吴明新、总编办主任汪再非、编辑部副主任徐云峰以及责任编辑张平和林卉给予了支持和帮助，以此一并表示感谢。

杨树兵

2009 年 2 月于南京香溪月园